믿음을 묻다

히브리서 강해

밀알교회 창립 50주년기념 설교집
믿음을 묻다, 히브리서 강해

초판 1쇄 발행 2025년 5월 25일

지 은 이	신동명
펴 낸 이	민대홍
펴 낸 곳	서로북스
출판등록	2014.4.30 제2014-141호
주 소	경기도 파주시 회동길 480 A-407호
전자우편	minkangsan@naver.com
팩 스	0504-137-6584
I S B N	979-11-87254-65-2 (03230)

ⓒ 신동명, 2025, printed in Paju, Korea

이 책은 저작권법에 따라 보호받는 저작물이므로 무단 전재와 복제를 금합니다. 내용의 전부 또는 일부를 재사용하려면 반드시 저작권자와 서로북스 양측의 동의를 받아야 합니다. 책값은 뒤표지에 있습니다.

믿음을 묻다

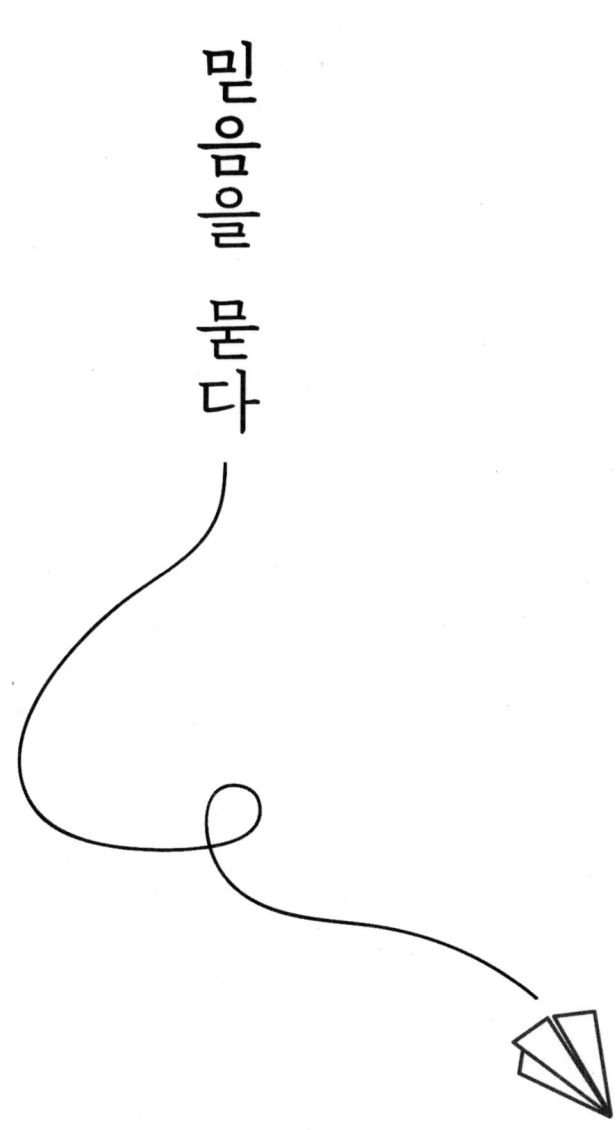

히브리서 강해

머리말

창립 50주년을 한 해 앞 둔 2024년 밀알교회의 표어는 '배우고 확신한 일에 거하라' 입니다. 영적 번아웃의 시대에 배우고 확신한 일에 거하여, 하나님의 사람으로 온전하며 하나님께서 기뻐하시는 선한 일을 행할 능력을 갖추기 위해서였습니다.

과거와는 확연하게 달라진 한국교회의 침체된 분위기를 묵상하다가 히브리서 11장 말미에 기록된 믿음의 사람들이 떠올랐습니다. 그들은 온갖 고난 속에서도 신앙을 포기하지 않고 도리어 기뻐하며 순교했던 사람들입니다.

이들에 대한 말씀은 제게 한 가지 질문을 던지게 했습니다. '이들은 도대체 무엇을 발견했기에 심한 고문을 받고, 조롱과 채찍질을 당하고, 옥에 갇히고, 돌에 맞고, 톱으로 켬을 당하고, 칼로 죽임을 당하고, 궁핍과 환난과 학대를 받으면서도 기쁨으로 신앙을 지켰을까? 초대교회 성도들이 발견하고 믿었던 예수가 어떤 분이기에 그 모진 박해를 견뎌내면서도 예수님을 포기하지 않았을까? 지금 우리가 믿는 예수님은 어떤 분이기에 세상의 가치를 위해서 너무도 쉽게 포기하고 있을까?' 이 질문을 성도들과 풀어나가기 위해 히브리서의 말씀을 함께 나누었습니다.

'믿음을 묻다'는 바로 이러한 고민의 결과물입니다. 히브리서 말씀을 통해 믿음의 본질을 다시 생각하고, 믿음의 선진들이 보여준 삶의 궤적을 따라 오늘 우리의 믿음을 점검하며, 더욱 성숙한 믿음으로 나아가기를 소망하는 마음을 담았습니다.

  부족한 부분이 많지만 이 책이 나올 수 있도록 책과 설교를 통해 귀한 가르침을 준 신앙의 선배님들에게 감사합니다. 건강한 교회와 목회를 몸소 보이시며 가르치신 스승 정성진 목사님과 후임 목사를 사랑해주고 도리어 섬겨주시는 박준남 원로목사님, 겸손히 수고하고 섬기는 밀알교회의 장로님들과 모든 성도님들에게 감사합니다. 무엇보다 제 믿음의 스승이며 가장 든든한 기도의 후원자이신 사랑하는 어머니와, 곁에서 사랑으로 섬기고 돕는 가장 귀한 위로자 사랑하는 아내에게 고마움을 표합니다.

2025년 5월
신동명 목사

차례

머리말 ··· 4

믿음의 본질, 예수(1:1-3) ··· 8

죽음의 세력을 멸하신 예수(2:14-16) ··································· 21

예수를 깊이 생각하라(3:1-3) ··· 34

안식에 들어가기를 힘쓰라(4:1-3) ·· 47

하나님의 말씀은(4:12-13) ··· 60

말씀의 초보(5:11-14) ·· 72

완전한 데로 나아가라(6:1-2) ··· 84

멜기세덱의 반차를 따라(7:1-3) ·· 97

단번에 이루시다(9:11-14) ·· 110

하나님께 나아가자(10:19-25) ·· 123

바라는 것들의 실상, 믿음(11:1-4) ······································ 135

믿음, 사망을 이기다(11:5-6) ··· 147

믿음, 세상을 정죄하다(11:7) ··· 160

믿음, 약속을 바라보다(11:8-12) ·· 172

믿음, 하나님의 뜻을 인정하다(11:20) ································· 185

믿음, 나의 힘을 꺾다(11:21) ··· 199

믿음의 유산을 남기다(11:22) ·· 212

믿음, 하나님 나라의 기초가 되다(11:23) ···························· 225

믿음, 하나님만 바라보다(11:24-26) ··································· 238

믿음, 하나님 나라에 속하다 (11:31) ·································· 251

믿음, 세상을 이기다(11:32-40) ··· 264

믿음의 경주(12:1-5) ·· 276

흔들리지 않는 나라(12:25-29) ·· 289

그들의 믿음을 본받으라(13:7-9) ······································· 303

하나님이 기뻐하시는 예배(13:15-17) ································· 316

믿음의 본질, 예수
(히브리서 1:1-3)

(1) 옛적에 선지자들을 통하여 여러 부분과 여러 모양으로 우리 조상들에게 말씀하신 하나님이 (2) 이 모든 날 마지막에는 아들을 통하여 우리에게 말씀하셨으니 이 아들을 만유의 상속자로 세우시고 또 그로 말미암아 모든 세계를 지으셨느니라 (3) 이는 하나님의 영광의 광채시요 그 본체의 형상이시라 그의 능력의 말씀으로 만물을 붙드시며 죄를 정결하게 하는 일을 하시고 높은 곳에 계신 지극히 크신 이의 우편에 앉으셨느니라

목회를 할 때 가장 어려울 순간은 성도들이 고난을 겪을 때입니다. 신앙생활을 엉망으로 하는 분에게 고난이 생기면, '하나님께서 깨닫게 하시고 복된 길을 가게 하려나 보다' 생각하면 위로가 되지만 열심히 신앙생활하고, 봉사하고, 헌신하고, 기도하는 분에게 고난이 닥치면 마음이 참 어렵습니다. 욥의 고난을 생각해보십시오. 욥은 신앙생활을 잘 하던 사람입니다. 그런데 사탄이 하나님께 이의를 제기하면서 욥의 고난이 시작됩니다. 욥의 입장에서는 정말 이유 없는 고난입니다. 얼마나 답답했겠습니까? 우리가 부르는 찬양 중에 '주가 보이신 생명의 길' 이라는 찬양이 있습니다.

"나의 길 오직 그가 아시나니 나를 단련하신 후에 내가 정금같이 나아오리이다"

욥기 23편 10절의 말씀으로 찬양을 만든 것입니다. 그런데, 사실 이 말씀은 찬양이나, 신앙 고백이 아닙니다. 새번역과 공동번역으로 보십시오.

(욥 23:10, 새번역) 하나님은 내가 발 한 번 옮기는 것을 다 알고 계실 터이니, **나를 시험해 보시면 내게 흠이 없다는 것을 아실 수 있으련만!**
(욥 23:10, 공동) 그런데도 그는 나의 걸음을 낱낱이 아시다니. **털고 또 털어도 나는 순금처럼 깨끗하리라.**

내가 잘못 없는 것, 하나님도 다 알고 계실 텐데 왜 내게 이런 고난을 주시느냐는 항변을 돌려서 말하는 것입니다. 지금 욥의 속이 다 타

들어 갔습니다. '하나님, 제게 왜 이러십니까? 내가 얼마나 하나님 앞에서 바로 살려고 애 써왔는지 다 아시지 않습니까? 하나님 정말 살아계십니까?' 탄식하는 것입니다. 우리가 함께 나눌 히브리서는 고난으로 인해 욥처럼 고뇌하고 흔들리고 있던 초대교회 성도들을 향하여 주는 신앙의 답변입니다. 그래서 굉장히 중요하고 깊이가 있는, 신앙적이고 신학적인 서신서입니다. 오늘 말씀을 통하여 신앙의 분명한 답을 함께 찾아가기를 바랍니다.

첫째, 믿음의 본질인 예수님을 알아야 합니다.

히브리서의 헬라어 제목은 '히브리인들에게' 입니다. 누가 썼는지 누구에게 보냈는지 정확하게 드러나 있지 않습니다. 저자는 바울이라는 견해가 가장 많고 베드로라고 주장하는 학자들도 있습니다. 수신자는 다른 서신서처럼 특정한 교회나 인물이 아니라, 박해당하고 있는 초대교회의 모든 흩어진 유대인들입니다.

(행 18:2) 아굴라라 하는 본도에서 난 유대인 한 사람을 만나니 **글라우디오가 모든 유대인을 명하여 로마에서 떠나라** 한 고로 그가 그 아내 브리스길라와 함께 이달리야로부터 새로 온지라 바울이 그들에게 가매

글라우디오가 모든 유대인을 로마에서 떠나게 했다는 말씀이 나옵니다. 글라우디오는 로마의 4대 황제입니다. 세계사에도 유명한 네로 황제의 양아버지로 기독교 박해를 본격적으로 시작한 사람입니다. 초대교회의 성도들은 로마로부터 박해받으며 상당히 큰 환난과 고통 가

운데 있었습니다. 그때, 유대인들이 박해와 회유를 겸하여 합니다. '너희들이 믿는 예수가 너희 삶에 어떤 영향을 끼치고 있느냐? 봐라, 다시 온다는 예수는 돌아오지 않고, 너희들의 삶은 점점 어렵지 않으냐? 뭐냐 이게? 다시 유대교로 돌아와라' 우리가 잘 알다시피 복음서와 사도행전에서는 온갖 초월적인 능력들이 많이 나타납니다. 예수님을 잡으러 온 군사들이, '내가 그니라'라는 예수님의 한 마디에 땅에 엎드러지기도 했고, 바울이나 베드로가 감옥에 갇혔을 때는 옥문이 열리기도 했습니다. 흩어져 신앙생활하고 있는 유대인들에게도 이런 기적이 나타나면 얼마나 좋겠습니까? 예수를 믿으면, 박해하는 자들이 꼼짝 못하고, 문제가 팍팍 해결되는 승리의 역사를 맛보아야 하는데, 순교자는 점점 늘어나고, 로마의 박해는 갈수록 심해지니 견딜 수가 없었습니다.

(히 10:25) **모이기를 폐하는 어떤 사람들의 습관**과 같이 하지 말고 오직 권하여 그 날이 가까움을 볼수록 더욱 그리하자

모이기를 폐하는 사람들이 생겨났다는 것입니다. "이제 그만하자. 우리가 이토록 고난당하는 것을 보니, 아무래도 예수가 메시아가 아닌가 보다" 이런 사람들이 생겨나기 시작한 것입니다. 사도바울의 마지막 서신인 디모데후서를 보면 그가 개척한 소아시아 지역의 많은 사람들이 복음에서 떠났다는 것을 알 수 있습니다. 많은 성도들이 흔들리고 교회를 떠나고 있었습니다. 이러한 상황 속에서, 흔들리고 있는 성도들을 향하여 말씀합니다. '믿음이 무엇인 줄 아느냐? 네가 믿고 있는 예수가 어떤 분인지 아느냐?' 이 두 가지는 정말 중요합니다. 믿는

다고 하는데 믿음이 무엇인지 모를뿐더러 믿음의 대상인 예수님이 어떤 분인지도 모른다면 완전히 헛된 믿음이기 때문입니다.

믿음이 무엇입니까? '다 해결될 줄로 믿습니다! 승진할 줄로 믿습니다! 좋은 대학 갈 줄로 믿습니다!' 확신하고 기도하면 믿음입니까? 아닙니다. 이렇게 기도하는 사람들은 대부분 자기 뜻대로 되지 않으면 시험 듭니다. '믿음이 떨어진다'는 표현을 사용하는데 엄밀히 말하면 믿음이 떨어진 게 아니고 믿음이 없었던 것입니다. 하나님이 아닌 자기의 계획과 자기의 뜻을 믿었던 것입니다. 우리 믿음의 대상은 내 소원이 아닙니다. 예수님이 믿음의 대상이요, 실체입니다. 이것을 깨달으면 상황과 환경에 관계없이 감사할 수 있습니다. 하박국 선지자를 생각해보십시오. 나라가 망해가는 어려운 상황 속에서, 하나님께 항의하다가 믿음의 대상이 하나님이라는 것을 깨닫고 어떻게 고백하였습니까?

> (합 3:17-18) (17) 비록 무화과나무가 무성하지 못하며 포도나무에 열매가 없으며 감람나무에 소출이 없으며 밭에 먹을 것이 없으며 우리에 양이 없으며 외양간에 소가 없을지라도 (18) 나는 여호와로 말미암아 즐거워하며 **나의 구원의 하나님으로 말미암아 기뻐하리로다**

무화과나무가 무성하지 못하고, 포도나무에 열매가 없고, 그야말로 쫄딱 망해도 여호와로 말미암아 즐거워하고 하나님으로 말미암아 기뻐한다고 고백합니다. 이것이 믿음입니다. 그동안 하박국 선지자의 기도 제목이 무엇이었습니까? 압제하는 나라들은 망하고, 이스라엘 안에 무화과가 무성해지고, 포도 열매가 맺히고, 감람나무에 소출이 생기고, 밭에 먹을 것이 생기는 것, 이것이 기도 제목이었습니다. 그런데 믿음의 본질이 하나님 자체라는 것을 알게 되니 소유와 환경과 관계없이 하나님만으로 즐거워하고 기뻐한다고 고백하는 것입니다. 그래서 히브리서는 고난당하는 성도들에게 위로의 말씀을 전하는 것이 아니라 '예수를 깊이 생각하라'고 선포합니다. 예수를 배우고 예수를 알 때, 모든 고난의 의미를 알게 되어 평안과 기쁨을 누릴 수 있기 때문입니다.

우리는 예수님을 알고 있습니까? 예수님에 대해 잘 알고 있다고 생각하지만 실상은 잘 모릅니다. 믿음의 본질이요, 신앙의 답인 예수님을 제대로 알지 못하니 작은 상황에도 흔들리고 원망과 불평, 염려와 근심이 생기는 것입니다. 2024년 우리 교회 표어가 '배우고 확신한 일에 거하라' 입니다. 가장 먼저 배워야 할 내용이 예수님입니다. 모든 성도님들이 히브리서를 통해서 예수님과 바른 믿음에 대해서 잘 배워서 확신한 일에 거하기를 소원합니다.

둘째, 예수님만 믿어야 합니다.

(1) 옛적에 선지자들을 통하여 여러 부분과 여러 모양으로 우리 조상들에게 말씀하신 하나님이 (2) 이 모든 날 마지막에는 아들을 통하여 우리에게 말씀하셨으니 **이 아들을 만유의 상속자로 세우시고 또 그로 말미암아 모든 세계를 지으셨느니라**

히브리서의 시작을 보십시오. '옛적에 선지자들을 통하여 여러 부분과 여러 모양으로 말씀하신 하나님이 마지막에는 아들을 통하여 우리에게 말씀하셨다'고 말씀합니다. 쉽게 말하면 성경의 모든 말씀이 예수님으로 완성되었다는 것입니다. 그러니 우리는 예수님만 믿으면 되는 것입니다. 그런데 우리의 신앙을 점검해보면 예수님을 믿는 게 아니라 다른 걸 믿을 때가 많습니다. 우선은 행함을 믿습니다. 초대교회의 가장 큰 유혹이 예수 믿는 것으로 부족하니 할례를 받으라는 것이었습니다. 율법을 지키는 행함이 있어야 구원이 완성된다는 것입니다. 이 유혹이 상당히 컸습니다. 믿음만으로 구원을 얻는 것이 잘 믿어지지 않았기 때문입니다. 구원파와 같은 이단이 득세하는 이유가 많은 성도들이 구원의 확신을 하지 못하기 때문입니다. 그냥 믿기만 하면 구원받는다고 하니 스스로 증거를 잘 찾지 못하는 것입니다. 증거는 마음으로 찾는 게 아닙니다. 집을 사려고 계약하는데 부동산 중계인이 "이 사람이 당신에 집을 판 것을 내가 확실히 믿으니 돈을 입금하세요" 하면 입금합니까? 아닙니다. 언제 입금합니까? 마지막 서류에 도장 찍었을 때 입금합니다. 마음으로 증거를 찾는 게 아니고 서류로 증거를 찾습니다. 구원의 확신도 마찬가지입니다. 마음이 아니라 서류에서 찾아야 합니다. 바로 성경입니다.

> (롬 10:9-10) (9) 네가 만일 **네 입으로 예수를 주로 시인하며** 또 하나님께서 그를 죽은 자 가운데서 살리신 것을 **네 마음에 믿으면** 구원을 받으리라 (10) 사람이 **마음으로 믿어 의에 이르고 입으로 시인하여 구원에 이르느니라**

우리가 마음으로 믿어 의에 이르고 입으로 예수를 주로 시인하여 구원에 이른다고 말씀합니다. 물론 믿음의 크기는 다르겠지만 우리는 모두 마음으로 믿고 입으로 예수를 주로 시인하는 사람들입니다. 그러니 구원을 받은 사람입니다. 그런데 내가 할 수 있는 무엇인가가 없으니 불안해합니다. 만약에 성경에 기록되어 있기를 '예수님의 십자가만으로는 부족하고, 성경 100독 하면 100% 구원이다' 이런 말씀이 있다면 구원의 확신 가질 사람 많습니다. 읽는 행위는 스스로 증명이 되기 때문입니다. 구원을 확실하게 하려고 100독이 아니라 200독 하는 사람들도 생길 것입니다. 이런 헛된 믿음을 이용하면 일하기 쉽습니다. '봉사하고, 섬기고 헌신하면 100% 구원, 100% 축복이다' 이렇게 설교하면 말 잘 듣습니다. 그런데, 그건 복음이 아닙니다. 순서를 잘 알아야 합니다. 우리가 예수님을 알고 믿음이 커질수록 섬김과 헌신 같은 행함도 함께 커집니다. 우리의 행함에 하나님께서 상급도 주십니다. 그런데, 이걸 역으로 생각하면 문제가 생깁니다. 섬김과 헌신을 통해 구원을 이루고 축복을 끌어내는 게 아닙니다. 그건 신앙생활이 아니고 종교생활입니다. 우리의 구원, 우리가 받을 축복은 이미 예수님이 완성하셨습니다. 자신의 행위가 아니라 예수님만 믿으시길 바랍니다. 또 하나, 잘못된 믿음은 응답을 통해 구원을 믿는 것입니다.

(4) 그가 천사보다 훨씬 뛰어남은 그들보다 더욱 아름다운 이름을 기업으로 얻으심이니

예수님이 천사보다 훨씬 뛰어나다는 말씀이 나옵니다. 개신교 신앙에서 천사가 익숙하지 않지만 성경에는 천사가 자주 등장합니다. 사사기에서 기드온에게 사명을 전했고 마노아 부부에게 나타나 삼손이 태어날 것을 예언하기도 했습니다. 다니엘 6장을 보면 다니엘이 사자굴에 들어갔을 때 천사가 사자의 입을 봉하여 지켜 주었습니다. 많은 박

해를 겪고 있는 디아스포라 유대인들의 가장 큰 기도 제목은 천사들이 나타나 박해자를 물리치고 자신들을 구원해주는 것입니다. 골로새서 2장을 보면 '천사 숭배하는 자들이 너희들을 정죄하지 못하게 하라' 라는 말씀이 나옵니다. 환난과 곤고 속에서 천사가 나타나기만을 간구하는 사람들이 있었다는 것을 알 수 있습니다. 그런데 오늘 본문은 천사보다 훨씬 뛰어난 예수님이 이미 이 땅에 오셨으니 천사 바라보지 말고 예수님을 바라보라고 말씀합니다. 지금 우리에게 적용하여 말하면 내가 원하는 응답으로 구원을 확증하려 하지 말라는 것입니다.

> **(행 4:12) 다른 이로써는 구원을 받을 수 없나니** 천하 사람 중에 구원을 받을 만한 다른 이름을 우리에게 주신 일이 없음이라 하였더라

다른 이로써는 구원을 받을 수 없습니다. 우리의 행함으로 구원받는 것이 아닙니다. 내가 원하는 것들이 이루어지는 응답으로 구원받는 것 아닙니다. 오직 예수님이 우리의 구원임을 꼭 기억하고 예수님만 믿으시기를 바랍니다.

셋째, 맏아들로 오신 예수님을 본받아야 합니다.

> (5) 하나님께서 어느 때에 천사 중 누구에게 너는 내 아들이라 오늘 내가 너를 낳았다 하셨으며 또 다시 나는 그에게 아버지가 되고 그는 내게 아들이 되리라 하셨느냐 (6) 또 **그가 맏아들을 이끌어 세상에 다시 들어오게 하실 때에** 하나님의 모든 천사들은 그에게 경배할지어다 말씀하시며

예수님이 하나님의 아들로 오셨는데 맏아들로 오셨음을 말씀해주고 있습니다. 맏아들이 어떤 의미가 있습니까? 두 가지 중요한 의미가 있습니다. 하나는 '희생'입니다. 지금은 달라졌지만, 1960년 이전만 해도 장남이 전 재산을 상속했습니다. 왜 이런 권한을 주었습니까? 장남이 대를 이어 그 집안을 책임져야 했기 때문입니다. 2014년에 개봉한 '국제시장'은 황정민 배우가 맡은 캐릭터가 맏아들이라는 것 때문에 집안을 책임지기 위하여 평생 헌신하고 희생하며 살아가는 모습을 보여줍니다. 성경에서 맏아들도 그런 의미입니다. 장자로 오신 예수님의 십자가 희생으로 우리가 살게 된 것입니다. 두 번째 이유는 우리도 하나님의 아들이 되게 하기 위함입니다.

(롬 8:29) 하나님이 미리 아신 자들을 또한 **그 아들의 형상을 본받게 하기 위하여** 미리 정하셨으니 이는 그로 많은 형제 중에서 맏아들이 되게 하려 하심이니라

우리가 맏아들로 오신 예수님의 형상을 본받으면 우리도 하나님의 아들이 됨을 말씀하고 있습니다. 우리도 신의 아들이 되는 것입니다. 신약시대에 신의 아들은 로마 황제입니다. 로마 황제에게 고난을 겪고 있는 유대인 성도들에게 너희가 진짜 '신의 아들' 이라고 가르쳐 주는 것입니다. 제가 알고 있는 한 후배는 어릴 때 황당한 상상을 했는데 자기의 친부모가 따로 있다는 상상을 했습니다. 자기는 사실 재벌 집 아들인데 어릴 때 잃어버렸다가 이제 찾게 되어서 그 집에 들어가 살게 된다는 것입니다. 왜 이런 상상을 했을까요? 부자가 되어서 누리고 싶은 것 다 누리고 싶은 마음에 이런 상상을 한 것입니다. 물론, 아직까

지 그 후배는 상상 속의 재벌가 부모님을 찾지는 못했습니다. 그런데 성도에게는 이런 상상이 곧 현실입니다.

(롬 8:14-16) (14) 무릇 **하나님의 영으로 인도함**을 받는 사람은 곧 **하나님의 아들**이라 (15) 너희는 다시 무서워하는 종의 영을 받지 아니하고 양자의 영을 받았으므로 우리가 아빠 아버지라고 부르짖느니라 (16) 성령이 친히 우리의 영과 더불어 **우리가 하나님의 자녀인 것을 증언**하시나니

'하나님의 영', 즉 성령입니다. 성령으로 인도함을 받고 예수님을 믿는 사람이 곧 '하나님의 아들'이라는 것입니다. 세상에서 재벌이 아버지면 엄청난 것을 얻을 수 있는데 우리의 아버지가 사실은 하나님이라는 것입니다. 맏아들로 오셔서 십자가의 희생을 하신 예수님 때문에! 하나님을 어떻게 부르고 있습니까? '아빠, 아버지' 라고 부릅니다. 예수님으로 인해 하나님은 우리와 먼 존재가 아니라 '아빠'라고 부를 수 있는 가까운 분이 되었습니다. 우리가 하나님의 자녀가 되면 자녀로서의 특권도 함께 받게 됩니다.

(롬 8:17-18) (17) **자녀이면 또한 상속자 곧 하나님의 상속자**요 그리스도와 함께 한 상속자니 우리가 그와 함께 영광을 받기 위하여 **고난도 함께 받아야 할 것**이니라 (18) 생각하건대 현재의 고난은 장차 우리에게 나타날 영광과 비교할 수 없도다

하나님의 상속자로서의 특권입니다. 이제 하나님의 상속자인 것을 아는 사람은 고난이 두렵지 않습니다. 2014년에 매일유업 회장의 장

남이 신세계 백화점 말단사원으로 입사해서 화제가 된 적이 있습니다. 생각해 보십시오. 누가 괴롭히지도 않겠지만 말단사원이라고 대리나 과장이 괴롭히면 괴로워하겠습니까? 잠시 경영수업하러 들어간 것인데 누가 괴롭히든 웃기지도 않을 것입니다. 나중에 기사를 다시 찾아보니 2021년에 다시 매일유업으로 입사해서 지금은 전무로 승진했고 경영권을 이어받을 준비를 하고 있다고 합니다. 하나님의 상속자인 것을 아는 사람은 고난을 받는다 해도 두렵지 않습니다. 장차 받을 영광이 지금 당하고 있는 고난과는 비교할 수가 없기 때문입니다.

(약 5:11) 보라 인내하는 자를 우리가 복되다 하나니 **너희가 욥의 인내를 들었고 주께서 주신 결말을 보았거니와** 주는 가장 자비하시고 긍휼히 여기시는 이시니라

여기에서 결말로 번역된 단어는 '텔로스(τέλος)' 입니다. '끝, 결론, 마침, 목표, 목적' 라는 뜻이 있습니다. 욥에게 고난을 주신 목표, 목적이 있다는 것입니다. 욥기서 마지막 장을 보면 욥이 "내가 주께 대하여 귀로 듣기만 하였사오나 이제는 눈으로 주를 뵙니다" 고백합니다. 욥의 고난의 목적은 하나님을 머리로만 아는 것이 아니라 경험하게 하는 것이었습니다.

히브리서를 수신한 초대교회의 유대인들은 믿음의 본질, 예수님을 알고 예수님만 믿기로 결단하였습니다. 그리고 그 고난 가운데 하나님의 자녀로서 인내하였습니다. 그 결말, 그 목적이 바로 우리들입니다. 그들의 인내로 인하여 우리가 복음을 듣고 예수님을 믿게 된 것입니다. 지금 우리도 올바른 믿음으로 예수님 닮아 살아갈 때 주께서 주시

는 결말을 목도하게 될 것입니다. 다윗이 목도한 결말은 왕이 되는 것이었습니다. 아브라함은 그의 후손이 별과 같이 많아지고 그의 이름이 창대해지는 결말을 보았습니다. 우리도 우리 각자를 향한 하나님의 결말, 하나님의 '텔로스'가 있습니다. 오직 예수님만 믿고, 예수님만 바라보며 그의 형상을 본받아 삶의 자리에서 하나님의 자녀로 복되고 아름답고 풍성하고 귀한 결말을 목도하기를 예수님의 이름으로 축원합니다.

결단과 소망의 기도

히브리서를 통해 예수님을 바르게 알고, 믿게 하옵소서.
예수님 닮아, 하나님의 자녀로 축복을 누리게 하옵소서.

죽음의 세력을 멸하신 예수
(히브리서 2:14-16)

(14) 자녀들은 혈과 육에 속하였으매 그도 또한 같은 모양으로 혈과 육을 함께 지니심은 죽음을 통하여 죽음의 세력을 잡은 자 곧 마귀를 멸하시며 (15) 또 죽기를 무서워하므로 한평생 매여 종 노릇 하는 모든 자들을 놓아 주려 하심이니 (16) 이는 확실히 천사들을 붙들어 주려 하심이 아니요 오직 아브라함의 자손을 붙들어 주려 하심이라

노르웨이의 화가, 에드바르 뭉크는 신경증에 우울증, 공황장애까지 앓았습니다. 어린 시절에 어머니와 누나가 폐병으로 죽었고, 자신의 건강도 좋지 않았기 때문입니다. 그런데, 뭉크는 이 불안감으로 인하여 주저앉은 게 아니라, 도리어 작품에 드러내며 활용합니다. 어느 날 친구 두 명과 함께 길을 걷고 있었는데 해가 지며 노을이 붉게 물들자, 갑자기 자연이 비명을 지르며 절규하는 소리가 들리기 시작했다고 합니다. 그때의 두려움과 공포를 그대로 그려낸 그림이 바로 뭉크의 대표작 '절규' 입니다. 그런데 그 그림을 잘 보면 두려움에 빠진 주인공 뒤쪽에 걸어오는 두 사람은 멀쩡합니다. 두려움의 근원이 외부에서 온 것이 아니라 자기의 마음에서 온 것임을 암시하는 것이라고 합니다. 이 그림은 예능 프로그램이나, 광고, 영화, 만화, 다방면으로 패러디돼서 많이 사용이 되었습니다. 이 그림이 이렇게 많이 차용되는 이유가 무엇입니까? 이유는 아주 간단합니다. '공감'되기 때문입니다. 누구에게나 이런 홀로 느끼는 두려움이 있다는 것입니다. 인간의 모든 두려움의 근원은 '죽음' 입니다. 자연주의 철학자 에피쿠로스는 죽음에 대한 두려움이 인간의 모든 불안과 고통의 원인이라고 했습니다. 하이데거나 니체도 죽음이 두려움의 본질적 성격이라고 주장했습니다. 우리가 잘 알다시피 누구나 다 죽습니다. 누구나 다 죽는다는 것은, 누구나 다 두려움이 있다는 것입니다. 그러니 '절규'와 같은 그림에 자기도 모르게 공감을 하게 됩니다. 철학자들이나, 세상의 다양한 종교들은 죽음에 대한 두려움을 피할 수 있는 방법을 제시합니다. 임마누엘 칸트는 도덕과 윤리를 통해서 죽음에 대한 두려움을 약화시킬 수 있다고 했습니다. 정말 그럴까요? 그렇지 않습니다. 착하게 산다고 죽음으로부터 오는 두려움이 사라지는 것은 아닙니다.

죽음은 인간의 죄로 인하여 들어왔습니다. 인간이 죄를 범했다고 하나님께서 죽이신 게 아니고 사람이 생명의 근원이신 하나님을 떠났기에 전원코드가 뽑히듯, 죽을 수밖에 없는 것입니다. 사람이 생명이신 하나님을 버리고 사탄의 말을 따랐기에 죽음의 권세를 사탄이 잡았습니다. 사탄은 죽음의 권세를 이용해서 성도들에게 두려움의 또 다른 이름인 염려와 근심을 하게 만듭니다. 죽음으로부터 오는 이 원초적인 두려움의 문제가 해결되지 않으면 염려와 근심은 사라지지 않습니다. 이 문제를 어떻게 해결할 수 있겠습니까?

(14) 자녀들은 혈과 육에 속하였으매 그도 또한 같은 모양으로 혈과 육을 함께 지니심은 죽음을 통하여 **죽음의 세력을 잡은 자 곧 마귀를 멸하시며** (15) 또 죽기를 무서워하므로 한평생 매여 종 노릇 하는 모든 자들을 놓아 주려 하심이니

예수님께서 이 땅에 오신 이유가 나옵니다. 죽음의 세력을 잡은 자 마귀를 멸하시고 죽음에 대한 두려움으로 한평생 사탄에게 매여 종노릇 하는 우리를 놓아주기 위함이라는 것입니다. 히브리서 2장은 죽음의 세력을 이기신 예수님을 통하여 사망의 두려움에서 벗어나는 방법을 말씀해 주고 있습니다. 오늘 말씀을 통하여 모든 두려움과 염려와 근심이 사라지고 참된 평안과 자유를 누리기를 바랍니다.

첫째, 말씀에 닻을 내려야 합니다.

(1) 그러므로 우리는 들은 것에 더욱 유념함으로 **우리가 흘러 떠내려 가지 않도록 함이 마땅**하니라

히브리서 2장 시작을 보십시오. '우리는 들은 것에 더욱 유념함으로 우리가 흘러 떠내려가지 않도록 함이 마땅' 하다고 말씀합니다. 역으로 말하면 우리가 들은 것에 더욱 유념하지 않으면 흘러 떠내려가게 된다는 것입니다. '유념'으로 번역된 단어는 '프로세코(προσέχω)'입니다. '주의하다, 전념하다, ~으로 가져오다, 배를 육지에 대다'라는 의미가 있습니다. 배를 육지에 대려면 어떻게 해야 합니까? 닻을 내리고, 항구에 묶어야 합니다. 그래야 배가 흘러 떠내려가지 않습니다. 우리의 영도 말씀에 닻을 내리고, 말씀에 우리의 심령을 묶어야 합니다. 그래야 흘러 떠내려가지 않습니다. 코로나가 한참이던 2020년, 서울대 김난도 교수가 한 온라인 간담회에서 유명한 말을 했습니다. '코로나가 바꾼 것은 트랜드의 방향이 아니라 속도다'. 코로나 때문에 세상이 이렇게 변한 것이 아니고, 원래 이렇게 변하려고 했는데, 속도만 빨라졌다는 것입니다. 이 말이 정확하게 일치하는 곳이 교회였습니다. 한국교회는 90년대 후반부터 유럽교회를 따라가기 시작했습니다. 조금씩 교인들이 감소하며 교회를 떠나고 있었는데 코로나를 만나면서 속도가 확 올라갔습니다. 계곡에 비가 많이 와서 물살이 빨라지면 무릎 정도 깊이만 돼도 상당히 위험합니다. 그냥 휩쓸려 떠내려갑니다. 코로나로 인하여 세상의 물살이 빨라지니까, 겉보기에 믿음 좋은 줄 알았던 사람들이 상당히 많이 휩쓸려 떠내려갔습니다. 왜 떠내려갔습니까? 말씀에 마음의 닻을 내리지 않았기 때문입니다. 우리의 마음을 말씀에 묶어 두어야 세상의 흐름에 떠내려가지 않는데, 말씀에 마음을 두지 않았습니다.

우리는 말씀을 마음에 두고 살고 있습니까? 말씀은 영의 양식이라고 합니다. 우리가 한 끼만 굶어도 '배고프다, 당 떨어진다' 난리가 납니다. 그런데 말씀은 읽지 않고 듣지 않아도 아무렇지도 않습니다. 왜 그럴까요? 말씀을 영의 양식으로 여기지 않기 때문입니다. 그러니 갈급함이 없습니다. 배고픔이 없습니다. 우리는 말씀에 갈급해야 하고 배고파야 합니다.

(2) 천사들을 통하여 하신 말씀이 견고하게 되어 모든 범죄함과 **순종하지 아니함이 공정한 보응을 받았거든**

구약시대, 천사를 통해 보내 주신 말씀에도 범죄하고 순종하지 않으면 공정한 보응을 받았다고 말씀합니다. 구약시대에는 천사가 하나님의 말씀을 대신 가져와서 전달하는 경우가 많았습니다. 그 말씀에 순종만 하면 아무리 강한 대적이 와도 승리하였습니다. 말씀대로만 살면 무엇을 구하든 응답받았습니다. 굉장히 단순한 원리였습니다. 그런데 이스라엘이 왜 망했습니까? 말씀의 가치를 모르고 순종하지 않았기 때문입니다. 말라기서 1장 마지막 부분을 보면 이스라엘 백성들이 제사를 번거로워합니다. 귀찮아서 제물도 대충 가져오고 제사도 대충 드립니다. 그 이유가 2장에 연결되어 나옵니다.

(말 2:2) 만군의 여호와가 이르노라 너희가 만일 듣지 아니하며 마음에 두지 아니하여 내 이름을 영화롭게 하지 아니하면 내가 너희에게 저주를 내려 너희의 복을 저주하리라 내가 이미 저주하였나니 이는 **너희가 그것을 마음에 두지 아니하였음이라**

'너희가 그것을 마음에 두지 아니하였음이라', '그것'이 무엇입니까? 하나님의 말씀입니다. 말씀을 마음에 두지 않았습니다. 그 결과, 예배가 게을러지고 신앙이 무너지면서 공정한 보응을 받아 멸망하게 된 것입니다.

(3) 우리가 이같이 큰 구원을 등한히 여기면 어찌 그 보응을 피하리요
이 구원은 처음에 주로 말씀하신 바요 들은 자들이 우리에게 확증한 바니

구약시대, 천사를 통해 주신 말씀도 순종하면 응답의 보응, 불순종하면 공정한 심판의 보응을 받았습니다. 그런데 지금 우리가 듣는 말씀은 성자 하나님이신 예수님께서 직접 우리에게 오셔서 주신 말씀입니다. 그 큰 구원의 말씀을 결코 등한히 여기면 안 됩니다. 기억하십시오. 우리가 말씀을 귀히 여기고 말씀 안에 내 마음의 닻을 내리면 말씀에 단단히 묶여서 세상의 흐름에 떠내려가지 않습니다. 그뿐 아니라 사탄도 묶여서 꼼짝하지 못하게 됩니다. 제가 어릴 때 살던 동네는 윗동네, 아랫동네로 나누어져 있었고 중간에 있는 넓은 공터가 아이들의 놀이터였습니다. 우리 집은 아래 동네였는데 놀이터로 가는 길 중간 길목에 셰퍼트를 키우는 집이 있었습니다. 놀러 다니려면 항상 그 앞을 지나가야 했습니다. 얼마나 사나운지 사람만 지나가면 짖어댔습니다. 초등학교 저학년 때는 벽에 바짝 붙어서 그 길을 지나가곤 했는데 고학년이 되면서는 아무렇지 않게 지나다녔습니다. 그 개가 묶여 있다는 것을 깨달았기 때문입니다. 저학년 때도 묶여 있는 것을 알았지만 심리적으로는 여전히 두려웠습니다. 고학년이 되니까 심리적인

깨달음까지 온 것입니다. 아무리 짖어대도 내 앞으로 달려들지 못한다는 것을 확실히 알게 된 것입니다. 묶여 있는 개는 절대 아이들을 물 수 없습니다. 그런데 물렸다면 왜 물릴까요? 공놀이하다가 아무 생각 없이 공 주우러 가다가 개한테 너무 가까이 가면 물립니다. 베드로전서 5장을 보면 대적 마귀가 세퍼트 수준이 아니라 우는 사자 같이 두루 다니며 삼킬 자를 찾는다고 말씀합니다. 우리가 말씀 안에 있으면 사탄은 절대 우리를 삼킬 수가 없습니다. 말씀을 떠나 흘러가다가 자기도 모르게 사탄에게 가까이 가면 물리는 것입니다. 근신하고 깨어서 사탄을 말씀으로 결박하고 또한 말씀에 마음의 닻을 내려서 험한 세파 속에서도 우리의 신앙과 생명이 흘러 떠내려가지 않도록 지켜 내시기를 소원합니다.

둘째, 영광된 가치를 알아야 합니다.

(5) 하나님이 우리가 말하는 바 **장차 올 세상을 천사들에게 복종하게 하심이 아니니라** (6) 그러나 누구인가가 어디에서 증언하여 이르되 **사람이 무엇이기에 주께서 그를 생각하시며** 인자가 무엇이기에 주께서 그를 돌보시나이까

장차 올 세상을 천사들에게 복종하게 하심이 아니라고 말씀합니다. 조금 전에 말씀드렸듯이 구약시대에 천사들은 하나님의 대리자였습니다. 하나님의 말씀을 전달했을 뿐 아니라 심판과 구원도 대행했습니다. 출애굽기에서는 애굽의 장자들을 하룻밤 사이에 죽이기도 했고 열왕기에서는 하룻밤에 18만 5천의 앗수르 군사를 물리치기도 했습니

다. 소돔과 고모라의 심판도 천사가 집행했고 그 안에 거하던 롯의 가족을 구원한 것도 천사가 했습니다. 장차 올 세상을 맡기에 부족함이 전혀 없는 존재가 천사입니다. 그런데 오늘 말씀을 보니 천사들에게 복종하게 하심이 아니라는 것입니다. 그럼 누구에게 이 세상을 맡깁니까? 6절 '사람이 무엇이기에 주께서 그를 생각하시며' 사람에게 맡기십니다. 바로 우리입니다. 하나님께서는 사람을 그처럼 귀하게 여기십니다. 에베소서와 디도서를 보십시오.

> (엡 3:6) 이는 이방인들이 복음으로 말미암아 **그리스도 예수 안에서 함께 후사가 되고** 함께 지체가 되고 함께 약속에 참예하는 자가 됨이라
> (딛 3:7) 우리로 저의 은혜를 힘입어 의롭다 하심을 얻어 영생의 소망을 따라 **후사가 되게 하려 하심이라**

우리를 구원하시는 이유가 나오고 있습니다. 우리를 살려주는 것으로 끝나는 게 아니라 우리를 하나님의 후사로 삼아 주십니다. 하나님의 후사가 할 일이 무엇입니까? 조금 전 5절의 말씀처럼 장차 올 세상을 다스리는 것입니다. 단순히 지옥을 면하고 천국 가는 것으로 끝나는 것이 아니라 하나님의 나라를 함께 다스리는 것이 우리 구원의 목적입니다. 창조 본연의 모습을 회복하는 것입니다. 하나님께서 우리를 후사로 삼기 위해 어떻게 하셨습니까?

> (9) 오직 우리가 천사들보다 잠시 동안 못하게 하심을 입은 자 곧 **죽음의 고난 받으심으로 말미암아 영광과 존귀로 관을 쓰신 예수를 보니** 이를 행하심은 하나님의 은혜로 말미암아 모든 사람을 위하여 죽음을 맛보려 하심이라

하나님의 독생자 예수님을 천사보다 못하게 이 땅에 보내셔서 고난당하시고 죽임 당하게 하셨습니다. 심판을 집행해야 마땅한 예수님이 심판을 집행한 것이 아니라 도리어 심판당하여 죽음을 맛보셨다는 것입니다. 우리가 있어야 할 죽음의 자리와 예수님이 있어야 할 영광스러운 자리를 바꾸시기 위해서 십자가에 달리신 것입니다. 복음서에 열두 해 동안 혈루증 앓던 여인 이야기가 나옵니다. 혈루증에 대해서는 레위기 15장에서 자세한 규례가 나옵니다.

> (레 15:26-27) (26) 그의 유출이 있는 모든 날 동안에 그가 눕는 침상은 그에게 불결한 때의 침상과 같고 **그가 앉는 모든 자리도 부정함이 불결한 때의 부정과 같으니** (27) 그것들을 만지는 자는 다 부정한즉 그의 옷을 빨고 물로 몸을 씻을 것이며 저녁까지 부정할 것이요

혈루증을 앓고 있는 사람이 눕는 침상도 부정하고, 앉는 자리도 부정합니다. 그가 접촉하는 것은 다 부정하게 됩니다. 그뿐 아닙니다. 혈루증 환자가 접촉한 물건을 만지는 자도 부정해집니다. 그러니 혈루증을 앓고 있는 사람은 가족들과도 함께 살아갈 수가 없습니다. 그가 만지는 모든 것이 부정해지기 때문입니다. 이 여인은 열두 해 동안 가족들과 헤어져 살았을 것이고 치료를 위해 만나는 의사들을 제외하고는 어느 누구도 만나지 못했을 것입니다. 다른 사람들이 다가오려고 해도 이 여인은 율법에 따라 '부정하다, 부정하다' 소리를 쳐서 가까이 오지 못하게 해야 했습니다. 비참한 인생을 살고 있었습니다. 이 여인이 예수님에 대한 소문을 듣고, 예수님께 찾아옵니다. 이미 수많은 무리가 예수님을 둘러싸고 있었는데 과감하게 그 사이로 들어가 예수님

의 옷에 손을 대고 고침을 받습니다. 혈루증은 부정한 병입니다. 율법에 따르면 만지는 모든 것을 부정하게 만드는 병입니다. 사람을 만지면 사람이 부정해집니다. 당연한 원리입니다. 더러운 손으로 깨끗한 옷을 만지면 옷이 더러워집니다. 지금 이 여인이 예수님을 만졌습니다. 그런데 어떻게 되었습니까? 정하여졌습니다. 그러면 예수님은 어떻게 되었습니까? 예수님은 부정해지는 것입니다. 그것이 율법입니다. 예수님은 율법을 폐하러 온 것이 아니라 완성하러 오셨습니다. 이 여인이 고침을 받는 순간, 정한 자리와 부정한 자리가 바뀌었습니다. 예수님이 부정한 자리로 내려가시고, 이 여인은 정한 자리로 올라갔습니다. 예수님이 그 부정을 짊어지고 십자가에 달리신 것입니다. 하나님께서 우리를 정한 자의 자리로 올리고 후사로 세우기 위하여 독생자 예수를 보내어 대신 죽게 하시고, 죽음의 세력을 이기게 하신 것입니다. 예수님의 십자가 보혈로 이루어 주신 그 영광된 자리, 하나님 후사의 가치대로 살아가기를 바랍니다.

셋째, 고난에 동참해야 합니다.

(공동번역) (10) 하나님은 만물을 창조하신 분이시고 만물은 그분을 위해서 있습니다. 그러므로 **하나님께서 당신의 많은 자녀들이 영광에 참여할 수 있도록 그들의 구원의 창시자로 하여금 고난을 겪게 해서 완전하게 하신다는 것은 당연한 일이었습니다.** (11) 사람을 거룩하게 해주시는 분과 거룩하게 된 사람들은 모두 같은 근원에서 나왔습니다. 그래서 예수께서는 거리낌없이 그들을 형제라고 부르시고

'하나님께서 당신의 많은 자녀들이 영광에 참여할 수 있도록 그들

의 구원의 창시자로 하여금 고난을 겪게 해서 완전하게 하신다는 것은 당연한 일이었습니다.' 말씀합니다. 11절에서는 예수님께서 거리낌 없이 사람을 형제라고 부르신다고 말씀합니다. 예수님의 고난으로 우리가 하나님의 자녀가 되었고 예수님의 형제가 되었다는 것입니다. 이어지는 12, 13절에서도 우리가 예수님과 한 형제이고 하나님의 자녀임을 반복하여 선포합니다. 이것을 안다면 어떻게 살아가야 합니까?

> (롬 8:17) **자녀이면 또한 상속자 곧 하나님의 상속자요** 그리스도와 함께 한 상속자니 우리가 그와 함께 **영광을 받기 위하여 고난도 함께 받아야 할 것이니라**

우리가 하나님의 자녀이면 하나님의 상속자, 즉 하나님의 후사입니다. 영광스러운 자리라고 했습니다. 그런데 중요한 것은 그 영광을 받기 위하여 고난도 함께 받아야 한다는 것입니다. 드라마인지, 소설인지 잘 기억이 나지는 않는데, 해결사가 주인공인 이야기 중에 재미있는 에피소드가 하나 있었습니다. 오래전 사별하고 중소기업을 운영하는 한 사장님이 젊은 여자와 사랑에 빠져서 재혼을 하겠다고 합니다. 자녀들이 아버지 돈을 노리는 것이라고 말립니다. 나중에는 해결사를 동원해서 문제를 해결하려고 하는데, 이 해결사가 이 여인의 사랑이 진짜인지 확인해보자고 합니다. 그 방법이 회사가 부도가 난 것처럼 꾸미고 사장님이 빚쟁이들을 피해서 이 여인을 찾아가게 하는 것입니다. 매몰차게 거절하면 돈을 노린 것이고, 받아 주면 '찐 사랑'이라는 것입니다. 이 여인이 받아들입니다. 자기가 저축한 돈으로 갚을 수 있는 것은 갚고 함께 살자고 말합니다. 고난에 함께 하겠다는 것으로 사랑이 증명되고 자녀들도 그 사랑을 인정하여 결혼하는 해피엔딩입니다.

(신 8:16) 네 조상들도 알지 못하던 만나를 광야에서 네게 먹이셨나니 이는 다 너를 낮추시며 너를 시험하사 **마침내 네게 복을 주려 하심이 없느니라**

출애굽 한 이스라엘 백성들을 광야로 이끄시고 만나를 먹이시며 낮추시고 시험하신 이유가 무엇이라고 합니까? '마침내 네게 복을 주려 하심' 입니다. 광야 40년의 시간 고난의 모든 시간들이 복을 위한 여정이라는 것입니다.

(신 8:18) 네 하나님 여호와를 기억하라 그가 네게 재물 얻을 능력을 주셨음이라 이같이 **하심은 네 조상들에게 맹세하신 언약을 오늘과 같이 이루려 하심**이니라

'이같이 하심은 네 조상들에게 맹세하신 언약을 오늘과 같이 이루려 하심' 이라고 말씀합니다. 예수님께서 죽음의 세력을 물리치셨습니다. 힘으로 물리치신 것이 아니라 십자가의 고난으로 물리치셨습니다. 우리가 말씀대로 살며 그 고난에 동참할 때 성경에서 언약한 모든 축복의 말씀들이 우리의 삶에 그대로 이루어질 것입니다. 사랑하는 성도 여러분, 하나님의 말씀에 우리 마음의 닻을 내려 세상으로 흘러 떠내려가지 않기를 바랍니다. 우리 자신이 예수님의 십자가 보혈로 하나님의 후사가 된 영광된 존재라는 것을 기억하고 죽음의 세력을 멸하신 주의 고난에 동참하여 마침내 주시는 생명의 면류관과 축복을 함께 받고 누리며 살기를 예수님의 이름으로 축원합니다.

결단과 소망의 기도

말씀에 마음의 닻을 내리겠습니다.

주의 십자가 고난에 동참하겠습니다.

생명의 면류관과 언약하신 모든 축복을 누리게 하옵소서.

예수를 깊이 생각하라

(히브리서 3:1-3)

(1) 그러므로 함께 하늘의 부르심을 받은 거룩한 형제들아 우리가 믿는 도리의 사도이시며 대제사장이신 예수를 깊이 생각하라 (2) 그는 자기를 세우신 이에게 신실하시기를 모세가 하나님의 온 집에서 한 것과 같이 하셨으니 (3) 그는 모세보다 더욱 영광을 받을 만한 것이 마치 집 지은 자가 그 집보다 더욱 존귀함 같으니라

인간의 발달을 연구한 학자들 중에 프로이드, 에릭슨, 피아제, 세 사람이 가장 유명합니다. 모두 인간의 발달을 다루고는 있지만, 주제는 다릅니다. 프로이드는 신체를 중심으로 하는 성격 발달이론이고, 피아제는 활동을 중심으로 하는 인지 발달이론, 에릭슨은 심리사회적인 발달이론입니다. 에릭슨의 심리사회 발달이론 제 1단계가 '신뢰 대 불신' 입니다. 유아기에 사람을 신뢰하거나 불신하는 성격들이 형성된다는 것입니다. 예를 들어 아기가 배가 고프거나 응가를 했거나 불편한 걸로 인해 울 때, 부모가 빠르게 해결해 주면 신뢰감이 형성됩니다. 신뢰가 잘 형성된 아이는 희망이라는 긍정적인 자아 특질을 가지게 됩니다. 에릭슨에 의하면 아기가 엄마에 대한 신뢰감을 나타내는 첫 표시가 '엄마가 보이지 않아도 지나친 불안이나 걱정을 보이지 않는 것' 입니다. 보이지 않아도 자기를 돌보는 이에 대한 확신이 있기 때문이라고 합니다.

이스라엘의 역사는 '출애굽'에서 시작이 됩니다. 출애굽 후에 '이스라엘' 이라는 나라가 세워졌습니다. 출애굽 후 광야에서의 생활은 이스라엘의 유아기, 즉, 1단계라고 할 수 있습니다. 광야에서, 하나님께서 이스라엘 백성들의 문제를 빠르게 해결해 준 것 같습니까? 방치한 것 같습니까? 빠르게 해결해 주었습니다. 애굽을 떠나 홍해 바다를 만나자 바로 열어 주셨습니다. 광야의 길을 걸을 때는 구름 기둥과 불 기둥으로 보호하셨고 반석에서 샘을 내주었고 만나와 메추라기로 먹이셨습니다. 신명기 29장을 보면 광야 40년 동안 옷이 낡아지지 않았고 신발도 해어지지 않았습니다. 하나님께서 세심하게 보호하시고 즉시 응답하시면서 하나님을 신뢰할 수 있도록 이끄신 것입니다. 그런데,

이스라엘 백성들이 어떻게 반응하였습니까? 하나님을 신뢰했습니까? 그렇지 못했습니다. 히브리서 3장은 이스라엘의 실패에 대해 말씀합니다.

(8) **광야에서 시험하던 날에 거역하던 것 같이** 너희 마음을 완고하게 하지 말라 (9) 거기서 너희 열조가 나를 시험하여 증험하고 사십 년 동안 나의 행사를 보았느니라 (10) 그러므로 내가 이 세대에게 노하여 이르기를 그들이 항상 마음이 미혹되어 내 길을 알지 못하는도다

이스라엘 백성들이 40년 동안 하나님을 시험하며 하나님의 행하심을 다 보았는데 항상 마음이 미혹되어서 하나님의 길을 알지 못했다는 것입니다. 그 결과가 무엇입니까? 모두 똑같이 애굽에서 하나님의 부르심을 받았는데 여호수아와 갈렙을 제외하고는 약속의 땅에 들어가지 못했습니다. 오늘 말씀은 하나님의 부름을 받은 우리가 이스라엘처럼 실패하지 않고 승리할 수 있는 방법을 이야기합니다. 오늘 말씀을 통하여 승리의 비결을 깨닫고 하나님을 신뢰하여 약속과 축복의 땅을 누리기를 바랍니다.

첫째, 예수를 깊이 생각해야 합니다.

(1) 그러므로 함께 하늘의 부르심을 받은 거룩한 형제들아 우리가 믿는 도리의 사도이시며 대제사장이신 **예수를 깊이 생각하라**

'깊이 생각하라' 번역된 단어는 '카타노에오(κατανοέω)' 입니다. 전심을 다하여 몰두하고 연구하여 깨닫고 알게 되는 것을 의미합니다.

그야말로 깊이 생각하는 것입니다. 누가복음 12장에서 예수님께서 이런 말씀을 하셨습니다.

> (눅 12:24-27) (24) **까마귀를 생각하라** 심지도 아니하고 거두지도 아니하며 골방도 없고 창고도 없으되 하나님이 기르시나니 너희는 새보다 얼마나 더 귀하냐 (25) 또 너희 중에 누가 염려함으로 그 키를 한 자라도 더할 수 있느냐 (26) 그런즉 가장 작은 일도 하지 못하면서 어찌 다른 일들을 염려하느냐 (27) **백합화를 생각하여 보라** 실도 만들지 않고 짜지도 아니하느니라 그러나 내가 너희에게 말하노니 솔로몬의 모든 영광으로도 입은 것이 이 꽃 하나만큼 훌륭하지 못하였느니라

'까마귀를 생각하라, 백합화를 생각하여 보라' '생각하라'는 단어가 '카타노에오'입니다. 생각하면 어떻게 된다는 것입니까? 하나님의 사랑, 하나님의 섭리를 알게 된다는 것입니다. 자연만물을 깊이 생각해도 하나님의 사랑과 섭리를 알게 되는데, 예수님을 깊이 생각하면 얼마나 더 많은 것을 알 수 있겠습니까? 그런데, 우리가 예수님을 깊이 생각하며 살아갑니까? 예수님은 깊이 생각하지 않고 엉뚱한 것들을 깊이 생각하며 살아갈 때가 더 많지 않습니까? 백소영 기독교학 교수가 놀란 경험이 있다고 하며 그의 책에서, 짧게 소개한 내용이 하나 있습니다. 새벽 기도 시간에 어떤 권사님이 울면서 간절히 기도하는데 기도 내용이 '정서를 살려 주시옵소서' 였다고 합니다. '정서'가 누구냐면 오래전방영됐던 '천국의 계단'이라는 드라마의 여주인공이라고 합니다. 실제 상황도 아니고 드라마 여주인공 죽는다고 살려달라고 울며불며 새벽에 기도한 것입니다. 말씀을 묵상하며 예수를 깊이 생각해야 하는데 드라마를 깊이 생각하고 있으니 이런 엉뚱한 기도를 하게

되는 것입니다.

(2) 그는 자기를 세우신 이에게 신실하시기를 **모세가 하나님의 온 집에서 한 것과 같이 하셨으니** (3) 그는 모세보다 더욱 영광을 받을 만한 것이 마치 집 지은 자가 그 집보다 더욱 존귀함 같으니라

1절에서 예수를 깊이 생각하라고 말씀하더니 갑자기 모세에 대한 말씀이 나옵니다. 2절을 보면 모세가 하나님의 온 집에서 한 것과 같이 예수님도 하셨다는 것입니다. 그런데 3절을 보니 모세보다 더욱 영광을 받을 만한 것이 마치 집 지은 자가 그 집보다 더욱 존귀함 같다고 말씀합니다. 이스라엘 백성들이 가장 존귀하게 생각했던 사람이 '모세'입니다. 바리새인들이 예수님을 평가할 때도 기준이 '모세의 율법'이었습니다. 그런데 5, 6절을 보십시오.

(5) 또한 **모세는** 장래에 말할 것을 증언하기 위하여 하나님의 온 집에서 **종으로서 신실하였고** (6) **그리스도는 하나님의 집을 맡은 아들로서 그와 같이 하셨으니** 우리가 소망의 확신과 자랑을 끝까지 굳게 잡고 있으면 우리는 그의 집이라

모세는 하나님의 온 집에서 종으로서 신실한 것이고, 그리스도는 하나님의 집을 맡은 아들로서 그와 같이 하셨다는 것입니다. 그러니까 모세는 심부름꾼입니다. 한 번 생각해 보십시오. 집에 아이들만 있고 부모가 외출을 했습니다. 외출한 부모가 식사 시간이 되어서 아이들 좋아하는 치킨을 주문해서 배달을 시켰습니다. 누가 가져다줍니까? 배달하시는 분이 가져다줍니다. 아이들이 배달하시는 분의 수고에 감

사할 수 있습니다. 그런데 부모가 보내준 은혜는 잊어버리고 배달하시는 분을 붙들고 '이 귀한 치킨을 보내주시니 감사합니다. 이 은혜 잊지 않겠습니다' 그러면 잘못된 것입니다. 진짜 보내 주신 부모의 마음을 알아야 정상입니다. 이스라엘 백성들이 모세를 존경하고 사랑하는 것은 귀한 일입니다. 그런데 진짜 주인이신 예수님을 잊어버리는 것은 잘못된 것입니다. 이 세상을 살면서 물질과 환경 반드시 필요한 것들이 많이 있습니다. 모두 심부름꾼입니다. 하나님께서 우리를 가장 선한 길로 이끄시기 위하여 물질과 환경을 사용하십니다.

그런데 우리가 이스라엘 백성들처럼 심부름꾼과 주인을 바꿔서 섬깁니다. 모든 문제, 영적 사망의 문제까지 해결해 주시는 예수님을 깊이 생각하는 것이 아니라 물질과 환경을 깊이 생각합니다. 어려운 상황을 만나 큰 기도 제목이 생겨 보십시오. 시키지 않아도 기도의 자리에 나옵니다. 그런데 문제는 기도의 자리에서 상황만 깊이 생각합니다. 먼저 무엇을 깊이 생각해야 합니까? 예수님을 깊이 생각해야 합니다. 이 상황을 통해 하나님께서 무엇을 말씀하려고 하시는지 내게 무엇을 요구하시는 지를 말씀과 기도를 통해 깊이 생각해야 합니다. 예수님을 깊이 생각하면 삶의 목적이 바뀌기 시작합니다. 오늘 아침에 일어나서 아무 생각 없이 씻고 준비하여 교회에 나오셨습니까? 아닙니다. '교회 가야지' 생각하니 씻기 시작하고 옷을 입고 준비하여 교회로 온 것입니다. '교회를 가야 한다'고 생각하는 순간, 몸은 여전히 집에 있지만 내가 하는 모든 행동은 '교회를 가기 위한 목적'을 이루기 위해서 하는 것입니다. 예수를 깊이 생각하는 사람은 물질과 환경을 위해서 똑같이 기도해도 기도의 목적이 바뀌게 됩니다. 세상 속에서 세상 사람들과 똑같이 살아도 삶의 목적이 바뀌게 됩니다. 예수를 위한 삶이 되는 것입니다. 물질과 환경이 아니라 예수를 깊이 생각하며 약속의 땅을 향하여 나아가기를 바랍니다.

둘째, 마음을 완고하게 하지 말아야 합니다.

(6) 그리스도는 하나님의 집을 맡은 아들로서 그와 같이 하셨으니 **우리가 소망의 확신과 자랑을 끝까지 굳게 잡고 있으면 우리는 그의 집이라** (7) 그러므로 성령이 이르신 바와 같이 오늘 너희가 그의 음성을 듣거든 (8) 광야에서 시험하던 날에 거역하던 것 같이 **너희 마음을 완고하게 하지 말라**

'우리가 소망의 확신과 자랑을 끝까지 굳게 잡고 있으면 우리는 그의 집이라', '너희가 그의 음성을 듣거든 광야에서 거역하던 것 같이 너희 마음을 완고하게 하지 말라' 말씀합니다. 이스라엘 백성들이 실패한 이유가 나오고 있습니다. 마음을 완고하게 했다는 것입니다. 마음이 완고해진 이유가 무엇입니까?

(9) 거기서 너희 열조가 나를 시험하여 증험하고 사십 년 동안 나의 행사를 보았느니라 (10) 그러므로 내가 이 세대에게 노하여 이르기를 그 **들이 항상 마음이 미혹되어 내 길을 알지 못하는도다** 하였고

마음이 미혹되니 하나님께서 이끄시는 길을 알지 못하는 것입니다. 여기에서 중요한 것은 왜 마음이 미혹되었느냐는 것입니다. 9절 말씀처럼 이스라엘 백성들은 40년 동안 하나님을 시험하여 증험하였습니

다. 직접 경험했다는 것입니다. 오래전 청소년 사역을 할 때 여름수련회가 장마 기간과 겹쳤습니다. 그런데 참 신기한 게 실내에서 집회할 때는 비가 내리고 야외활동을 해야 하는 시간마다 해가 떴습니다. 아이들이 이 사소한 것에 은혜를 받았습니다. 그런데 이스라엘 백성들은 홍해가 갈라지고, 하늘에서 음식이 내리고, 반석에서 샘이 솟고, 구름 기둥 불 기둥이 보호하는 이런 경험을 했습니다. 믿음이 크게 성장해야 하지 않겠습니까? 그런데 왜 미혹되었습니까? 하나님께서 이스라엘 백성을 애굽에서 건지신 것은 그들이 고통으로 부르짖었기 때문입니다. 그런데 애굽을 떠난 후, 홍해 바다를 만나자마자 원망하기 시작합니다. 왜 우리를 애굽에서 이끌어내 광야에서 죽게 하느냐는 것입니다. 그런데 하나님께서 홍해로 이끄신 이유, 하나님의 길은 무엇이었습니까?

(출 14:13) 모세가 백성에게 이르되 너희는 두려워하지 말고 가만히 서서 여호와께서 오늘 **너희를 위하여 행하시는 구원을 보라** 너희가 오늘 본 **애굽 사람을 영원히 다시 보지 아니하리라**

이스라엘을 계속 불안하게 할 애굽 군사를 홍해에서 심판하고 이스라엘을 구원하기 위함이었습니다. 그런데 하나님의 길을 알지 못하니 원망 불평하는 것입니다. 출애굽기 16장도 보십시오. 홍해 바다를 건너고 며칠 지나지 않아서 있었던 일입니다.

(출 16:3) 이스라엘 자손이 그들에게 이르되 **우리가 애굽 땅에서 고기 가마 곁에 앉아 있던 때와 떡을 배불리 먹던 때**에 여호와의 손에 죽었

더라면 좋았을 것을 너희가 이 광야로 우리를 인도해 내어 이 온 회중이 주려 죽게 하는도다

애굽 땅에서 노예로 지내며 고통 가운데 부르짖던 이스라엘 백성들이 거기서 당한 고통은 다 잊고 고기와 떡을 배불리 먹었다고 왜 광야에서 주려 죽게 하느냐고 원망합니다. 왜 주리게 하셨습니까?

(신 8:3, 16) (3) 너를 낮추시며 너를 주리게 하시며 또 너도 알지 못하며 네 조상들도 알지 못하던 만나를 네게 먹이신 것은 **사람이 떡으로만 사는 것이 아니요 여호와의 입에서 나오는 모든 말씀으로 사는 줄을 네가 알게 하심이니** (16) 네 조상들도 알지 못하던 만나를 광야에서 네게 먹이셨나니 이는 다 너를 낮추시며 너를 시험하사 **마침내 네게 복을 주려 하심이었느니라**

하나님께서 이스라엘 백성들을 광야로 이끄시어 낮추시고 주리게 하시며 만나를 먹이신 것은 사람이 떡으로만 사는 것이 아니라 하나님의 말씀으로 사는 줄을 알게 하려 하심이었습니다. 교육과정이라는 것입니다. 이를 통해서 '마침내 네게 복을 주려 하심' 이 목적입니다. 마침내 복을 주시려는 하나님의 길을 알지 못하니, 원망하고 불평하고 있는 것입니다.

(12) 형제들아 너희는 삼가 혹 너희 중에 누가 **믿지 아니하는 악한 마음을 품고 살아 계신 하나님에게서 떨어질까 조심할 것이요** (13) 오직 오늘이라 일컫는 동안에 매일 피차 권면하여 너희 중에 누구든지 **죄의 유혹으로 완고하게 되지 않도록 하라**

믿지 아니하는 악한 마음을 품으면 살아계신 하나님에게서 떨어진다고 말씀합니다. 그래서 성도들은 피차 권면하여서 죄의 유혹으로 완고하게 되지 않도록 해야 합니다. 그런데 문제가 있습니다. 우리 안에 믿지 아니하는 악한 마음이 들어오면 '권면'이 듣기 싫어집니다. '완고하게'로 번역된 단어는 출애굽기에서 바로의 마음이 '강팍하다'고 말씀할 때 사용한 단어입니다. 바로는 여러 가지 재앙을 겪으면서도 마지막 열 번째 재앙을 만날 때까지 마음이 강팍하여 모세를 통해 주신 하나님의 말씀을 듣지 않았습니다. 재앙으로 인하여 사정이 안 좋으면 가끔 듣는 척했다가 문제가 해결되면 다시 듣지 않았습니다. 누군가 여러분들에게 '말씀을 더 듣고, 더 묵상하고, 더 읽으세요, 기도의 시간을 더 가져야 합니다.' 신앙적인 권면을 했는데 듣기 싫은 마음이 확 들어오면 '너나 잘해라' 생각하지 마시고 '내가 지금 강팍한 상태구나' 빨리 깨달아야 합니다. 항상 자신을 점검하여 내 안에 완고한 마음이 남아있다면 성령을 의지하여 깨뜨리고 하나님의 길을 발견하여 축복의 땅으로 들어가기를 바랍니다.

셋째, 오늘 듣고 순종해야 합니다.

(7) 그러므로 성령이 이르신 바와 같이 **오늘** 너희가 그의 음성을 듣거든 (13) 오직 **오늘**이라 일컫는 동안에 매일 피차 권면하여 너희 중에 누구든지 죄의 유혹으로 완고하게 되지 않도록 하라 (15) 성경에 일렀으되 **오늘** 너희가 그의 음성을 듣거든 격노하시게 하던 것 같이 너희 마음을 완고하게 하지 말라 하였으니

히브리서 3장에 반복하여 나오는 단어가 하나 있습니다. '오늘'입니다. '오늘 듣거든 완고하게 하지 말라' 이 문장이 반복하여 나옵니다. 하나님의 말씀을 '오늘' 듣고 순종해야 한다는 것입니다. '오늘'이 언제입니까? '오늘'은 '오늘'입니다. 내일이 되면, 내일도 '오늘'이 됩니다. 그러니까 매일, 항상, 삶의 자리에서 하나님의 말씀을 듣고 순종해야 합니다. 이스라엘 백성들은 하나님의 말씀을 듣고 애굽에서 떠났습니다. 하나님의 말씀을 듣고 홍해 바다를 건넜습니다. 그런데, 약속의 땅을 눈앞에 두고 하나님의 말씀을 듣지 않았고 결국 안식의 땅으로 들어가지 못했습니다. 과거에 얼마나 큰 은혜를 경험했는지 얼마나 순종했는지가 중요한 것이 아니라 오늘, 지금! 내가 하나님의 말씀을 듣고 순종하는 삶을 살고 있느냐가 중요합니다.

(6) 그리스도는 하나님의 집을 맡은 아들로서 그와 같이 하셨으니 우리가 소망의 확신과 자랑을 끝까지 **굳게 잡고 있으면 우리는 그의 집이라** (7) 그러므로 성령이 이르신 바와 같이 오늘 너희가 그의 음성을 듣거든 (8) 광야에서 시험하던 날에 거역하던 것 같이 너희 마음을 완고하게 하지 말라

우리가 끝까지 굳게 잡고 있으면 우리가 뭐가 된다고 말씀합니까? '우리는 그의 집이라' 고린도전서 3장에서 '너희가 하나님의 성전이다' 말씀한 바 있습니다. 결국, 우리 신앙은 우리가 하나님의 집으로 세워져 가는 과정입니다. 어떻게 세워져 갑니까? 7,8절 말씀처럼, '오늘 그의 음성을 듣고, 마음을 완고하게 하지 말고 순종함'으로 세워져 가는 것입니다. 아모스 7장을 보면 다림줄 환상이 나옵니다.

(암 7:8) 여호와께서 내게 이르시되 아모스야 네가 무엇을 보느냐 내가 대답하되 다림줄이니이다 주께서 이르시되 **내가 다림줄을 내 백성 이스라엘 가운데 두고 다시는 용서하지 아니하리니**

'다림줄'은 돌담을 쌓을 때, 추를 늘어뜨려서, 담이 수직으로 똑바로 세워지는지 점검하는 도구입니다. 하나님께서 다림줄로 이스라엘 백성들을 재어보고는 다 헐어버리겠다고 말씀합니다. 너무 기울어져 있어서 그대로 두면 더 큰 대형사고가 나기 때문입니다. 2022년도에 광주에서 주상복합 건물을 시공하다가 붕괴하면서 사상자가 발생했습니다. 무단 설계변경이 원인이었습니다. 2023년에는 검단신도시 아파트 공사 중에 붕괴사고가 있었습니다. 지하 주차장 철근이 대규모 누락되어 있었기 때문입니다. 우리를 하나님의 성전으로 만들어가기 위한 설계도가 성경입니다. 그런데 우리가 자기 편한대로 듣기 좋은 말씀은 설계에 반영합니다. 불편한 말씀은 마음대로 설계 변경하거나 누락합니다. 그러니 하나님의 다림줄로 재어보면 다 헐어버려야 하는 것입니다.

하나님의 말씀을 들었다면 그 말씀 끝까지 붙들고 그대로 순종해야 합니다. 하나님의 설계도대로 우리가 하나님의 성전으로 세워져 가야 합니다. 애굽에서 약속의 땅으로 하나님의 부르심을 받은 이스라엘 백성들은 말씀을 듣고도 순종하지 못하여 결국 실패했습니다. 말씀을 깊이 묵상한 것이 아니라 애굽을 깊이 묵상했기 때문입니다. 사랑하는 성도 여러분, 우리도 모두 세상에서 하나님의 부르심을 받은 자들입니다. 세상이 아니라 예수를 깊이 생각하고 말씀을 깊이 묵상하며 순종하여, 반드시 약속의 땅, 축복의 땅을 누리기를 예수님의 이름으로 축원합니다.

결단과 소망의 기도

예수를 깊이 생각하겠습니다.

주신 말씀을 깊이 묵상하고 믿으며, 순종하겠습니다.

삶의 자리에서 약속의 땅, 축복의 땅을 누리게 하옵소서.

안식에 들어가기를 힘쓰라
(히브리서 4:1-3)

(1) 그러므로 우리는 두려워할지니 그의 안식에 들어갈 약속이 남아 있을지라도 너희 중에는 혹 이르지 못할 자가 있을까 함이라 (2) 그들과 같이 우리도 복음 전함을 받은 자이나 들은 바 그 말씀이 그들에게 유익하지 못한 것은 듣는 자가 믿음과 결부시키지 아니함이라 (3) 이미 믿는 우리들은 저 안식에 들어가는도다 그가 말씀하신 바와 같으니 내가 노하여 맹세한 바와 같이 그들이 내 안식에 들어오지 못하리라 하셨다 하였으나 세상을 창조할 때부터 그 일이 이루어졌느니라

한 시골길을 지나는데 어떤 카페에 큰 현수막이 붙어 있었습니다. '쉼, 쉬는 것도 능력입니다' 쉼이 중요하다는 것은 사실 다들 알고 있습니다. 그런데 어떻게 쉬어야 할지를 잘 모르는 경우가 많습니다. 어떻게 쉬어야 잘 쉬는 것입니까? 사람들마다 쉬는 방법이 다릅니다. 박준남 원로목사님은 북한산 험한 산을 오르시면서 스트레스를 풀고 힐링도 하신다고 하는데 어떤 분은 산 아래에만 있어도 올라가라고 그럴까 봐 스트레스 받는 분이 있습니다. 어떤 사람들은 친구들을 만나 수다를 떨고 맛있는 음식을 먹으면 쉼이 된다고 합니다. 저는 아무도 없는 자연 속으로 들어가 있으면 쉼이 됩니다. 가까이 영종도, 3~40분만 가면 사람이 거의 다니지 않는 제가 좋아하는 조용한 갯벌이 있습니다. 얼마 전에 아들을 데리고 간 적이 있습니다. 얼마나 좋은지 몸과 마음이 다 가벼워졌습니다. 그런데 아들은 힘들어 죽겠다고 다시는 안 간다고 합니다. 지금도 '갯벌 갈래?' 하면 고개를 절레절레 흔듭니다. 똑같이 다녀왔는데 제게는 쉼이 되고 아들에게는 노동이 된 것입니다. 자기에게 맞는 쉼을 찾는 것이 참 중요합니다. 쉼과 관련한 헨리 포드의 유명한 말이 있습니다. '휴식은 게으름도 멈춤도 아니다. 휴식을 모르는 사람은 브레이크가 없는 자동차 같아서 위험하기 짝이 없다.' 세상에서도 '쉼'을 중요하게 여기는데 우리 신앙에도 '쉼'이 아주 중요합니다. 성경에서 가장 중요한 주제가 '구원'입니다. 그런데 구원의 또 다른 표현이 '안식', 바로 '쉼'입니다. 예수님의 말씀을 보십시오.

(마 11:28) 수고하고 무거운 짐 진 자들아 **다 내게로 오라 내가 너희를 쉬게 하리라**

예수님께서 우리를 부르시는 이유가 '너희를 쉬게 하리라' 입니다. 그러니까 우리가 예수님을 믿고 예수님의 길을 걸어가는 모든 이유는 예수님께서 이루어주시는 '쉼'을 얻기 위해서입니다. 그런데 오늘 본문의 시작을 보십시오.

(1) 그러므로 우리는 두려워할지니 그의 **안식에 들어갈 약속이 남아 있을지라도** 너희 중에는 **혹 이르지 못할 자가 있을까 함이라**

안식에 이르지 못할 자가 있을 수 있으니 두려워하라고 말씀하고 있습니다. 오늘 함께 나눌 히브리서 4장은 우리가 어떻게 안식에 이를 수 있는지에 대해 말씀해 주고 있습니다. 오늘 말씀을 통하여 하나님께서 주시는 참된 안식에 이르러 참된 평안과 축복을 누리기를 바랍니다.

첫째, '안식'의 의미를 바르게 알아야 합니다.
조금 전 드린 말씀처럼 사람마다 그에게 맞는 쉼이 따로 있습니다. 자기에게 맞는 쉼을 찾아야 건강한 삶을 살 수 있는 것입니다. 마찬가지로, 우리의 영에게 맞는 안식이 무엇인지 바르게 알아야 참된 안식에 이를 수 있습니다. 출애굽 한 이스라엘 백성들이 안식에 들어가지 못한 이유가 무엇이었습니까? 3장에 나왔었습니다.

(3:10-11) (10) 그러므로 내가 이 세대에게 노하여 이르기를 그들이 항상 마음이 미혹되어 내 길을 알지 못하는도다 하였고 (11) 내가 노하여 맹세한 바와 같이 **그들은 내 안식에 들어오지 못하리라** 하였다 하였느니라

이스라엘 백성들의 마음이 미혹되어서 하나님의 길을 알지 못하였습니다. 그 결과 하나님의 안식에 들어가지 못한 것입니다. 그렇다면 왜 이스라엘 백성들의 마음이 미혹되었습니까? 하나님이 주시는 안식이 무엇인지 제대로 알지 못했기 때문입니다. 이스라엘 백성들이 광야에서 계속 원망하고 불평했던 이유는 세상의 안식을 원했기 때문입니다. 그래서 원망할 때 계속 나왔던 말이 '애굽에서는' 입니다. 애굽에서 노동을 끝내고 얻었던, 잠시의 육체의 만족이 그리워서 계속 원망 불평하였습니다. 그런데 하나님께서 주시는 안식은 세상의 일시적인 안식과는 전혀 다릅니다. 성경에서 '안식'이라는 단어가 처음 나오는 장면은 창세기 2장입니다.

(창 2:2) 하나님이 그가 하시던 일을 일곱째 날에 마치시니 그가 하시던 모든 일을 그치고 **일곱째 날에 안식하시니라**

우리는 이 말씀이 익숙하지만 구약시대에는 이 말씀이 굉장히 이상한 말씀입니다. 어떤 부분이 이상한지 혹시 아시겠습니까? '하나님이 그가 하시던 일을' 입니다. 하나님께서 일하고 있습니다. 중동지방의 신화를 보면 높은 신들은 일하지 않습니다. 지위가 낮은 신들이 일합니다. 최초의 신화이자 성경과 비슷한 이야기가 많다고 유명한 '길가메쉬 서사시'에 이런 내용이 나옵니다.

작은 신들은 땅을 개척하는 노동에 지쳐 있었다. 큰 신들은 팔짱이나 끼고 지시하는 역할을 했을 뿐 노동의 고통은 작은 신들의 몫이었다. 화가 치밀어 오른 작은 신들은 흙 운반용 삼태기를 내던지고, 꼭두새

벽부터 연장을 부수고는 신들의 통치자며, 안의 후계자인 엔릴의 집으로 쳐들어갔다. 신들의 비상대책회의가 열렸고, 큰 신들은 작은 신들의 노동을 대신할 원시 노동자로 인간을 창조하기로 결정했다.

신들이 인간을 창조한 이유가 무엇이라고 말합니까? 노동을 시키려고 창조하였다고 말합니다. 이뿐 아니라 이집트 신화, 그리스로마 신화, 모두 신들이 인간을 창조한 이유는 일을 시키기 위해서입니다. 그런데 성경은 전혀 다른 이야기를 합니다. 하나님께서 일을 하고 있습니다. 왜 일을 하셨습니까? 인간에게 안식을 주기 위해서 일을 하신 것입니다. 하나님이 일하시어 천지를 창조하고 마지막에 인간을 창조하여 에덴동산에 두신 후에 '나와 함께 안식하자' 말씀한 것입니다. '일곱 째 날에 안식하시니라' 말씀하였는데 '날' 이라고 번역된 단어 '욤(יום)'은 단순히 '하루'를 의미하지 않습니다. '빛의 기간(어둠의 기간과 반대됨), 하루, 막연한 '때', 시간의 한 지점, 한 해'를 의미합니다. 그러니까 일곱째 날에 안식하셨다는 것은 창조를 완성하신 후 빛의 기간 동안 계속 안식하셨다는 것입니다. 그런데, 언제 안식이 깨어집니까? 사람이 죄를 범하여 '빛'에게서 떠나자 안식이 깨어지고 '수고'가 들어옵니다.

요한복음 5장을 보면, 베데스다에서 예수님께서 38년 된 병자를 낫게 하시는 장면이 나옵니다. 그런데 그날이 안식일이었습니다. 38년 된 병자가 일어나게 되었는데 감사를 하는 것이 아니라 안식일에 고쳤다고 유대인들이 도리어 예수님을 박해합니다. 그때 예수님께서 하신 말씀이 있습니다.

(요 5:16-17) (16) 그러므로 안식일에 이러한 일을 행하신다 하여 유대인들이 예수를 박해하게 된지라 (17) 예수께서 그들에게 이르시되 **내 아버지께서 이제까지 일하시니 나도 일한다** 하시매

"내 아버지께서 이제까지 일하시니 나도 일한다" 누가 일한다고요? '내 아버지께서' 하나님이 일하신다는 것입니다. 왜 일하고 있습니까? 사람이 안식을 떠났기 때문에, 다시 사람을 안식으로 들어오게 하려고, 하나님이 일하시고, 예수님이 일하시는 것입니다. 창세기와 요한복음의 말씀을 함께 보십시오.

(창 2:1-2) (1) 천지와 만물이 다 이루어지니라 (2) 하나님이 그가 하시던 일을 일곱째 날에 마치시니 **그가 하시던 모든 일을 그치고 일곱째 날에 안식**하시니라
(요 19:30) 예수께서 신 포도주를 받으신 후에 이르시되 **다 이루었다** 하시고 머리를 숙이니 영혼이 떠나가시니라

하나님께서 다 이루시고 안식하셨습니다. 이와 마찬가지로 예수님께서 십자가에서 다 이루셨습니다. 이제 뭐가 남았습니까? 우리가 그 안식 안으로 들어가는 것입니다.

(엡 1:5) 그 기쁘신 뜻대로 우리를 예정하사 **예수 그리스도로 말미암아 자기의 아들들이 되게 하셨으니**

예수님의 십자가로 말미암아 하나님이 우리의 아버지가 되고 우리는 하나님의 자녀가 됩니다. 부모를 잃어버린 자녀는 스스로를 책임져

야 하므로 무엇을 먹을까 무엇을 입을까 염려하며 살아야 합니다. 하지만 부모의 품에 있는 자녀는 아무 걱정 없습니다. 부모가 일하여 책임져 주기 때문입니다. 그러므로 우리도 하나님 아버지의 품으로 들어가는 것이 곧 안식으로 들어가는 것입니다. 우리를 안식케 하기 위하여 하나님이 일하십니다. 예수님이 일하십니다. 그 일하심을 믿고 온전히 하나님 아버지의 품으로 들어가 자신의 삶을 아버지께 온전히 맡기기를 바랍니다.

둘째, 안식에 들어가기를 힘써야 합니다.

3장에서는 하나님의 길을 알지 못했던 이스라엘 백성들이 안식에 들어가지 못했다고 말씀하였고 오늘 1절에서는 안식에 이르지 못할까 두려워하라고 말씀하였는데 11절을 보십시오.

(11) 그러므로 우리가 저 **안식에 들어가기를 힘쓸지니** 이는 누구든지 저 **순종하지 아니하는 본에 빠지지 않게 하려 함**이라

'순종하지 아니하는 본에 빠지지 말고, 저 안식에 들어가기를 힘쓰라' 말씀하고 있습니다. 어떻게 힘쓸 수 있습니까? 우리를 쉬게 하겠다는 예수님의 말씀을 다시 보십시오.

(마 11:28-30) (28) 수고하고 무거운 짐 진 자들아 다 내게로 오라 내가 너희를 쉬게 하리라 (29) 나는 마음이 온유하고 겸손하니 **나의 멍에를 메고 내게 배우라** 그리하면 너희 마음이 쉼을 얻으리니 (30) 이는 내 멍에는 쉽고 내 짐은 가벼움이라 하시니라

'내가 너희를 쉬게 하리라' 뒤에 어떤 말씀이 나옵니까? '나의 멍에를 메고 내게 배우라 그리하면 쉼을 얻으리니' 예수님의 멍에를 메야 쉼을 얻는 것입니다. 안식에 들어가기를 힘쓴다는 것은, 예수님의 멍에를 함께 메기를 힘쓰는 것입니다. 하나님의 일에 동참하기를 힘쓰는 것입니다. 하나님께서는 우리를 안식으로 들어오게 하려고 반드시 일을 맡기십니다. 멍에를 주신다는 것입니다. 성경의 흐름을 생각해보십시오. 하나님께서 이스라엘 백성들에게 안식을 주기 위해서 출애굽 시켰습니다. 어떻게 출애굽 시켰습니까? 애굽에 열 가지 재앙을 내리고 마지막에는 홍해 바다에서 애굽 군사들을 쓸어버리면서 출애굽 시켰습니다. 왜 그렇게 했다고요? 안식을 주려고! 그런데 이스라엘 백성들이 가나안 땅에 들어가서 뭐 합니까? 강한 대적들과 전쟁을 합니다. 이상하지 않습니까? 이 당시에 애굽이 강합니까? 가나안이 강합니까? 당연히 애굽이 훨씬 강합니다. 그 강한 대적 애굽을 치신 하나님께서 가나안은 얼마나 더 쉽게 쓸어버릴 수 있겠습니까? 그러니 그냥 애굽처럼 가나안에 재앙을 쏟아 부어서 멸망시키시고 이스라엘 백성들은 기분 좋게 빈집에 들어가서 그냥 쉬게 하시면 참 좋을 텐데 왜 광야를 걷게 하시고 대적들을 만나게 하시고 그들과 싸우며 쫓아내게 하셨습니까?

복권 당첨된 후에 인생 망가지는 사람들이 있습니다. 왜 그럴까요? 그만한 돈을 활용할 준비가 되어 있지 않기 때문입니다. 이스라엘 백성들을 싸우게 하신 것은 약속의 땅에서 안식을 누리며 살만한 사람으로 만들어가기 위해서입니다. 가나안 전쟁을 하게 하신 이유가 단순히 그 땅에 사는 사람들을 몰아내는 것이 목적이 아니라는 것입니다. 이스라엘 백성이 목적입니다. 이스라엘을 변화시키고 하나님의 백성으로 만들어가기 위한 하나님의 섭리입니다. 이와 마찬가지로 우리가 이 세상을 살아가며 만나는 모든 고난 모든 상황은 하나님께서 우리를 하나님의 백성으로 하나님의 안식을 누릴만한 사람으로 만들어가는 과정입니다. 요셉을 생각해 보십시오. 요셉은 형들의 시기와 질투로 애굽의 노예로 팔려 갔습니다. 여러 가지 어려움이 있었지만 마지막에는 애굽의 총리가 됩니다. 요셉의 이야기는 단순히 성공의 비결을 가르쳐 주는 이야기가 아닙니다. 이스라엘의 역사를 노래하는 시편 105편에 이런 말씀이 나옵니다.

> (시 105:17-19) (17) 그가 한 사람을 앞서 보내셨음이여 요셉이 종으로 팔렸도다 (18) 그의 발은 차꼬를 차고 그의 몸은 쇠사슬에 매였으니 (19) 곧 **여호와의 말씀이 응할 때까지라 그의 말씀이 그를 단련**하였도다

요셉이 종으로 팔리고 감옥에 갇히며 고생했던 모든 것들이 여호와의 말씀이 응할 때까지 하나님께서 그를 단련하신 거라는 것입니다. 우리는 요셉의 이야기를 남의 이야기라고 총리 된 것만 기억하지만 요셉의 입장으로 들어가 생각해보면 얼마나 괴로운 인생이었겠습니까? 첫 아이를 낳고 '므낫세' 라고 이름을 짓습니다. '잊어버리게 하다' 라는 뜻입니다. 그동안 잊지 못했다는 것입니다. 그런데 자기를 알아보지 못하는 형들이 와서 절을 하는 모습을 보고 어릴 적 꾼 꿈을 기억하며 하나님의 뜻을 이해합니다. 그리고 이렇게 말합니다.

> (창 45:7-8) (7) 하나님이 큰 구원으로 당신들의 생명을 보존하고 당

신들의 후손을 세상에 두시려고 나를 당신들보다 먼저 보내셨나니 (8) 그런즉 **나를 이리로 보낸 이는 당신들이 아니요 하나님이시라** 하나님이 나를 바로에게 아버지로 삼으시고 그 온 집의 주로 삼으시며 애굽 온 땅의 통치자로 삼으셨나이다

'하나님이 나를 당신들보다 먼저 보내셨다.' 이 말씀을 앞선 말씀까지 보면 세 번이나 반복합니다. 하나님께서 자기를 만들어 오셨다는 것을 깨달은 것입니다. 그 순간, 모든 상처가 회복되고 요셉의 마음이 참된 안식으로 들어갑니다. 그러니 원수 같은 형들을 용서하고 사랑하며 그들의 온 집안까지 책임져 줄 수 있었던 것입니다. 우리도 하나님께서 만나게 하는 모든 상황 속에서 하나님의 뜻을 찾으며 참된 안식에 들어가기를 힘쓰시기를 소원합니다.

셋째, 말씀과 믿음을 결부시켜야 합니다.

(2) 그들과 같이 우리도 복음 전함을 받은 자이나 들은 바 그 말씀이 그들에게 유익하지 못한 것은 **듣는 자가 믿음과 결부시키지 아니함이라**

이스라엘 백성들의 실패 원인이 나오고 있습니다. '말씀을 믿음과 결부시키지 않았다'는 것입니다. 말씀을 믿음과 결부시키지 않으니 말씀이 그들에게 유익이 되지 못했습니다. 애굽에서 이스라엘 백성들이 가장 먼저 들었던 말씀이 무엇인지 보십시오.

(출 3:16b-17) (16b) 여호와 너희 조상의 하나님 곧 아브라함과 이삭과 야곱의 하나님이 내게 나타나 이르시되 **내가 너희를 돌보아 너희가**

애굽에서 당한 일을 확실히 보았노라 (17) 내가 말하였거니와 내가 너희를 애굽의 고난 중에서 인도하여 내어 젖과 꿀이 흐르는 땅 곧 가나안 족속, 헷 족속, 아모리 족속, 브리스 족속, 히위 족속, 여부스 족속의 땅으로 올라가게 하리라

'너희가 애굽에서 당한 일을 확실히 보았다. 내가 너희를 애굽의 고난 중에서 인도하여 내어 젖과 꿀이 흐르는 땅으로 올라가게 하겠다' 이 말씀입니다. 그리고 이 말씀을 믿게 하려고 여러 가지 이적을 먼저 이스라엘 백성들에게 보입니다. 그 후에도 애굽에 내린 열 가지 재앙, 홍해 바다를 건넌 사건, 구름 기둥과 불 기둥의 보호, 만나와 메추라기, 반석에서 솟아난 샘, 다양한 경험을 통해서 이스라엘 백성들에게 믿음을 심어주십니다. 출애굽기 17장에 나오는 아말렉 전쟁도 있었습니다. 여호수아가 아말렉과 열심히 싸우고 있는데 여호수아의 전략이 아니라 모세가 손을 들어 기도하면 이스라엘이 이기고 손을 내리면 아말렉이 이겼습니다. 손을 들어야 기도고 손을 내리면 기도가 아닙니까? 그런데 왜 이렇게 하셨습니까? 온 이스라엘 백성들에게 가르치는 것입니다. '하나님께 맡겨야 승리한다' 모든 전쟁이 끝나고 하나님께서 이렇게 말씀하십니다.

(출 17:14) 여호와께서 모세에게 이르시되 이것을 책에 기록하여 기념하게 하고 **여호수아의 귀에 외워 들리라** 내가 아말렉을 없이하여 천하에서 기억도 못 하게 하리라

여호수아의 귀에 외워 들리라고 말씀하십니다. 이제 앞으로 가나안 정복, 영적 전쟁을 이끌어 나가야 할 여호수아에게 전쟁은 철저히 하

나님이 하시는 것이지 사람의 힘으로 하는 것이 아님을 기억하게 하신 것입니다. 그러니까 광야에서 하나님께서 계속 가르치신 것은 하나님이 일하신다는 것입니다. 그러니 하나님의 말씀을 믿고 순종하라는 것입니다. 그런데 하나님이 일하시는 이 모든 것을 다 본 이스라엘 백성들이 가나안 땅 앞에 도달해서 강한 대적이 있는 현실을 보자마자 말씀과 믿음을 결부시키지 못합니다. 하나님은 분명히 주신다고 말씀하셨는데 믿음이 결부되지 않으니 하나님이 우리를 죽이려고 한다고 잘못된 해석을 합니다. 애굽을 떠난 이스라엘 백성들처럼 우리가 세상을 떠나 믿음으로 살려고 하다 보면 앞에는 홍해, 뒤에는 애굽 군사가 쳐들어오는 듯한 사면초가의 상황을 만날 때가 있습니다. 그러면 어떻게 해야 합니까? 이스라엘 백성들은 샘플이 없어서 두려워하고 원망 불평했지만 우리는 말씀을 통해 주어진 해답이 있습니다.

(출 14:13) 모세가 백성에게 이르되 **너희는 두려워하지 말고 가만히 서서 여호와께서 오늘 너희를 위하여 행하시는 구원을 보라** 너희가 오늘 본 애굽 사람을 영원히 다시 보지 아니하리라

이 말씀을 믿음과 결부시키고 하나님 하실 일을 기대해야 합니다. 광야 같은 인생길을 걷다가 주리고 목마른 상황을 만날 때 가나안의 아낙 자손과 같은 거대한 대적 감당할 수 없는 상황을 만날 때 '너희를 젖과 꿀이 흐르는 땅으로 반드시 인도하리라' 이 말씀을 믿음과 결부시켜야 합니다. 기억하십시오. 이스라엘 백성들이 안식에 들어가지 못한 것은 말씀이 없어서가 아닙니다. 믿음이 없어서입니다. 지금 우리도 비슷합니다. 하나님의 말씀을 들을 때 그 순간은 '아멘' 하는데 삶

의 현장에서는 조금만 어려움이 생겨도 말씀과 믿음을 결부시키지 못합니다. 다른 사람이 어려울 때는 말씀과 믿음을 결부시켜서 생각합니다. 그런데 내가 어려울 때는 결부가 잘 안 됩니다. 사랑하는 성도 여러분, 이제는 하나님의 말씀을 믿음과 결부시키고 주님과 동행하며 하나님 아버지 품에서 참된 안식을 누리기를 예수님의 이름으로 축원합니다.

결단과 소망의 기도

세상의 안식이 아니라, 하나님의 안식을 구합니다.
말씀과 믿음을 결부하여,
순종하며 안식에 들어가기를 힘쓰게 하옵소서.

하나님의 말씀은
(히브리서 4:12-13)

(12) 하나님의 말씀은 살아 있고 활력이 있어 좌우에 날선 어떤 검보다도 예리하여 혼과 영과 및 관절과 골수를 찔러 쪼개기까지 하며 또 마음의 생각과 뜻을 판단하나니 (13) 지으신 것이 하나도 그 앞에 나타나지 않음이 없고 우리의 결산을 받으실 이의 눈 앞에 만물이 벌거벗은 것 같이 드러나느니라

기존의 상식이나 패러다임에 반하는 새로운 지식을 무조건 거부하는 경향을 '제멜바이스 반사'라고 말합니다. 분명히 옳아도 인정하지 않는 것을 뜻합니다. 이 용어가 만들어진 사연이 있습니다. 원래 '제멜바이스'는 19세기 헝가리 출신의 산부인과 의사 이름입니다. 오스트리아 빈 종합병원에서 일하고 있었는데 당시 병원에서 출산한 산모 중 상당수가 산욕열로 사망했다고 합니다. 제멜바이스가 근무하던 병원에는 두 개의 분만 병동이 있었습니다. 1병동은 의사들과 의대생들이 근무하고 2병동은 조산원들, 산파들이 일하는 시스템이었습니다. 당연히 1병동이 시설이나 인력이 훨씬 좋았는데 이상하게도 산모 사망률도 1병동이 훨씬 높았습니다. 제멜바이스가 이유를 조사하고 있던 차에 동료 의사가 시신을 부검하다가 메스에 상처를 입습니다. 그리고 얼마 뒤에 산모들과 똑같은 증세로 사망하죠. 이 모습을 보고 시체에서 나온 시체 입자가 의사를 통해 임산부에게 전염되어 산욕열을 일으킨다고 생각합니다. 요즘으로 말하면 병균입니다. 그래서 의사들에게 산모 진료 전에 염화칼슘액으로 손을 씻도록 했습니다. 그 결과 1병동의 사망률이 천 명당 98.6명 이었는데 12.7명으로 급감합니다. 실제적인 결과가 나왔으니 답이 확실한 것입니다. 그런데 다른 의사들이 이 의견을 받아들이지 않습니다. 제멜바이스는 생전에 멸시와 조롱 당하다가 정신병원에서 맞아 죽는 비참한 최후를 맞이합니다. 그런데 불과 15년 뒤에 파스퇴르에 의해 이론이 증명되면서 그의 업적이 인정됩니다. 2013년에는 그의 논문이 유네스코 세계기록유산으로 등재가 되었습니다. 제멜바이스의 논문이 인정되기 전에는 병원에서 치료를 받다가 패혈증으로 죽는 경우가 굉장히 많았습니다. 대부분이 메스에 의해 감염된 것입니다. 당시에는 의사들의 옷이나 메스에 묻은 핏자국을 훈장처럼 여기는 문화가 있어서 잘 씻지를 않았다고 합니다. 사람을 치료하기 위한 메스가 오염되니 사람을 죽이는 도구가 된 것입니다.

오늘 본문은 하나님의 말씀이 '좌우에 날 선 검', 마치 의사들의 메스와 같다고 말씀합니다. 의사들의 메스가 오염되었을 때 살리는 도구가 죽이는 도구가 된 것처럼 하나님의 말씀이 사람에 의해 오염되면 살리는 말씀이 아니라 죽이는 말씀이 됩니다. 오늘 말씀을 통하여 하나님의 말씀을 바르게 듣고 배워, 살리는 말씀, 능력 있는 말씀을 삶 가운데 누리기를 바랍니다.

첫째, 말씀의 중요함을 알아야 합니다.

히브리서 3장과 4장은 출애굽 사건과 연결하여 계속 설명합니다. 지난 시간 나눈 말씀을 간략하게 요약하면, 마음을 완고하게 하지 말고 주신 말씀에 순종하며 안식으로 들어가기에 힘쓰라는 것이었습니다. 출애굽 여정을 다시 한 번 생각해보십시오. 애굽에 열 가지 재앙을 내렸습니다. 어린 양의 피로 이스라엘 백성을 살리셨습니다. 그리고 홍해 바다를 건너게 하셨습니다. 구름 기둥, 불 기둥으로 보호하셨고, 반석에서 샘을 주셨고, 만나와 메추라기를 주셨습니다. 왜 그렇게 하셨습니까?

> (신 4:5-6a) (5) 내가 나의 하나님 여호와께서 명령하신 대로 규례와 법도를 너희에게 가르쳤나니 이는 너희가 들어가서 기업으로 차지할 땅에서 **그대로 행하게 하려 함인즉** (6a) 너희는 지켜 행하라

하나님께서 기업으로 주실 약속의 땅에 들어가서 하나님의 말씀대로 행하게 하려 하심입니다. 신명기서는 모세의 사역을 정리하고 가나안 땅의 새 역사를 준비하는 책입니다. 신명기서의 주제는 약속의 땅에 들어가면 하나님의 명령과 규례를 지키고 말씀대로 살라는 것입니다. 이 말씀이 상당히 많이 반복됩니다. 신명기 8장의 말씀도 보십시오. 출애굽 여정의 최종 목적에 대한 말씀이 나옵니다.

(신 8:3) 너를 낮추시며 너를 주리게 하시며 또 너도 알지 못하며 네 조상들도 알지 못하던 **만나를 네게 먹이신 것은 사람이 떡으로만 사는 것이 아니요 여호와의 입에서 나오는 모든 말씀으로 사는 줄을 네가 알게 하려 하심**이니라

목적이 어디에 있습니까? 만나를 먹이시는 이적에 있습니까? 말씀에 있습니까? 말씀에 있습니다. 그런데 우리의 관심은 어디에 있습니까? 이적에 더 관심이 있습니다. 출애굽기를 생각해보십시오. 출애굽 여정 속에 나타난 이적은 다 기억합니다. 그런데 하나님 주신 명령과 규례는 잘 모릅니다. 모든 이적의 목적이 말씀이라는 것을 잊지 말아야 합니다. 가장 중요한 것은 말씀입니다.

(암 8:11) 주 여호와의 말씀이니라 보라 날이 이를지라 내가 기근을 땅에 보내리니 양식이 없어 주림이 아니며 물이 없어 갈함이 아니요 **여호와의 말씀을 듣지 못한 기갈**이라

하나님께서 기근을 땅에 보내시는데, 양식이 없어서 주림이 아니고 물이 없어서 갈함이 아니라 여호와의 말씀을 듣지 못한 기갈이라고 말

쓸하고 있습니다. 아모스서를 보면 수많은 재앙들이 선포됩니다. 가뭄, 지진, 풍재와 깜부기, 메뚜기, 전염병, 전쟁 다양한 물리적 기갈들이 있었습니다. 그런데 이것은 심판이 아닙니다. 물리적 기갈은 사랑의 징계일 뿐입니다. 물리적 기갈을 통해 하나님께 돌이키고 말씀을 들을 수만 있다면 언제든 회복될 수가 있습니다. 그런데 하나님의 말씀이 사라지는 영적 기갈을 만나면 이제는 정말 끝입니다. 우리도 삶의 자리에서 물질의 어려움, 건강의 문제, 가정의 문제, 일터의 문제, 여러 가지 어려운 문제들을 만날 때가 있습니다. 얼마나 힘들겠습니까? 겪어보지 않은 사람은 말할 수 없는 고통이 있습니다. 그런데 그 문제는 재앙이 아니라는 것입니다. 진짜 재앙은 그럼에도 불구하고 기도하지 않고 그럼에도 불구하고 하나님의 말씀을 들으려고 하지 않는 영적 기갈에 있습니다. 종말의 시대를 살아가는 우리에게 가장 필요한 것은 하나님의 말씀입니다. 하나님의 말씀이 우리를 살게 합니다. 엘리야는 갈멜산에서의 위대한 승리 후에 변하지 않는 현실에 낙담합니다. 대적 이세벨은 여전히 살기가 등등하여 내일 당장 죽이겠다고 통보를 합니다. 열심히 말씀을 가르치고 갈멜산 이적을 통해 이스라엘 백성들에게 하나님을 보여주었는데 그날만 잠깐 은혜 받아서 잠깐 헌신하고 바로 돌아섭니다. 나만 남았다는 엘리야의 말을 보면 여기에 큰 상처를 받은 것 같습니다. 얼마나 마음이 어려웠는지 하나님께 이렇게 기도합니다.

(왕상 19:4) 자기 자신은 광야로 들어가 하룻길쯤 가서 한 로뎀 나무 아래에 앉아서 자기가 죽기를 원하여 이르되 **여호와여 넉넉하오니 지금 내 생명을 거두시옵소서** 나는 내 조상들보다 낫지 못하니이다 하고

"여호와여 넉넉하오니 지금 내 생명을 거두시옵소서" 하나님께서 엘리야에게 천사를 보내어 먹을 것을 먹이시고 호렙산까지 가게 하십니다. 그리고 호렙산 앞에 세우십니다.

(왕상 19:11-12) (11) 여호와께서 이르시되 **너는 나가서 여호와 앞에 서 산에 서라** 하시더니 여호와께서 지나가시는데 여호와 앞에 **크고 강한 바람**이 산을 가르고 바위를 부수나 바람 가운데에 여호와께서 계시지 아니하며 바람 후에 지진이 있으나 지진 가운데에도 여호와께서 계시지 아니하며 (12) 또 지진 후에 **불이 있으나** 불 가운데에도 여호와께서 계시지 아니하더니 불 후에 **세미한 소리가 있는지라**

먼저 크고 강한 바람이 산을 가르고 바위를 부숩니다. 그런데 그곳에 하나님이 계시지 않습니다. 두 번째로 지진이 있는데 역시 여호와께서 계시지 않습니다. 세 번째로 불이 있는데 역시 여호와께서 계시지 않았습니다. 마지막으로 세미한 소리가 있는데 그 소리가 임하며 다시 묻습니다. '네가 어찌하여 여기 있느냐' 세미한 소리 가운데 하나님께서 엘리야를 다시 만나 주시는 것입니다. 지금 엘리야의 문제는 상황의 문제, 심리의 문제, 관계의 문제가 아닙니다. 뭐가 문제입니까? 하나님의 말씀을 잃어버린 것이 문제입니다. 지난 이스라엘의 역사를 돌아보면 크고 강한 바람에 의해 홍해 바다가 갈라졌습니다. 지진과 같은 능력으로 여리고를 점령했습니다. 갈멜산에서는 불이 내려서 큰 승리를 이루었습니다. 그런데 그 기적이 중요한 것이 아닙니다. 세미한 음성, 하나님의 말씀이 중요합니다. 다시 하나님의 말씀을 들어야 회복할 수 있습니다. 우리는 바람과 지진과 불과 같은 능력, 그와 같은 응답을 원합니다. 그런데 모두 부수적인 것들입니다. 우리는 하나님의 말씀을 가장 중요하게 여기고 그 말씀에 집중해야 합니다.

둘째, 하나님의 말씀은 살아있고 활력이 있습니다.

(12) **하나님의 말씀은 살아 있고 활력이 있어** 좌우에 날선 어떤 검보다도 예리하여 혼과 영과 및 관절과 골수를 찔러 쪼개기까지 하며 또 마음의 생각과 뜻을 판단하나니

'살아 있다'는 것은 말 그대로 살아있다는 것이고 '활력이 있다'는 것은 효력이 있다는 의미입니다. 지금 히브리서를 본문으로 설교를 하고 있습니다. 이 시간은 설교자가 하나님의 말씀을 사용해서 설교자의 뜻을 전하는 게 아닙니다. 살아있는 하나님의 말씀이 설교자의 입을 사용해서 하나님의 뜻을 전하는 것입니다. 말씀이 도구가 아니고 설교자가 도구입니다. 설교자가 자신을 드러내며 말씀을 사용하려고 하거나 듣는 자가 자기가 원하는 말씀만 들으려고 하면 하나님의 말씀이 오염됩니다. 그런데 구약시대나 신약시대나 지금 우리가 사는 말세의 시대나 오염된 말씀을 참 좋아합니다. 예레미야의 말씀을 보십시오.

(렘 5:30-31) (30) 이 땅에 무섭고 놀라운 일이 있도다 (31) **선지자들은 거짓을 예언하며 제사장들은 자기 권력으로 다스리며 내 백성은 그것을 좋게 여기니** 마지막에는 너희가 어찌하려느냐

이 땅에 무섭고 놀라운 일이 있다고 합니다. 무엇이 무서운 일입니까? 선지자들이 거짓을 예언하고 있는데 백성들이 그것을 좋게 여긴

다는 것입니다. 하나님의 말씀을 바르게 듣지 않고 자신들의 사욕을 채워줄 거짓 선지자의 오염된 말씀을 좋아하니 마지막에 어찌하려느냐는 것입니다. 디모데후서의 말씀도 보십시오.

(딤후 4:3-4) (3) 때가 이르리니 **사람이 바른 교훈을 받지 아니하며** 귀가 가려워서 자기의 사욕을 따를 스승을 많이 두고 (4) 또 그 귀를 **진리에서 돌이켜 허탄한 이야기를 따르리라**

사람들이 바른 교훈을 받지 않습니다. 귀가 가려워서 자기의 사욕을 따를 스승을 많이 둡니다. 그 귀를 진리에서 돌이켜 허탄한 이야기만 따릅니다. 귀를 만족시키는 말씀이 나를 살리는 것이 아닙니다. 오염된 의사들의 메스처럼 도리어 우리의 영을 죽입니다. 하나님의 말씀을 있는 그대로 들을 때 생명력이 있습니다. 생명력은 사망과 더불어 싸우는 힘입니다. 세상에 병균이 얼마나 많이 있습니까? 우리가 먹는 음식에도 있고 함께 사는 사람들에게도 있습니다. 그런데 탈 없이 살 수 있는 것은 우리의 몸속에서 생명력이 병균과 끊임없이 싸우고 있기 때문입니다. '면역력'이라고 부릅니다. 면역력이 깨지면 아주 작은 병균에도 크게 앓아누울 수가 있습니다. 생명력 있는 하나님의 말씀이 우리의 영적 면역력입니다. 그래서 내가 하나님의 말씀과 멀어지면 아주 사소한 일에도 큰 시험이 듭니다. 영적 건강이 깨졌기 때문입니다. 육의 건강이 깨지면 입맛이 없어져서 밥 먹기가 싫어집니다. 마찬가지로 영적 건강이 깨지면 영의 양식인 말씀이 듣기 싫어집니다. 어떻게 해야 빨리 회복될 수 있습니까? 오래전에 어떤 집사님께서 갑작스레 큰 병을 진단받았습니다. 입원하시고 치료하는데, 평소와 다를 바가 하나도 없어 보였습니다. 어떻게 그리 멀쩡하시냐고 물었더니 방사선 치료를 받다보니 몸도 너무 힘들고 입맛도 하나 없더랍니다. 얼마나 힘들겠습니까? 그런데 일부러 일어나서 병원 복도를 계속 걷고 식사 거르지 않고 억지로라도 이것저것 다 먹었더니 힘이 나더랍니다. 우리가 항상 신앙이 좋은 게 아닙니다. 언제 어느 때 우리의 심령이 연약해질지 모릅니다. 그때 이 말씀을 기억해야 합니다. 억지로라도 말씀을 읽고 억지로라도 말씀을 들어야 합니다. 말씀을 들을 때는 어떻게 들어야 합니까?

(살전 2:13) 이러므로 우리가 하나님께 끊임없이 감사함은 너희가 우리에게 들은 바 하나님의 말씀을 받을 때에 **사람의 말로 받지 아니하고 하나님의 말씀으로 받음이니** 진실로 그러하도다 이 말씀이 또한 너희 믿는 자 가운데에서 역사하느니라

데살로니가 교회 성도들이 사도바울을 통해 들은 말씀을 사람의 말로 받지 않았습니다. 살아계신 하나님의 말씀으로 받아드렸습니다. 그때 그 말씀이 그들 가운데에서 살아 있고 활력 있게 역사를 한 것입니다. 내 귀를 만족시키는 오염된 메시지에 귀 기울이지 말고 듣기 싫어도 하나님의 말씀이라면 그 말씀 그대로 듣고 순종할 때 살아 있고 활력 있게 역사하시는 하나님의 말씀을 목도할 수 있습니다.

셋째, 하나님의 말씀은 모든 것을 드러냅니다.

(12) 하나님의 말씀은 살아 있고 활력이 있어 좌우에 날선 어떤 검보

다도 예리하여 혼과 영과 및 관절과 골수를 찔러 쪼개기까지 하며 또 마음의 생각과 뜻을 판단하나니 (13) 지으신 것이 하나도 그 앞에 나타나지 않음이 없고 우리의 결산을 받으실 이의 눈 앞에 **만물이 벌거벗은 것 같이 드러나느니라**

하나님의 말씀은 좌우에 날 선 어떤 검보다도 예리하여 혼과 영과 및 관절과 골수를 찔러 쪼개기까지 하며 우리의 마음의 생각과 뜻을 판단하여 우리의 결산을 받으실 이, 즉 심판하시는 하나님의 눈앞에 벌거벗은 것처럼 드러낸다고 말씀하고 있습니다. 하나님 앞에 어느 것 하나 숨겨질 수 없다는 것입니다. '드러나느니라'로 번역된 단어는 '트라켈리조(τράχηλίζω)' 입니다. '목을 붙잡고 비틀다'의 뜻이 있습니다. 닭 목을 잡아 비틀고 나면 무엇을 합니까? 털을 뽑습니다. 그래서 가죽이 드러나게 됩니다. 바로 그런 의미입니다. 예전에 시골에서 산토끼를 잡아서 가죽을 벗긴 모습을 봤습니다. 그 풍성하고 귀여웠던 토끼가 덩치는 1/3 정도만 남고 아주 징그러운 모습으로 변했습니다. 우리가 하나님 앞에 설 때 털가죽과 같은 우리의 거짓된 모든 것들이 벗겨지고 드러나게 됩니다. 겉으로 보이는 세상적인 스펙들 뿐 아니라 우리 신앙의 모습들도 거짓된 것들은 모두 벗겨집니다. 하나님의 말씀이 왜 우리를 모두 드러내고 벗겨내십니까? 창세기 3장의 말씀을 보면 그 이유를 알 수 있습니다.

(창 3:7-8) (7) 이에 그들의 눈이 밝아져 자기들이 벗은 줄을 알고 **무화과나무 잎을 엮어 치마로 삼았더라** (8) 그들이 그 날 바람이 불 때 동산에 거니시는 여호와 하나님의 소리를 듣고 아담과 그의 아내가 **여호와 하나님의 낯을 피하여 동산 나무 사이에 숨은지라**

인간이 범죄하고 하는 첫 번째 행동을 보십시오. 무화과나무 잎으로 자기를 가리고 동산 나무 사이에 숨었습니다. 회복을 위해서는 반대의 과정을 거쳐야 합니다. 숨긴 것을 꺼내고 가린 것을 벗겨내야 회복의 역사가 일어나는 것입니다.

민간요법을 정말 좋아하시는 권사님이 한 분 계셨습니다. 민간요법을 좋아하는 것은 건강하기 때문입니까? 아픈 데가 많기 때문입니까? 후자입니다. 이 분은 아픈 데가 많았습니다. 민간요법을 한 번 다녀오면 '너~무 좋다'고 여기저기 추천하고 다니셨습니다. 제게도 한 번 추천을 해주셨는데 '뭉쳐있는 죽은 피'를 빼는 민간요법이었습니다. 그런데 생각해보면 피가 뭉쳐서 한 곳에 모여 있으면 피가 죽는 게 아니라 사람이 먼저 죽습니다. 이 분을 몇 년 동안 보았는데 많이 좋아졌다고 항상 추천하시는데, 매번 새로운 요법을 찾아다녔습니다. 호전이 된 겁니까? 그대로입니까? 그대로입니다. 치료를 제대로 받으려면 실력 있는 의사에게 자신의 모든 아픈 부분을 드러내고 제대로 진단받아야 합니다. 가끔 보면 병원에 갔다가 병 진단 받을까 봐 병원을 가지 못하시는 분들이 있습니다. 진단을 안 받으면 병이 없습니까? 그렇지 않습니다.

(겔 13:10) 이렇게 칠 것은 그들이 **내 백성을 유혹하여 평강이 없으나 평강이 있다 함이라** 어떤 사람이 담을 쌓을 때에 그들이 회칠을 하는도다

구약의 거짓 선지자들은 하나님의 백성을 미혹하였습니다. '평강이 없으나 평강이 있다'고 합니다. 이스라엘의 영이 병들어 다 죽게 되었

는데 괜찮다는 것입니다. 예레미야 시대를 보면 하나님은 '너희들이 바벨론 포로로 끌려가 70년 생활을 해야 회복이 될 것이다' 처방을 내리시는데 거짓 선지자들은 '2년이면 끝난다' 선포를 합니다. 하나님은 큰 수술이 필요하다고 하시는데 거짓 선지자들은 마데카솔 한 번 바르면 괜찮다고 말하는 것입니다. 이스라엘 백성들은 그 말을 더 좋아합니다. 우리는 살아있고 활력 있는 하나님의 말씀 앞에 그대로 드러나야 합니다. 내가 듣기에 좋은 말씀만 골라 듣지 말고 내 마음을 불편하게 하고 결단하게 하는 말씀을 그대로 들어야 합니다. 설교자가 성경의 말씀을 그대로 전할 때는 사람의 말로 받지 말고 하나님의 말씀으로 받아야 합니다. 하나님의 음성이 직접 내 귀에 들리는 것처럼 순종하는 삶을 살기 바랍니다. 그리하면 하나님의 말씀이 살아 있다는 것이 무엇인지 활력이 있다는 것이 무엇인지를 직접 경험하여 알게 될 것입니다. 사랑하는 성도 여러분, 혼과 영과 관절과 골수, 내 모든 것을 찔러 쪼개는 하나님의 말씀에 응답하고 순종하여 온전한 회복으로 나아가기를 예수님의 이름으로 축원합니다.

결단과 소망의 기도

말씀의 귀중함을 잊지 않겠습니다.
살아있고 활력 있는 하나님의 말씀이
나의 모든 것을 드러내고 치유하여
삶의 자리가 하나님의 나라로 회복되게 하옵소서.

말씀의 초보
(히브리서 5:11-14)

(11) 멜기세덱에 관하여는 우리가 할 말이 많으나 너희가 듣는 것이 둔하므로 설명하기 어려우니라 (12) 때가 오래 되었으므로 너희가 마땅히 선생이 되었을 터인데 너희가 다시 하나님의 말씀의 초보에 대하여 누구에게서 가르침을 받아야 할 처지이니 단단한 음식은 못 먹고 젖이나 먹어야 할 자가 되었도다 (13) 이는 젖을 먹는 자마다 어린 아이니 의의 말씀을 경험하지 못한 자요 (14) 단단한 음식은 장성한 자의 것이니 그들은 지각을 사용함으로 연단을 받아 선악을 분별하는 자들이니라

자동차가 움직이려면 기름이 필요합니다. 가전제품을 사용하려면 전기가 필요합니다. 기름이나, 전기가 에너지원이 되는 것입니다. 그렇다면 생명체의 에너지원은 무엇입니까? 식물이나 동물, 거의 모든 생명체의 에너지원은 '글루코스'입니다. 우리말로는 '포도당'이라고 합니다. 식물은 광합성을 통해서 포도당을 만들고 동물은 먹이를 섭취함으로 포도당을 만듭니다. 사람도 역시 음식 섭취를 통해 포도당을 만들어서 에너지로 사용합니다. 우리가 음식을 먹으면 소화작용이 일어나면서 포도당이 만들어지고 혈액 속으로 섞여 들어갑니다. 그러면 췌장이 인슐린을 분비합니다. 인슐린 작용으로 포도당이 에너지로 쓰이고 남은 것은 근육 성장을 지원하거나 지방을 만들어냅니다. 그래서 근육 없는 사람들은 지방으로 다 몰려서 '배 둘레 햄'이 만들어지고 그럽니다. 그러니까 포도당은 생명체를 성장하게 하고 힘을 쓰게 하는 아주 중요한 요소입니다. 이 역할을 잘 감당하기 위해서 꼭 필요한 것이 '인슐린'입니다. 인슐린 분비가 제대로 이루어지지 않으면 인체의 각 장기와 세포들이 포도당을 제대로 흡수하지 못합니다. 그러면 포도당이 혈액 속에 남아 있다 보니 피가 끈적끈적한 상태가 됩니다. 당연히 혈액순환이 원활하지 않습니다. 이러한 상태를 '당뇨병'이라고 합니다. 당뇨병 환자들은 혈당이 정상인 사람들보다 훨씬 높습니다. 많은 음식을 먹어서가 아니라 음식을 통해 만들어진 포도당이 제대로 흡수되지 못하기 때문입니다. 아무리 좋은 음식을 먹어도 소화작용과 인슐린 작용이 제대로 이루어지지 않으면 이 좋은 에너지원이 몸을 자라게 하고 힘을 주는 것이 아니라 도리어 몸을 망가지게 만듭니다.

영적인 원리도 이와 비슷합니다. 영의 양식인 말씀을 통해서 성도는 힘을 얻고 신앙이 자라납니다. 그런데 아무리 좋은 말씀을 들어도 말씀의 소화작용이 일어나지 않으면 오히려 위험해집니다. 그 대표적인 사람들이 바리새인들입니다. 그러므로 우리는 말씀을 잘 소화 시키고 있는지 항상 점검해야 합니다. 오늘 본문은 말씀을 잘 소화하지 못하는 사람을 '말씀의 초보'라고 말씀하고 있습니다. 오늘 말씀을 상고하며 말씀의 초보를 벗어나 장성한 분량의 신앙인이 되기를 바랍니다.

첫째, 말씀에 부지런해야 합니다.

(11) 멜기세덱에 관하여는 우리가 할 말이 많으나 **너희가 듣는 것이 둔하므로** 설명하기 어려우니라 (12) 때가 오래 되었으므로 너희가 마땅히 선생이 되었을 터인데 너희가 다시 **하나님의 말씀의 초보에 대하여 누구에게서 가르침을 받아야 할 처지이니** 단단한 음식은 못 먹고 젖이나 먹어야 할 자가 되었도다

'너희가 듣는 것이 둔하므로 하나님의 말씀의 초보'가 되었다고 말씀합니다. 오래 믿었으면 단단한 음식을 먹는 장성한 분량의 사람이 되어야 하는데 여전히 아기처럼 젖이나 먹어야 할 자라는 것입니다. '말씀의 초보'는 신앙의 연륜과 아무런 관계가 없습니다. 평생을 믿어도 말씀의 초보가 있는가 하면 이제 한 달 믿었는데도 말씀의 고수가 있습니다. 그 차이는 믿음의 시간이 아니라 영적으로 단단한 말씀을 먹고 소화 시키느냐, 아니냐에 있습니다.

7~80년대 한국교회는 기도원 사역이 굉장히 활발했습니다. 신유 사역도 아주 많이 일어났습니다. 신유 은사로 가장 유명했던 분이 현

신애 권사님입니다. 저도 직접 만난 적이 있습니다. 어릴 때 매해 여름마다 심각한 중이염을 앓았습니다. 병원에서 귓속에 있는 고름 짜내는 게 너무 아프고 힘들었습니다. 초등학교 3~4학년쯤이었던 것 같은데, 어머니께서 소문을 듣고 현신애 권사님 집회하는 곳에 데리고 갔습니다. 그날 안수 받고 그 뒤로 한 번도 중이염이 발병하지 않았습니다. 지금도 여전히 신유의 역사들이 일어나지만 7~80년대처럼 활발하지는 않습니다. 그런데 선교지에서는 여전히 신유의 역사가 굉장히 많이 일어납니다. 초대교회부터 원리가 비슷합니다. 사도바울이 처음 사역을 나간 곳에는 아주 많은 이적들이 일어났습니다. 그런데 시간이 지날수록 이적은 줄어들고 말씀 중심으로 사역을 합니다. 영적으로 장성하지 못한 곳에서는 치유가 많이 일어나고 기도하는 것들이 막 응답되고 축복이 막 선포됩니다. 그래야 말씀에 관심을 갖기 때문입니다. 그런데 거기에 머물러 있으면 안 됩니다. 세계 교회사에 유례없는 빠른 성장을 보인 한국교회가 정체되고 무너지기 시작했던 것은 단단한 음식을 먹으려고 하지 않았기 때문입니다. 오늘 본문 11절에서 성장하지 못한 결정적인 이유가 무엇이라고 말씀하고 있습니까? '듣는 것이 둔하므로' 입니다. '둔하므로'라고 번역된 단어는 '노드로이(νωθροί)' 입니다. 원래 의미는 나태하고 게으르다는 뜻입니다. 말씀에 대한 식욕이 없으니 영의 양식을 먹기에 게을러집니다. 말씀을 깊이 묵상하고 어떻게 적용해야 하는지 생각하기를 싫어합니다. 작년 말에 성서대학 총장이 되신 최정권 교수님께서 설교를 듣고 나면 '어떻게 해야 하는 거지?' 이 질문이 생겨야 한다고 말씀한 바가 있습니다. 사도행전의 설교가 그런 설교입니다. 설교를 듣고 나면 '어찌할꼬'가 나왔습니

말씀의 초보

다. 말씀을 듣고 은혜를 받은 사람은 '형제여 어찌할꼬?' 하며 삶의 자리를 고민하였고 교만하여 시험에 드는 사람은 복음을 전하는 사람들을 보며 '저놈을 어찌할꼬?' 하고 반응했습니다. 지금도 비슷합니다. 저는 설교할 때 적용 부분을 길게 하지 않는 편입니다. 말씀을 꼭꼭 씹어서 떠먹여 주기보다는 단단한 음식으로 내놓는 것을 더 좋아합니다. 그러다 보니 성도들의 반응이 둘로 나뉠 때가 있습니다. 좋게 반응하시는 분들은 '뭘 어떻게 하라는 거지?' 이 생각을 하면서 들은 말씀을 꼭꼭 씹어 먹습니다. 그리고 삶의 적용 방법을 스스로 찾아 나갑니다. 부정적으로 반응하시는 분들은 '뭘 어떻게 하라고?' 말은 똑같은데 어투가 다릅니다. 말씀을 다시 한 번 깊이 묵상하기가 귀찮은 것입니다. 그냥 설교자가 '이렇게 살아, 저렇게 살아' 다 말해주기를 바랍니다. 영적인 젖을 먹고 싶은 것입니다. 그렇게 해서는 안 됩니다. 스스로 말씀을 소화 시키는 훈련을 해야 합니다. '노드로이' 이 단어는 바로 다음 장에 한 번 더 나옵니다.

> (6:11-12) (11) 우리가 간절히 원하는 것은 너희 각 사람이 동일한 부지런함을 나타내어 끝까지 소망의 풍성함에 이르러 (12) **게으르지 아니하고** 믿음과 오래 참음으로 말미암아 약속들을 기업으로 받는 자들을 본받는 자 되게 하려는 것이니라

11절에서 부지런한 사람이 끝까지 소망의 풍성함에 이른다고 말씀하고, 12절에서는 믿음과 오래 참음으로 말미암아 약속들을 기업으로 받는다고 말씀합니다. 그 중간에 '게으르지 아니하고'가 있습니다. 그러니까 말씀에 게으르면 소망의 풍성함에 이르지 못합니다. 하나님의

약속들을 기업으로 받지도 못하게 됩니다. 그러므로 우리는 말씀에 부지런해야 합니다. 설교를 듣고 그냥 끝나지 말고 다시 한 번 깊이 묵상하십시오. 교회 공동체가 함께 성경을 읽자고 할 때 꼭 참여하십시오. 성경대학이 진행되면 꼭 함께 하십시오. 듣고 싶은 말씀만 듣지 말고 들어야 할 말씀을 들으시기 바랍니다.

> (히 4:12) **하나님의 말씀은 살아 있고 활력이 있어** 좌우에 날선 어떤 검보다도 예리하여 혼과 영과 및 관절과 골수를 찔러 쪼개기까지 하며 또 마음의 생각과 뜻을 판단하나니

하나님의 말씀은 살아있고 활력이 있습니다. 그 말씀을 우리가 붙들기만 하면 좌우에 날 선 어떤 검보다도 예리한 강력한 무기를 얻게 된다는 것을 꼭 기억하기를 바랍니다.

둘째, 말씀을 경험해야 합니다.

> (12) 때가 오래 되었으므로 너희가 마땅히 선생이 되었을 터인데 너희가 다시 하나님의 말씀의 초보에 대하여 누구에게서 가르침을 받아야 할 처지이니 단단한 음식은 못 먹고 젖이나 먹어야 할 자가 되었도다 (13) 이는 젖을 먹는 자마다 어린 아이니 의의 말씀을 경험하지 못한 자요

말씀의 초보는 '의의 말씀을 경험하지 못한 자'라고 말씀하고 있습니다. 음식을 먹는다고 에너지가 되는 것이 아니라 소화작용이 일어나야 하고 인슐린 작용이 일어나야 에너지가 되는 것처럼, 말씀을 많이

배운다고 능력이 되는 것이 아닙니다. 그 말씀을 경험해야 능력이 됩니다. 말씀을 경험하지 못한 사람을 어린아이라고 말하고 있습니다. 교회 안에 영적 어린아이가 있고 장성한 분량의 신앙인도 있습니다. 문제는 본인이 분별을 못 한다는 것입니다. 어떤 것이 장성함인지 에베소서 4장에 기록되어 있습니다.

(엡 4:13-14) (13) 우리가 다 하나님의 아들을 **믿는 것과 아는 일에 하나가 되어** 온전한 사람을 이루어 그리스도의 장성한 분량이 충만한 데까지 이르리니 (14) 이는 우리가 이제부터 어린 아이가 되지 아니하여 사람의 속임수와 간사한 유혹에 빠져 온갖 교훈의 풍조에 밀려 요동하지 않게 하려 함이라

장성한 분량에 이른 사람이 어떤 사람이라고 말씀하고 있습니까? '믿는 것과 아는 일에 하나가 되어 있는 사람'입니다. 열심히 믿는데 아는 것이 없으면 미신입니다. 알기는 잘 아는데 믿음이 없으면 신앙이 아니라 철학이나 사상입니다. 종교성을 가진 것입니다. 한국교회는 오랫동안 '아는 것'에 대해 중요하게 여기지 않았습니다. '덮어 놓고 아멘, 무조건 아멘'이 좋은 신앙이라고 생각했습니다. 하지만 성장하는 신앙을 위해서는 '아는 것'이 반드시 필요합니다. '아는 것'으로 번역된 단어가 '에피그노시스(ἐπιγνώσις)' 입니다. '지식, 인식' 등의 뜻으로 단순히 지적으로 아는 것을 뜻하는 게 아니라 경험하여 아는 것을 의미합니다. 말씀을 경험한다는 것은 말씀대로 살아보는 것을 의미합니다. 말씀을 깊이 묵상하다 보면 내가 삶의 자리에서 어떻게 해야 하는지 깨닫게 됩니다. 그러면, 깨달은 대로 실천해 보아야 합니

다. 직접 그 말씀을 경험해 보아야 한다는 것입니다. 그게 '에피그노시스' 입니다. 분명히 서로 사랑하라고 했는데 서로 사랑할 생각이 없고, 용서하라고 했는데 용서할 생각이 없고, 탐욕을 버리라고 했는데 버릴 생각이 없고, 자기를 부인하고 자기 십자가를 지라고 했는데 자기를 높이려 하고 자기 십자가는 내버려 두면, 우리는 말씀과 관계없는 사람들이 되는 것입니다. 말씀을 경험하지 않는 사람들입니다. 우리가 말씀을 들어 놓고 말씀대로 살지 않는 이유가 무엇입니까? 에스겔 33장에 그 이유가 나옵니다.

(겔 33:31) 백성이 모이는 것 같이 네게 나아오며 **내 백성처럼 네 앞에 앉아서 네 말을 들으나 그대로 행하지 아니하니** 이는 그 입으로는 사랑을 나타내어도 마음으로는 이익을 따름이라

하나님의 백성처럼 에스겔 선지자 앞에 모여서 그 말씀을 듣는데 그대로 행하지 않는다는 것입니다. 입으로는 사랑을 말하지만 마음은 이익을 따릅니다. 에스겔이 이 말씀을 선포할 때는 이미 심판받아 바벨론 포로로 끌려와 있는 상황입니다. 그런데도 회개가 없습니다. 이어지는 말씀을 보십시오.

(겔 33:32-33) (32) 그들은 **네가 고운 음성으로 사랑의 노래를 하며 음악을 잘하는 자 같이 여겼나니** 네 말을 듣고도 행하지 아니하거니와 (33) 그 말이 응하리니 응할 때에는 그들이 한 선지자가 자기 가운데에 있었음을 알리라

에스겔이 말씀을 선포하면 '고운 음성으로 사랑의 노래를 하며 음

악을 잘하는 자 같이 여길' 뿐이었습니다. 그냥 강의 잘하는 사람으로 여겼다는 것입니다. 그러니 '에스겔 선지자 설교 참 잘해' 좋아는 하는데 그 말씀을 듣고 행하지는 않습니다. 사람의 말로만 듣고 있기 때문입니다. 말씀은 하나님의 말씀으로 들어야 합니다. 사람의 말로 받지 아니하고 하나님의 말씀으로 받고 순종하여 경험할 때(살전 2:13) 그 말씀이 능력이 되고 우리를 성장시키는 것입니다.

> (약 1:23-25) (23) 누구든지 **말씀을 듣고 행하지 아니하면 그는 거울로 자기의 생긴 얼굴을 보는 사람과 같아서** (24) 제 자신을 보고 가서 그 모습이 어떠했는지를 곧 잊어버리거니와 (25) 자유롭게 하는 온전한 율법을 들여다보고 있는 자는 **듣고 잊어버리는 자가 아니요 실천하는 자니 이 사람은 그 행하는 일에 복을 받으리라**

누구든지 말씀을 듣고 행하지 않는 사람은 거울로 자기의 얼굴을 보고는 곧 잊어버리는 사람이라고 말씀합니다. 거울을 보니 얼굴에 숯검정이 묻었습니다. 어떻게 해야 합니까? 씻어야 합니다. 금방 잊어버리면 그대로 다닙니다. 어리석은 사람입니다. 25절은 말씀을 기억하여 실천하는 자 즉 말씀을 경험하는 자는 그 행하는 일에 복을 받으리라고 약속하고 있습니다. 읽고, 듣고, 배운, 하나님의 말씀을 잊지 말고 날마다 실천하여 행하는 일에 복을 받는 복된 인생이 되기를 바랍니다.

셋째, 연단을 받아 영적 분별력을 얻어야 합니다.

> (14) 단단한 음식은 장성한 자의 것이니 그들은 **지각을 사용함으로 연단을 받아 선악을 분별하는 자들이니라**

장성한 자는 '지각을 사용함으로 연단을 받아 선악을 분별하는 자들' 이라고 말씀합니다. '사용함으로', '연단을 받아' 원어는, 비슷한 의미가 있습니다. '사용함으로' 번역된 단어는 '헥시스(ἕξις)'로 연습, 실행, 습관, 숙련 등의 의미가 있습니다. '연단을 받아'로 번역된 단어는 '귐나조(γυμνάζω)'로 연습하다, 훈련하다의 의미가 있습니다. 삶의 자리에서 말씀을 경험하며 훈련을 받는 것입니다. 디모데전서 4장에도 '귐나조'가 나왔습니다.

(딤전 4:7-8) (7) 망령되고 허탄한 신화를 버리고 경건에 이르도록 네 자신을 **연단하라** (8) 육체의 **연단은** 약간의 유익이 있으나 경건은 범사에 유익하니 금생과 내생에 약속이 있느니

말씀을 통해 경건에 이르도록 연단 할 때 범사에 유익하게 됩니다. 제가 중학생 때 개봉한 '베스트 키즈' 라는 영화가 있습니다. 주인공이 악역에게 두들겨 맞고 나서 동네 노인이 주인공에게 가라데를 가르쳐 주겠다고 부릅니다. 그런데 가라데는 가르치지 않고 수영장 청소나 세차, 페인트칠과 같은 일만 시킵니다. 주인공이 짜증나서 관두겠다고 하는데 알고 보니 이미 가라데를 배우고 있었습니다. 사실은 일을 시킬 때 가르친 동작이 있습니다. '세차할 때는 손을 이렇게, 페인트칠 할 때는 이렇게' 자기도 모르게 가라데 동작이 훈련되어 있었던 것입니다. 무협영화에 많이 나오는 클리세입니다. 그런데 이게 의미가 있습니다. 우리가 교회 안에서 말씀대로 살아가는 훈련을 하다 보면 세상에서도 자기도 모르게 말씀대로 살아가는 자가 됩니다. 그러니 교회 안에서만큼은 어떻게든 말씀대로 살아 보겠다 애쓰고, 연습하고, 훈련

하시기 바랍니다.

말씀의 연단이 잘 되면 영적 분별력이 생깁니다. 우선은 본문이 말씀한 대로 무엇이 선한 일이고 무엇이 악한 일인지를 분별합니다. '선악'의 분별이 쉬운 것 같지만 참 어렵습니다. 사사기 17장에 보면 미가라는 사람이 우상을 만들고 자기를 위한 제사장을 세우면서 '이제 여호와께서 내게 복 주실 줄을 아노라' 말합니다. 출애굽 할 때는 금송아지 만들어 놓고 '여호와의 절일'이라고 신이 나서 예배를 드립니다. 선악을 분별하지 못하는 것입니다. 사무엘상 15장을 보면 사울이 아말렉을 진멸하지 않고 좋은 것을 남겨두면서 '내가 여호와의 명령을 행하였나이다'라고 말합니다. 하나님은 한탄하고 선지자는 근심하고 있는데 자기는 하나님의 뜻을 행하고 있다고 착각하는 것입니다.

성경에는 이런 일들이 많이 나옵니다. 하나님의 말씀을 모르기 때문입니다. 말씀으로 연단이 되어야 무엇이 하나님 보시기에 선한 일인지 무엇이 복된 길인지를 분별할 수 있게 됩니다. 또한 무엇이 영적이고 무엇이 육적인지도 분별합니다. 영적인 것을 분별하는 것을 오해하시는 분들이 참 많습니다. 예를 들어서, 어떤 사람이 꼬박 밤을 새우고 일하다가 주일을 지키겠다고 교회를 왔습니다. 입을 열어 찬양을 하고 기도를 할 때는 어떻게든 버텼는데 설교가 시작되니 저절로 눈이 감깁니다. 제가 그걸 보고, '집사님, 사탄 들렸어요?' 그러면 영적인 것입니까? 아닙니다. 몸이 피곤하면 졸린 게 당연한 것입니다. 그건 육적인 것입니다. 반면에 드라마 볼 때는 쌩쌩한데 예배만 드리면 졸린 사람들이 있습니다. 그건 영적인 것입니다. 20년 전쯤에 대만에서 어떤 사람이 동물원 사자 우리에 들어가서 말씀을 선포한다고 했다가 물린

적이 있습니다. 영적인 사람으로 보입니까? 아닙니다. 그와 마찬가지입니다. 정도의 차이일 뿐 하나님께서 주신 우리의 육신을 스스로 귀하게 여기지 않으면서 하나님께서 보호하실 것이라 생각하는 것은 영적인 것과 육적인 것을 분별하지 못하는 것입니다. 선악의 분별이 쉽지 않은 것처럼 영육의 분별도 쉽지 않습니다. 다들 분별한다고 착각하기 때문에 교회에 다툼이 생기고 이단들이 생기는 것입니다.

어떻게 분별할 수 있습니까? 하나님의 말씀대로 사는 훈련을 통해 우리가 장성한 분량에 이를 때 분별할 수 있는 지혜가 생깁니다. 우리의 말씀의 수준은 어디에 머물러 있습니까? 운전면허를 취득하고 30년이 지나도 직접 운전하지 않으면 초보운전입니다. 하나님의 말씀을 듣고 배워도, 내가 실천하지 않으면 말씀의 초보입니다. 사랑하는 성도 여러분, 하나님의 말씀을 듣고 배우는데 게을리 하지 말고 교회에서 말씀의 연단 받으며 삶의 자리에서 말씀을 경험하여 장성한 분량의 신앙인들이 되기를 예수님의 이름으로 축원합니다.

결단과 소망의 기도

부지런히 말씀을 듣고 배우겠습니다.
말씀대로 실천하여 경험하며,
장성한 분량으로 성장케 하옵소서.

완전한 데로 나아가라
(히브리서 6:1-2)

(1) 그러므로 우리가 그리스도의 도의 초보를 버리고 죽은 행실을 회개함과 하나님께 대한 신앙과 (2) 세례들과 안수와 죽은 자의 부활과 영원한 심판에 관한 교훈의 터를 다시 닦지 말고 완전한 데로 나아갈지니라

조던 피터슨의 '12가지 인생의 법칙'이라는 책을 보면 좋은 내용들이 많이 있습니다. 이 책은 목차만 봐도 반은 읽은 책입니다. 소개해 드릴 테니 본인에게 어떤 말이 가장 필요한지 또는 가장 와 닿는 말은 무엇인지 한 번 보면 좋을 것 같습니다.

1. 어깨를 펴고 똑바로 서라.
2. 당신 자신을 도와줘야 할 사람처럼 대하라.
3. 당신에게 최고의 모습을 기대하는 사람만 만나라.
4. 당신을 다른 사람과 비교하지 말고, 오직 어제의 당신하고만 비교하라.
5. 아이를 제대로 키우고 싶다면 처벌을 망설이거나 피하지 말라.
6. 세상을 탓하기 전에 방부터 정리하라.

여섯 번째 주제를 보고 어떤 사람이 올려놓은 글이 하나 생각났습니다. 자기가 스무 살 중반 때 취업이 안 돼서 침대에 누워서 울고 있는데 다섯 살 조카가 와서 왜 우냐고 묻더랍니다. "일하고 싶은데 일 못해서 우는 거야" 그랬더니 그 아이가 "흠... 그러면 누워있지 말고 방 치워" 그러더랍니다. 이 아이는 방 치우는 것도 일이라 그렇게 말한 건데 이 사람은 방을 치우면서 다시 정신 차리고 힘을 내서 두 달 후 취업했다고 합니다. 미군 네이비실 사령관이었던 윌리엄 맥레이븐도 비슷한 말을 했습니다. "세상을 바꾸고 싶으면 이불 정리부터 해라"

7. 쉬운 길이 아니라 의미 있는 길을 선택하라.
8. 언제나 진실만을 말하라. 적어도 거짓말은 하지 말라.
9. 다른 사람이 말할 때는 당신이 꼭 알아야 할 것을 들려줄 사람이라고 생각하라.

10. 분명하고 정확하게 말하라.
11. 아이들이 스케이트보드를 탈 때 방해하지 말고 내버려 두어라.
12. 길에서 고양이와 마주치면 쓰다듬어 주어라.

여러분에게는 어떤 챕터가 필요하고 와 닿습니까? 이 중에 오늘 나눌 말씀과 관련이 있는 챕터가 있습니다. 네 번째 챕터 '당신을 다른 사람과 비교하지 말고, 오직 어제의 당신하고만 비교하라' 입니다. 밀알교회 2024년 표어 '배우고 확신한 일에 거하는 것'은 장성한 분량에 이르기 위해서 하는 것입니다.

오늘 히브리서 일곱 번째 시간인데 지금까지 나눈 말씀을 한 문장으로 요약하면 '믿음의 본질인 예수를 깊이 생각하여 말씀의 초보를 벗어나 신앙의 장성한 분량에 이르자는 것'입니다. 오늘 말씀도 '완전한 데로 나아가라'고 권면하고 있습니다. 우리의 신앙이 성장하기 위해서 반드시 필요한 것은 다른 사람과 비교하는 것이 아니라 어제의 자신과 비교하여 성장하고 있는지 점검하는 것입니다. 자기 자신을 바르게 보지 못하면 신앙의 성장이 이루어질 수가 없기 때문입니다. 오늘 말씀을 상고하며 자신을 돌아보고 믿음과 축복의 완전한 데로 나아가기를 바랍니다.

첫째, 그리스도의 도의 초보를 벗어나야 합니다.

(1) 그러므로 우리가 **그리스도의 도의 초보를 버리고** 죽은 행실을 회개함과 하나님께 대한 신앙과 (2) 세례들과 안수와 죽은 자의 부활과 영원한 심판에 관한 교훈의 터를 다시 닦지 말고 **완전한 데로 나아갈지니라**

오늘 본문은 한 문장으로 요약하면 '그리스도의 도의 초보를 버리고 완전한 데로 나아가라' 입니다. 1절은 '그러므로'로 시작합니다. 지난 시간 나눈 말씀 '말씀의 초보'와 연결됨을 알 수 있습니다. 말씀의 초보를 버리는 방법, 즉 넘어서는 방법이 무엇이었습니까? 첫째, 말씀에 부지런해야 합니다. 둘째, 말씀을 경험해야 합니다. 셋째, 말씀의 연단을 받아 영적 분별력을 얻어야 합니다. 세 가지로 나누었지만 셋 다 같은 내용입니다. 말씀대로 살아봄으로 말씀의 초보를 벗어나라는 것입니다. 그렇다면 그리스도의 도의 초보는 어떻게 넘어설 수 있습니까? 우선 '그리스도의 도의 초보'는 쉽게 말하면 '기독교 기본 교리' 입니다. 1,2절 짧은 본문 안에 여섯 개의 기본 교리가 나오고 있습니다.

첫 번째는 죽은 행실을 회개함입니다. 신앙의 가장 기본이 '회개'입니다. 예수님의 길을 준비한 세례요한은 회개를 선포했고 예수님의 공생애 시작도 '회개'의 선포였습니다. 여기에서 중요한 것은 '죽은 행실'을 회개하는 것입니다. 스스로 율법을 지켜서 스스로 구원을 이루어 내겠다는 '자기 의'를 회개하라는 것입니다. 두 번째는 하나님을 향한 신앙입니다. '회개'는 했는데 하나님을 향한 신앙이 없다면 윤리적인 뉘우침일 뿐입니다. 세 번째는 세례입니다. 지금 우리는 세례 받는 것을 당연하게 생각하지만 예수님 시대에 '세례'는 아주 독특한 사역이었습니다. 구약을 읽으면서 세례를 받는 것 본 적 있습니까? 구약의 백성들은 할례를 받았습니다. 세례와 비슷한 예식이 하나 있었는데 문둥병과 같은 중한 병에 걸렸다가 나았을 때 정상으로 돌아왔음을 인정하여 치르는 정결예식이 세례와 비슷했습니다. 성경에는 나오지 않지만 구약시대에도 세례가 있긴 했습니다. 이방인들이 유대교로 개종할 때 할례를 받아야 했습니다. 그런데 그것으로 끝나는 것이 아닙니다. 유대인들은 이방인들을 나병환자와 같이 부정한 자로 취급을 했기 때문에 정결예식의 일환으로 세례를 베풀었습니다. 세례는 부정한 이방인들이 받아야 하는 예식이었다는 것입니다. 그런데 세례요한이 등장해서 유대인들에게도 세례를 베푼 것입니다. 즉, 세례를 받는다는 그 자체가 '나는 부정한 자입니다'를 인정하는 모습입니다. 네 번째는 안수, 그냥 손을 얹고 기도하는 것을 말하는 게 아니고 요즘으로 말하면 임직식 안수를 말합니다. 교회에서 직분을 사모하는 것도 신앙의 기본임을 알 수 있습니다. 다섯 번째 죽은 자의 부활, 여섯 번째 영원한 심판입니다. 부활 신앙과 종말 신앙입니다. 이 여섯 가지가 기독교의 가장 중요한 기초 교리입니다. 이 도의 초보를 버리라는 것은 잊어버리라는 말씀이 아니고 그 수준을 넘어서서 완전한 데로 나아가라는 것입니다. 어떻게 하면 그 수준을 넘어설 수 있습니까? 이 여섯 가지 기본 교리가 믿어지기 위해서는 반드시 필요한 두 가지가 있습니다. 하나는 내가 죄인이라는 것을 아는 것, 둘은 죄인인 나를 살리기 위해 예수님께서 십자가를 지셨다는 것입니다.

> (롬 5:6-8) (6) 우리가 아직 연약할 때에 기약대로 그리스도께서 경건하지 않은 자를 위하여 죽으셨도다 (7) 의인을 위하여 죽는 자가 쉽지 않고 선인을 위하여 용감히 죽는 자가 혹 있거니와 (8) **우리가 아직 죄인 되었을 때에 그리스도께서 우리를 위하여 죽으심으로** 하나님께서 우리에 대한 자기의 사랑을 확증하셨느니라

우리가 아직 죄인 되었을 때, 우리가 연약하고 경건하지 않았을 때

예수님께서 우리를 위하여 죽으심으로 그 사랑을 확증하셨습니다. 왜 그렇게 하셨습니까? 우리가 스스로 죄의 삯을 치르고 스스로 구원을 이룰 수 없기 때문에 예수님이 대신 하신 것입니다. 말씀, 율법, 아무리 잘 알아도 이 사실을 모르면 '그리스도의 도의 초보'를 벗어날 수가 없습니다.

누가복음 18장을 보면, 예수님께서 '성전에 올라와 기도했던 바리새인과 세리'의 비유를 해 주십니다. 먼저 바리새인이 성전 중앙으로 나가서 기도합니다. "하나님, 나는 다른 사람들 토색, 불의, 간음을 하는 자들과 같지 아니하고 이 세리와도 같지 아니함을 감사합니다. 나는 매 주마다 두 번씩 금식하고 십일조도 잘 드리고 있습니다." 기본이 잘 되어 있는 훌륭한 신앙인입니다. 세리는 구석진 곳으로 가서 고개를 푹 숙이고 가슴을 치며 기도합니다. "하나님이여 불쌍히 여기소서, 나는 죄인이로소이다." 이 비유의 결론이 무엇입니까?

> (눅 18:14) 내가 너희에게 이르노니 이에 **저 바리새인이 아니고 이 사람이 의롭다 하심을 받고** 그의 집으로 내려갔느니라 무릇 자기를 높이는 자는 낮아지고 자기를 낮추는 자는 높아지리라 하시니라

바리새인이 아니라 세리가 의롭다 하심을 받았다고 말씀하십니다. 오늘 본문으로 말씀하자면 세리가 그리스도의 도의 초보를 벗어난 것입니다. 유명한 예화가 있습니다. 어떤 사람이 죽어서 천국을 갔는데 그 천국 문 앞에서 천사가 심사를 하고 있었습니다. 자기 차례가 되어서 천사 앞에 섰더니, "천국에 들어가려면 1,000점의 점수가 필요합니다. 점수 얻을만한 일들이 있으면 말해보십시오" 그래서, 그 사람이

당당하게 말을 합니다. "저는 20년 동안 교회에서 교사를 하면서 단한 번도 결석도, 지각도 한 적이 없습니다" 그러자 천사가 "참 수고하셨습니다. 그러시기 힘들었을 텐데, 1점 득점하셨습니다." 1점 준다는 말에 이 사람이 당황하며 말을 합니다. "지난 35년간 가정생활을 성실히 했습니다. 부부싸움도 안 하고 자녀들도 믿음으로 잘 양육했습니다." 천사가 또 말한다. "정말, 훌륭하십니다. 2점 드리겠습니다. 합해서 3점." 이 사람이 잔뜩 긴장해서 말을 이어갑니다. "예수님을 믿기 시작하고 평생, 단 한 번도 교회를 빠지지 않고 주일 성수를 했습니다." 천사가 또 말을 합니다. "정말 잘하셨습니다. 3점 드리겠습니다. 총 7점입니다." 이제 이 사람이 더 이상 할 말이 없었습니다. 자기 신앙생활 중에 최고 잘한 것들을 말했는데 1,000점 중 7점이니 천국에 들어갈 가능성이 없어진 것 같았습니다. 너무나 놀라서 그 자리에서 무릎 꿇고 울며 기도합니다. "예수님, 도와주십시오. 전 천국에 들어갈 자격을 얻을 수가 없습니다. 어떻게 하면 좋습니까" 그때 천사가 말합니다. "이제 1,000점 되셨습니다." 그냥 가벼운 예화이긴 하지만 중요한 메시지가 있습니다. 자신이 어떤 존재인지 깨닫고, 나의 행위가 아니라 오직 예수님의 십자가로 구원받음을 믿고 의지해야 그리스도의 도의 초보를 벗어날 수 있다는 것입니다.

둘째, 자기 십자가를 져야 합니다.

(4) 한 번 빛을 받고 하늘의 은사를 맛보고 성령에 참여한 바 되고 (5) 하나님의 선한 말씀과 내세의 능력을 맛보고도 (6) 타락한 자들은 다시 새롭게 하여 회개하게 할 수 없나니 이는 그들이 **하나님의 아들을**

다시 십자가에 못 박아 드러내 놓고 욕되게 함이라

하나님의 아들을 다시 십자가에 못 박아 드러내 놓고 욕되게 하는 사람이 있음을 말씀합니다. 예수님을 십자가에 다시 못 박는 것은, 그 십자가를 믿지 않는 것을 뜻합니다. 누가 다시 예수님을 십자가에 못 박습니까? 첫 번째는 적극적인 의미로 배교하는 사람입니다. 4절부터 나온 말씀처럼 한 번 빛을 받고 하늘의 은사도 맛보고 성령에 참여도 했고 하나님의 말씀 내세의 능력도 맛보았는데 타락하면 다시는 회개할 수 없다고 강하게 말씀합니다. 다르게 표현하면, 십자가를 믿지 않으니 다시는 회개할 수 없다는 말씀입니다. 두 번째는 소극적인 의미로 사명을 감당하지 않는 사람입니다. 기독교 신앙의 목적은 예수님을 따르는 것입니다. 예수님을 따르는 것은 무엇입니까? 예수님께서 직접 말씀하셨습니다.

(마 16:24) 이에 예수께서 제자들에게 이르시되 누구든지 나를 따라오려거든 **자기를 부인하고 자기 십자가를 지고 나를 따를 것이니라**
(눅 14:27) 누구든지 **자기 십자가를 지고 나를 따르지 않는 자도 능히 내 제자가 되지 못하리라**

자기를 부인하고 자기 십자가를 지고 따르는 것입니다. 자기 십자가를 지지 않는 사람은 예수님의 제자가 되지 못한다고 분명하게 말씀하고 있습니다.

외경 중에 '베드로 행전'이라고 있습니다. 초대교회 박해가 심해졌을 때 베드로가 피난을 갑니다. 가던 중에 반대편에서 예수님이 오고 계셨습니다. 베드로가 "주님, 어디로 가시나이까?" 묻습니다. 그때 예수님께서 "네가 나의 어린 양들을 버리고 떠나려고 하니 내가 다시 돌아가 십자가를 지러 간다." 말씀하십니다. 이에 베드로가 회개하고 다시 로마로 돌아가 순교합니다. 예수님과 똑같이 십자가형을 받기가 부끄럽다고 거꾸로 십자가에 달려 죽습니다. 외경이긴 하지만 중요한 의미가 있습니다. 우리에게 맡겨진 십자가, 우리에게 맡겨진 사명을 내가 지지 않으려고 하는 것은 예수님의 십자가를 믿지 않는 것이기에 결국 다시 예수님을 십자가에 못 박는 것과 마찬가지라는 것입니다. 우리 모두 각자에게 주어진 사명을 감당하며 자기 십자가를 지고 그리스도의 도의 초보를 벗어나 장성한 분량에 이르기를 바랍니다.

셋째, 합당한 열매를 맺어야 합니다.

(7) 땅이 그 위에 자주 내리는 비를 흡수하여 밭 가는 자들이 쓰기에 **합당한 채소를 내면 하나님께 복을 받고** (8) 만일 가시와 엉겅퀴를 내면 버림을 당하고 저주함에 가까워 그 마지막은 불사름이 되리라

땅이 그 위에 자주 내리는 비를 흡수하여 합당한 채소를 내면 하나님께 복을 받고 가시와 엉겅퀴를 내면 버림당하고 그 마지막은 불사름이 되리라고 말씀하고 있습니다. 똑같은 땅에 똑같이 비를 내리는데, 어떤 이들은 합당한 열매를 맺어서 하나님께 복을 받는 인생이 되고 어떤 이들은 가시와 엉겅퀴를 내어 그 마지막이 불사름이 된다는 것입니다. 마태복음 7장에서 예수님께서 이와 같은 말씀을 하셨습니다.

(마 7:18-20) (18) 좋은 나무가 나쁜 열매를 맺을 수 없고 못된 나무가 아름다운 열매를 맺을 수 없느니라 (19) 아름다운 열매를 맺지 아니하는 나무마다 찍혀 불에 던져지느니라 (20) 이러므로 **그들의 열매로 그들을 알리라**

좋은 나무가 나쁜 열매를 맺을 수 없고 못된 나무가 아름다운 열매를 맺을 수 없기에 그 나무가 좋은 나무인지 나쁜 나무인지는 열매를 보면 알 수 있다는 것입니다. 그러면 우리가 복을 받을 수 있는 하나님이 원하시는 합당한 열매가 무엇입니까?

(10) 하나님은 불의하지 아니하사 너희 행위와 **그의 이름을 위하여 나타낸 사랑으로 이미 성도를 섬긴 것**과 이제도 섬기고 있는 것을 잊어버리지 아니하시느니라

하나님의 이름을 위하여 사랑하고 섬기는 것입니다. 마태복음 7장에서 하신 말씀도 그와 같습니다. 주의 이름으로 귀신을 쫓아내고 선지자 노릇을 하고 많은 권능을 행하는 것이 열매가 아니라는 것입니다. 오직 사랑의 열매가 합당한 열매입니다. 사랑의 열매는 어떻게 맺을 수 있습니까?

(요 15:5) 나는 포도나무요 너희는 가지라 **그가 내 안에, 내가 그 안에 거하면 사람이 열매를 많이 맺나니** 나를 떠나서는 너희가 아무것도 할 수 없음이라

예수님 안에 거하면 열매를 많이 맺게 되어 있습니다. 이 말씀에서

마지막 말씀이 중요합니다. '나를 떠나서는 너희가 아무것도 할 수 없음이라' 이 말씀이 우리의 신앙고백이 되어야 합니다. '예수님을 떠나서는 내가 아무것도 할 수 없음이라' 이것이 그리스도의 도의 초보를 벗어나 사랑의 열매를 맺는 출발점입니다. 이 말씀 바로 뒤에 나오는 말씀입니다.

(요 15:7) 너희가 내 안에 거하고 내 말이 너희 안에 거하면 **무엇이든지 원하는 대로 구하라 그리하면 이루리라**

우리가 예수님 안에 거한다는 것은 예수님의 말씀이 우리 안에 거하는 것입니다. 우리가 우리 안에 있는 그 말씀대로 살며 삶의 열매를 맺을 때 무엇이든지 원하는 대로 구하면 이룰 것이라 말씀하고 있습니다. 이 상태가 신앙의 최고 수준입니다. 마가복음 9장의 말씀도 보십시오.

(막 9:23) 예수께서 이르시되 **할 수 있거든이 무슨 말이냐 믿는 자에게는 능히 하지 못할 일이 없느니라** 하시니

"할 수 있거든이 무슨 말이냐 믿는 자에게는 능히 하지 못할 일이 없느니라" 이 말씀이 삶에 그대로 적용된 사람도, 역시 신앙의 최고 수준에 오른 사람입니다. 그런데 이 말씀을 누구에게 하셨고, 이 말씀이 어떻게 적용이 되었습니까? 이 말씀은 변화산 아래에서 귀신 들린 아이를 데리고 온 한 아이 아버지에게 하신 말씀입니다. 이 아이 아버지가 믿음이 좋아서 예수님 찾아온 것 아닙니다. 아이가 귀신 들려서 아무 때나 불과 물에 뛰어들고 거꾸러지고 날로 파리해져 가니 여기저

기 다 찾아다니다가 마지막에 예수님의 소문을 듣고 여기까지 온 것입니다. 그런데 예수님은 자리에 안 계시고 제자들이 고치겠다고 달려들었는데 고치지 못했습니다. 그런 상황에 예수님이 오시자 하소연을 합니다. "무엇이든 하실 수 있거든 우리를 불쌍히 여기사 도와주옵소서" 그때 예수님이 하신 말씀이 "할 수 있거든이 무슨 말이냐 믿는 자에게는 능히 하지 못할 일이 없느니라" 입니다. 중요한 것은 이 말씀을 받은 아버지의 태도입니다. 아버지의 태도로 인하여 믿는 자에게는 능치 못할 일이 없음이 증명되었기 때문입니다. 아버지의 대답을 보십시오.

(막 9:24) 그 아이의 아버지가 소리를 질러 이르되 **내가 믿나이다 나의 믿음 없는 것을 도와 주소서** 하더라

"내가 믿나이다, 나의 믿음 없는 것을 도와 주소서" 이 고백이 가장 높은 수준의 신앙 고백입니다. '내가 확실히 믿습니다. 다른 사람 다 버려도 나는 주를 위하여 죽을 믿음이 있습니다' 이게 수준 높은 고백이 아닙니다. '나의 믿음 없는 것을 도와 주소서' 이 고백이 있는 자들이 열매 맺는 인생, 복된 인생을 살게 되는 것입니다. 우리의 신앙 수준은 어느 정도에 올라있습니까? 아니, 다른 질문을 해보겠습니다. 오늘 무슨 생각으로 교회에 나오셨습니까? 대부분은 아무 생각 없이 나옵니다. 모태신앙이라 습관처럼 나오신 분도 있고 주일성수를 하지 않으면 마음이 불편해서 나오신 분도 있습니다. '내가 이날을, 주님께 온전히 드리리라, 하나님께 영광을 돌리리라' 이렇게 생각하며 주일 아침 교회에 오시는 분들은 흔치 않습니다. 그런데 이 시간이 하나님께서 우리를 붙들어 주시는 시간입니다. 내가 믿음을 붙들고 믿음을 지

키고 있는 것 같지만, 믿음이 우리를 붙들고 믿음이 우리를 지켜 주고 있는 것입니다.

(요 15:16) **너희가 나를 택한 것이 아니요 내가 너희를 택하여 세웠나니** 이는 너희로 가서 열매를 맺게 하고 또 너희 열매가 항상 있게 하여 **내 이름으로 아버지께 무엇을 구하든지 다 받게 하려 함이라**

'너희가 나를 택한 것이 아니다, 내가 너희를 택했다. 너희로 열매를 맺게 하여서 내 이름으로 아버지께 무엇을 구하든지 다 받게 하려 함이다' 말씀하고 있습니다. 자신의 행위, 자신의 믿음을 자신하지 마십시오. '내가 믿나이다, 나의 믿음 없음을 도와 주소서' 고백하며 우리를 택하신 예수님을 붙들어야 합니다. 겸손히 주님의 십자가를 붙들고, 예수님 걸어가신 길을 따라가시기를 바랍니다. 사랑하는 성도 여러분, 이제 말씀의 초보, 그리스도의 도의 초보를 벗어나 완전한 데로 나아가기를 예수님의 이름으로 축원합니다.

결단과 소망의 기도

내 행위, 내 믿음이 아니라, 오직 예수님을 의지합니다.
그리스도의 도의 초보를 벗어나 삶의 합당한 열매를 맺으며
완전한 데로 나아가게 하옵소서.

멜기세덱의 반차를 따라

(히브리서 7:1-3)

(1) 이 멜기세덱은 살렘 왕이요 지극히 높으신 하나님의 제사장이라 여러 왕을 쳐서 죽이고 돌아오는 아브라함을 만나 복을 빈 자라 (2) 아브라함이 모든 것의 십분의 일을 그에게 나누어 주니라 그 이름을 해석하면 먼저는 의의 왕이요 그 다음은 살렘 왕이니 곧 평강의 왕이요 (3) 아버지도 없고 어머니도 없고 족보도 없고 시작한 날도 없고 생명의 끝도 없어 하나님의 아들과 닮아서 항상 제사장으로 있느니라

학생들 중에 수학을 포기한 사람을 '수포자'라고 합니다. 수포자가 많아지는 구간을 보통 두 곳으로 말합니다. 첫 번째 구간이 '함수' 두 번째 구간이 '미적분'입니다. 왜 '수포자'가 될까요? 그냥 간단하게 말하면 이해를 못 하기 때문입니다. 그러면 이해하지 못하는 이유는 무엇입니까? 전 단계를 완전히 소화하지 못했기 때문입니다. 모든 과목이 비슷하긴 하겠지만 특별히 수학은 단계를 제대로 밟고 올라가지 않으면 높은 수준에 올라갔을 때 포기하게 되는 경우가 아주 많습니다. 우리의 신앙도 마찬가지입니다. 신앙의 기초가 제대로 다져지지 않은 사람은 어려움을 만나면 쉽게 무너지고 맙니다. 말씀 공부도 마찬가지입니다. 말씀의 기초가 없이 어려운 말씀으로 들어가면 말씀을 이해하는 것이 아니라 오히려 곡해하게 됩니다.

오늘은 히브리서 여덟 번째 시간입니다. 이제 히브리서의 아주 중요한 주제를 다룰 시간이 되었습니다. 히브리서 5장 11절은 '멜기세덱에 관하여는 우리가 할 말이 많으나 너희가 듣는 것이 둔하므로 설명하기 어렵다' 말씀하였습니다. 아직은 구체적으로 들을 단계가 아니라는 것입니다. 다음 장 히브리서 6장에서 '그리스도의 도의 초보를 버리고 완전한 데로 나아가라'고 말씀했습니다. 그리고 이제 드디어 7장에서 '멜기세덱'에 대한 말씀이 상세하게 나옵니다. 말씀의 초보를 벗고, 그리스도의 도의 초보를 벗는 단계를 거쳐야 영적으로 단단한 음식인 '멜기세덱'을 이해할 수 있다는 의미입니다. 오늘 말씀을 상고하며, 멜기세덱이 주는 영적 의미를 깨닫고 더욱 깊이 예수님을 알아 한 걸음 더 성장하기를 바랍니다.

첫째, 멜기세덱의 반차를 따라 오셨습니다.

'멜기세덱'은 성경에서 총 열세 절 밖에 나오지 않습니다. 창세기에서 두 번, 시편에서 한 번, 그리고 히브리서 5장부터 7장까지 사이에 열 번이 나옵니다. 대부분이 히브리서에서 나옵니다. 어떻게 보면 좀 이상합니다. 유대인들이 가장 중요하게 여기는 아브라함 때 창세기 14장에서 하나님의 제사장으로 등장한 멜기세덱이, 모세가 십계명을 받고 성막과 제사에 관한 율법들을 받은 이후 제사장의 역할이 가장 중요하던 그 이스라엘의 역사 속에서 단 한 번도 언급되지 않다가 다윗의 시편에서야 갑자기 등장합니다.

(시 110:4-5) (4) 여호와는 맹세하고 변하지 아니하시리라 이르시기를 너는 **멜기세덱의 서열을 따라 영원한 제사장**이라 하셨도다 (5) 주의 오른쪽에 계신 주께서 **그의 노하시는 날에 왕들을 쳐서 깨뜨리실 것이라**

멜기세덱의 서열을 따라 영원한 제사장이신 분이 이 세상을 심판한다는 말씀입니다. 그리고 히브리서에서 다시 언급되는데 시편의 말씀을 인용하며 매장마다 반복하여 강조합니다.

(히 5:6) 또한 이와 같이 다른 데서 말씀하시되 **네가 영원히 멜기세덱의 반차를 따르는 제사장**이라 하셨으니
(히 6:20) 그리로 앞서 가신 예수께서 **멜기세덱의 반차를 따라 영원히 대제사장이 되어** 우리를 위하여 들어 가셨느니라
(히 7:17) 증언하기를 네가 영원히 **멜기세덱의 반차를 따르는 제사장이라** 하였도다

'멜기세덱의 반차를 따르는 제사장'이라는 말씀이 반복됩니다. 히브리서의 원 수신 대상은 유대인들입니다. 제사와 율법에 익숙한 사람들입니다. 우리는 지금 예배 생활이 익숙하지만 유대인들에게는 단순히 모여서 찬양하고 예배하는 것이 굉장히 허전했습니다. 왠지 제사장을 모시고 제사를 드려야 할 것 같았습니다. 그래서 히브리서는 '예수님은 너희들이 그동안 의지했던 제사장들과는 차원이 다른 가장 높은 제사장이다. 예수님이 집례하신 제사가 모든 것을 완성했다' 이것을 알려주기 위하여 멜기세덱을 말씀하는 것입니다. 특별히 오늘 본문은 창세기 14장의 사건을 통하여 멜기세덱에 대하여 설명합니다.

(1) 이 멜기세덱은 살렘 왕이요 지극히 높으신 하나님의 제사장이라
여러 왕을 쳐서 죽이고 돌아오는 아브라함을 만나 복을 빈 자라

멜기세덱은 살렘 왕이요, 지극히 높으신 하나님의 제사장이라고 말씀하고 있습니다. 창세기 14장 18절의 말씀을 인용하여 소개하는 것입니다. 창세기 14장을 보면 아브라함이 조카 롯을 구하고 돌아오는 길에 멜기세덱이 갑자기 등장하여 아브라함을 축복합니다. 아브라함이 멜기세덱을 부른 것이 아니라 일방적으로 나타나서 일방적으로 축복하였습니다.

(2) 아브라함이 모든 것의 십분의 일을 그에게 나누어 주니라 그 이름을 해석하면 먼저는 의의 왕이요 그 다음은 살렘 왕이니 곧 평강의 왕이요

그 이름을 해석하고 있습니다. '의의 왕이요, 평강의 왕'이라고 말

씀합니다. '살렘'은 '예루살렘' 할 때 그 '살렘'인데 '평화로운'이라는 뜻을 갖고 있습니다. '말키'는 '왕'을 뜻하고 '체테크'는 '의로운'을 뜻합니다. 그래서 '의의 왕, 평강의 왕'이 되는 것입니다.

> (창 14:18-20) (18) 살렘 왕 멜기세덱이 떡과 포도주를 가지고 나왔으니 그는 지극히 높으신 하나님의 제사장이었더라 (19) 그가 아브람에게 축복하여 이르되 천지의 주재이시요 지극히 높으신 하나님이여 **아브람에게 복을 주옵소서 (20) 너희 대적을 네 손에 붙이신 지극히 높으신 하나님을 찬송할지로다** 하매 아브람이 그 얻은 것에서 **십분의 일을 멜기세덱에게 주었더라**

의의 왕, 평강의 왕 멜기세덱이 아브라함을 축복하자 아브라함이 전리품의 십분의 일을 그에게 줍니다. 왜 갑자기 아브라함이 십일조를 드렸습니까? 멜기세덱이 20절에서 말씀합니다. '너희 대적을 네 손에 붙이신 지극히 높으신 하나님을 찬송할지로다' '너의 승리가 하나님으로부터 온 것'이라고 말씀하는 것입니다. 이 말씀을 믿고 인정하는 행위가 아브라함의 십일조였습니다. 우리가 드리는 십일조도 마찬가지입니다. 하나님께서 내 소득을 주시고, 내 삶을 주관하신다는 것을 인정하는 행위가 바로 십일조가 됩니다. 이 사건의 배경은 아브라함이 조카 롯을 구하기 위하여 318명의 사병을 데리고 네 나라의 연합군과 싸웠던 전쟁입니다. 사실 싸움이 안 됩니다. 그런데 이 전쟁이 영적 전쟁의 표본입니다. 우리가 얼마나 큰 힘을 가지고 있느냐가 아니라 하나님과 함께하느냐, 아니냐가 승패를 좌우합니다. 아브라함이 이 영적 전쟁의 결과로 얻은 것이 무엇입니까? 소돔 땅에 있던 금은보화와 같은 물질이 아닙니다. 멜기세덱이 가져온 떡과 포도주가 유일합니다. 이것이 무엇을 상징합니까? 오늘 본문을 다시 보십시오.

(3) 아버지도 없고 어머니도 없고 족보도 없고 시작한 날도 없고 생명의 끝도 없어 **하나님의 아들과 닮아서 항상 제사장으로 있느니라**

멜기세덱은 아버지도, 어머니도, 족보도 없고 시작한 날도 없고 생명의 끝도 없는 사람이라고 말씀합니다. 그리하여 내린 결론이 '하나님의 아들과 닮았다' 입니다. 아브라함 때에 나타난 멜기세덱이 바로 하나님의 아들, 예수님이 아니었느냐? 하는 질문입니다. 그러므로 떡과 포도주는 우리를 구원하시고 의와 평강의 복을 주시기 위하여 십자가 위에서 상하고 찢기신 예수님의 살과 피를 예표합니다. 멜기세덱처럼 먼저 찾아오시고 먼저 복을 주시는 예수님을 통해 승리케 하시는 하나님을 알고 꼭 붙들어 날마다 승리하는 인생이 되기를 바랍니다.

둘째는, 온전한 대제사장으로 오셨습니다.

(15) **멜기세덱과 같은 별다른 한 제사장**이 일어난 것을 보니 더욱 분명하도다 (16) 그는 육신에 속한 한 계명의 법을 따르지 아니하고 오직 불멸의 생명의 능력을 따라 되었으니 (17) 증언하기를 네가 영원히 멜기세덱의 반차를 따르는 제사장이라 하였도다

예수님을 멜기세덱과 같은 별다른 한 제사장이라고 말씀합니다. 히브리서에서 계속 강조하는 것이 예수님께서 온전한 대제사장으로 오셨다는 것입니다. 히브리서에서만 열여섯 번이 나옵니다. 구약시대에

는 제사장의 수준이 곧 나라의 수준이었습니다. 제사장 엘리와 그의 아들 홉니와 비느하스가 타락하니 나라도 타락합니다. 하나님의 언약궤를 가지고 전쟁에 임해도 패배했습니다. 그런데 하나님과 소통하는 사무엘은 어떠했습니까?

> (삼상 7:9) 사무엘이 젖 먹는 **어린 양 하나를 가져다가 온전한 번제를 여호와께 드리고** 이스라엘을 위하여 여호와께 부르짖으매 **여호와께서 응답하셨더라**

어린 양 하나로 온전한 번제를 드리며 기도하자 즉시 응답하셔서 전쟁에 크게 승리합니다. 이 승리는 보통 승리가 아니었습니다. 그 결과를 보십시오.

> (삼상 7:13-14) (13) 이에 **블레셋 사람들이 굴복하여 다시는 이스라엘 지역 안에 들어오지 못하였으며** 여호와의 손이 사무엘이 사는 날 동안에 블레셋 사람을 막으시매 (14) 블레셋 사람들이 이스라엘에게서 빼앗았던 성읍이 에그론부터 가드까지 이스라엘에게 회복되니 이스라엘이 그 사방 지역을 블레셋 사람들의 손에서 도로 찾았고 또 이스라엘과 아모리 사람 사이에 평화가 있었더라

블레셋 사람들이 굴복하여 다시는 이스라엘 지역 안에 들어오지 못하였고 블레셋에 빼앗겼던 성읍을 다 회복하고 사방 지역을 다 찾았고 주변 국가들과 평화도 있게 됩니다. 전쟁에 능한 삼손 때도 블레셋의 속국이었는데 기도의 사람이 제사장이 되니 평화가 찾아오고 모든 것이 회복됩니다. 불완전한 인간 제사장으로도 이런 역사가 일어난다면

온전한 대제사장으로 오신 예수님을 통해서는 얼마나 더 놀라운 역사가 일어나겠습니까? 그래서 히브리서 8장은 이렇게 시작합니다.

> (8:1) 지금 우리가 하는 말의 **요점은 이러한 대제사장이 우리에게 있다는 것**이라 그는 하늘에서 지극히 크신 이의 보좌 우편에 앉으셨으니

가장 중요한 것은 하나님의 보좌 우편에 앉아 계신 이러한 대제사장이 우리에게 있다는 것입니다. 요점을 잘 파악해야 공부를 잘합니다. 우리의 신앙도 마찬가지입니다. 요점을 잘 파악해야 합니다. 이러한 제사장이 어떤 제사장인지 다시 7장에 있는 말씀을 보십시오.

> (7:25) 그러므로 자기를 힘입어 하나님께 나아가는 자들을 **온전히 구원하실 수 있으니** 이는 그가 항상 살아 계셔서 그들을 위하여 간구하심이라

예수님을 힘입어 하나님께 나아가는 자들을 온전히 구원하실 수 있으며 항상 살아 계셔서 우리를 위하여 간구하시는 제사장입니다. 이 말씀이 믿어지는 사람은 영적으로 단단한 음식의 말씀을 소화 시키는 사람입니다. 우리는 이 말씀을 믿고 있습니까? 당연히 믿고 있다고 생각하지만 사실 그렇지 않은 경우가 많습니다. 예수님이 날 위해 간구하고 있다는 것을 잘 믿지 못합니다. '누군가 널 위해 기도하네' 라는 찬양이 있습니다.

> 마음이 지쳐서 기도할 수 없고 눈물이 빗물처럼 흘러내릴 때
> 주님은 우리 연약함을 아시고 사랑으로 인도하시네

누군가 널 위하여 누군가 기도하네

네가 홀로 외로와서 마음이 무너질 때 누군가 널 위해 기도하네

여기에서 '누군가'가 누구입니까? '주님은 우리 연약함을 아시고' 예수님이 하나님의 보좌 우편에서 우리를 위해 기도합니다. 병원에 갈 때 가까운 지인을 통해 의사를 알아도 큰 힘이 됩니다. 그런데 우리는 하나님의 우편에서 우리를 위해서 기도하시고 우리의 편을 들어주시는 대제사장이 있다는 것입니다. 그러니 이것을 아는 것이 얼마나 중요하겠습니까! 예수님은 우리의 연약함을 다 아십니다. 우리가 시험당할 때 얼마나 염려하고 얼마나 두려워하는지 다 알고 계십니다. 우리의 믿음이 얼마나 부족한지 다 알고 계신다는 것입니다.

(히 4:14-16) (14) 그러므로 우리에게 큰 대제사장이 계시니 승천하신 이 곧 하나님의 아들 예수시라 우리가 믿는 도리를 굳게 잡을지어다 **(15) 우리에게 있는 대제사장은 우리의 연약함을 동정하지 못하실 이가 아니요** 모든 일에 우리와 똑같이 시험을 받으신 이로되 죄는 없으시니라 (16) 그러므로 우리는 긍휼하심을 받고 때를 따라 돕는 은혜를 얻기 위하여 은혜의 보좌 앞에 담대히 나아갈 것이니라

우리에게 있는 대제사장은 우리의 연약함을 다 아십니다. 우리의 믿음 없음도 다 아십니다. 그래서 동정하십니다. 그러니 어떻게 해야 합니까? 14절 말씀처럼 우리의 믿는 도리, 예수님을 굳게 잡아야 합니다. 16절 말씀처럼 때를 따라 돕는 은혜를 얻기 위하여 은혜의 보좌 앞에 담대히 나아가야 합니다. 성경의 요점은 바로 이러한 대제사장, 예수님이 우리에게 있다는 것입니다. 그런데 우리는 없는 것처럼 홀로

세상을 살아가고 있지는 않습니까? 나의 모든 것을 아시는 예수님을 단단히 붙들고 은혜의 보좌 앞으로 나아가 회복과 평안의 축복을 누리기를 바랍니다.

셋째, 더 좋은 언약으로 오셨습니다.

(7:22) 이와 같이 예수는 **더 좋은 언약의 보증**이 되셨느니라

'예수는 더 좋은 언약의 보증' 이라고 말씀합니다. '더 좋은 언약' 이것을 다른 말로 '새 언약' 이라고 합니다. 왜 더 좋은 언약, 새 언약을 세우셔야 했습니까?

(8:7-9) (7) 저 **첫 언약이 무흠하였더라면** 둘째 것을 요구할 일이 없었으려니와 (8) 그들의 잘못을 지적하여 말씀하시되 주께서 이르시되 볼지어다 날이 이르리니 내가 이스라엘 집과 유다 집과 더불어 새 언약을 맺으리라 (9) 또 주께서 이르시기를 이 언약은 내가 그들의 열조의 손을 잡고 애굽 땅에서 인도하여 내던 날에 그들과 맺은 언약과 같지 아니하도다 **그들은 내 언약 안에 머물러 있지 아니하므로** 내가 그들을 돌보지 아니하였노라

'첫 언약이 무흠하였더라면' 이라고 말씀합니다. 그러면 하나님께서 주신 율법이 흠이 있었다는 것입니까? 그렇지 않습니다. 율법 자체는 거룩하고 흠이 없습니다. 다만 그 율법을 지켜야 하는 인간이 문제가 있는 것입니다. 9절 마지막 말씀처럼 언약 안에 머물러 있지 않고 떠났기 때문입니다. 그러므로 율법은 죄인을 구원하지는 못합니다. 죄

를 죄로 드러내게 하는 역할만 할 뿐입니다. 도로 위의 중앙선이 운전자가 법을 어기는 것을 알 수 있게는 하지만 법을 어기는 자의 교통사고를 막아주진 못합니다. 그게 율법입니다. 이것이 옛 언약의 한계입니다. 그래서 더 좋은 언약, 새 언약을 세워주십니다.

> (8:10) 또 주께서 이르시되 그 날 후에 내가 이스라엘 집과 맺을 언약은 이것이니 내 법을 그들의 생각에 두고 **그들의 마음에 이것을 기록하리라** 나는 그들에게 하나님이 되고 그들은 내게 백성이 되리라

새 언약은 돌 판에 새겨지는 것이 아니라 우리의 마음 판에 새겨집니다. 그리고 여호와께서 우리의 하나님이 되고 우리는 하나님의 백성이 됩니다. 그러니까 새 언약은 우리에게 성령을 주셔서 하나님의 백성으로 만들어 주신다는 약속입니다. 도로 위의 중앙선이 아니라 직접 내 마음의 핸들을 잡고 운전해 주시는 것입니다. 예수님께서 바로 이것을 완성하시기 위하여 이 땅에 오셨습니다. 어떻게 완성하셨을까요? 여기에서 '언약'으로 번역된 단어 '디아데케(διαθήκη)'는 우리가 생각하는 의미와 조금 다릅니다. 단순히 '말로 하는 약속'이 아니라 '유언'입니다. 유언은 언제 효력이 발생합니까? 유언을 남긴 사람이 죽어야 효력이 발생합니다. 그러니까 예수님께서 멜기세덱의 반차를 따라 대제사장으로 오셔서 우리를 구원하시고 우리에게 복을 주시는 그 모든 언약은 십자가로 완성이 되는 것입니다.

> (7:27) 그는 저 대제사장들이 먼저 자기 죄를 위하고 다음에 백성의 죄를 위하여 날마다 제사 드리는 것과 같이 할 필요가 없으니 이는 **그**

가 단번에 자기를 드려 이루셨음이라

구약의 제사장들이 자기 죄를 위하여 백성의 죄를 위하여 짐승의 피를 드리며 반복하여 속죄제를 드렸지만 예수님은 단번에 자기를 드려 더 좋은 언약을 완성하셨다는 것입니다.

(눅 22:20) 저녁 먹은 후에 잔도 그와 같이 하여 이르시되 이 잔은 **내 피로 세우는 새 언약이니** 곧 너희를 위하여 붓는 것이라

예수님께서 우리를 위하여 피를 쏟으셨습니다. 그 피로 새 언약을 세워주셨습니다. 이 피로 세우신 새 언약을 우리의 마음에 기록하시기 위하여 부활 승천하시고 성령을 보내셨습니다. 성령이 임할 때 우리는 하나님을 아바 아버지라 부르는 하나님의 자녀 하나님의 백성이 되는 것입니다. 우리 안에 새 언약의 내용이 새겨져 있습니까? 우리가 말씀을 잘 알아도 내 안에서 성령이 역사하지 않고 내가 예수그리스도의 보혈을 잊고 살아간다면 여전히 옛 언약에 머물러 있는 사람이 됩니다.

사랑하는 성도 여러분, 멜기세덱의 반차를 따라 온전한 대제사장으로 오신 예수님께서 우리를 구원하셨고 우리의 모든 문제들을 이미 단번에 해결하셨습니다. 내 안에서 말씀을 주시고 방향을 주시는 성령의 음성을 따라 살며 더 좋은 언약으로 이루어주신 의와 평강과 축복을 삶의 자리에서 마음껏 누리며 살아가기를 예수님의 이름으로 축원합니다.

결단과 소망의 기도

우리를 위하여 간구하시고 복 주시며 새 언약을 세우신
예수님을 힘입어 하나님께 담대히 나아가게 하옵소서.
우리의 모든 삶이 예수님을 힘입게 하옵소서.

단번에 이루시다
(히브리서 9:11-14)

(11) 그리스도께서는 장래 좋은 일의 대제사장으로 오사 손으로 짓지 아니한 것 곧 이 창조에 속하지 아니한 더 크고 온전한 장막으로 말미암아 (12) 염소와 송아지의 피로 하지 아니하고 오직 자기의 피로 영원한 속죄를 이루사 단번에 성소에 들어가셨느니라 (13) 염소와 황소의 피와 및 암송아지의 재를 부정한 자에게 뿌려 그 육체를 정결하게 하여 거룩하게 하거든 (14) 하물며 영원하신 성령으로 말미암아 흠 없는 자기를 하나님께 드린 그리스도의 피가 어찌 너희 양심을 죽은 행실에서 깨끗하게 하고 살아 계신 하나님을 섬기게 하지 못하겠느냐

1999년, SF영화 장르에 상당한 영향을 끼친 '매트릭스'가 개봉했습니다. 그 내용은 최근에 핫한 인공지능과 관련이 있습니다. 먼 미래, 인공지능이 지배하는 세상에서 사람들은 캡슐 안에 갇혀서 인공지능의 에너지원으로 쓰이고 이 상황을 알게 된 사람들이 가상공간과 현실을 오가며 인공지능과 싸우는 것이 주 스토리입니다. 이 영화에서 유명한 장면이 있습니다. 현실 속에서 싸우고 있는 지도자 모피어스가 가상 세계에서 구출해온 네오에게 빨간약과 파란약을 내미는 장면입니다. 빨간약을 먹으면 살고 있는 세상이 가짜라는 것을 알게 되고 험악한 현실에서 깨어나 생명을 걸고 인공지능과 싸워야 합니다. 파란약을 먹으면 세상이 가짜라는 것을 잊어버리고 그냥 가상 세계에 안주하며 살게 됩니다. 주인공은 주저하지 않고 빨간약을 선택합니다. 힘들어도 진실 속에 살겠다는 것입니다. 우리가 주인공이라면 어떤 것을 선택하겠습니까? 힘들고 어렵겠지만 진리를 알고 진리를 위해 싸우며 살겠습니까? 아니면 그냥 진리를 잊어버리고 가상의 세계에서 편하게 살겠습니까? 고전 공포 이야기 '빨간 휴지 줄까, 파란 휴지 줄까?'와는 좀 차원이 다른, 쉽지 않은 선택입니다.

　히브리서 8장은 예수님께서 오시기 이전의 모든 것들은 '모형과 그림자'에 불과하다고 말씀하였습니다. '모형과 그림자'는 '실체'가 오면 필요가 없습니다. 모델하우스를 보면 엄청 화려하게 짓습니다. 실제 집보다 더 좋아 보입니다. 그래도, 분양이 끝나면 다 철거합니다. 왜요? 진짜가 아니기 때문입니다. 철거할 때 보면 어떻습니까? 겉은 화려한데 속은 그냥 판자입니다. 내구성이 없습니다. 실제로 살 수 있는 곳이 아닙니다. 집을 분양받은 사람이 건물이 완공되었는데 모델하우스에 소망을 두고 있으면 안 됩니다. 이제 완공된 집으로 들어가야 마 땅합니다. 오늘 말씀을 상고하며, 예수님께서 무엇을 완성했는지 깨닫고 예수님께서 완성해 주신 그 모든 은혜 안으로 들어가 삶의 자리에서 풍성히 누리기를 소원합니다.

첫째, 제사를 완성하셨습니다.

(11) 그리스도께서는 장래 좋은 일의 대제사장으로 오사 손으로 짓지 아니한 것 곧 이 창조에 속하지 아니한 더 크고 온전한 장막으로 말미암아 (12) 염소와 송아지의 피로 하지 아니하고 **오직 자기의 피로 영원한 속죄를 이루사 단번에 성소에 들어가셨느니라**

'예수님께서 대제사장으로 오셔서 자기의 피로 영원한 속죄를 이루사 단번에 성소에 들어가셨다'고 말씀합니다. 히브리서는 예수님께서 대제사장으로 오셨음을 반복하여 강조합니다. 제사장의 가장 중요한 역할은 '제사'입니다. 이스라엘이 범죄 할 때마다 제사로 속죄하였습니다. 특별히 대제사장은 1년에 한 번 있는 대속죄일에 지성소에 들어가서 자기 자신을 비롯하여 온 이스라엘 백성을 위한 속죄의 제사를 드렸습니다. 이를 통하여 한 해 동안의 알고 지은 죄, 모르고 지은 죄, 모든 죄가 속죄함을 받는 것입니다. 성경의 역사를 한 마디로 정의하면 '이스라엘 죄의 역사'입니다. 죄와, 징계와 속죄의 은혜가 반복됩니다. 그렇다면 성경에 나오는 가장 큰 죄는 무엇입니까? 최초의 범죄는 선악과를 먹은 것이고 두 번째는 가인이 아벨을 죽인 것입니다. 이후에 수없이 많은 죄들이 나오는데 가장 큰 죄는 무엇일 것 같습니까?

바로 '십자가'입니다. 우리 입장에서 십자가는 대속의 십자가, 구원의 십자가입니다. 그런데 객관적으로 생각해보십시오. 하나님의 아들이 인간을 구원하기 위하여 이 세상에 와서 복음을 전하고 병자를 고치고 하나님의 나라를 전했는데, 인간들이 그 하나님의 아들을 붙들어서 가장 참혹한 방법으로 죽였습니다. 이보다 더 큰 죄는 없습니다.

예수님께서 불의한 포도원 농부 비유를 해 주셨습니다. 농부들에게 포도원을 맡기고 타국에 간 주인이 결산을 위해서 종들을 보냅니다. 그런데 농부들이 종을 잡아서 심히 때리고 그냥 보냅니다. 다른 종을 보내니 또 때리고 능욕을 합니다. 여러 차례에 걸쳐 종을 보냈는데 때리고 능욕하고 심지어 죽이기까지 합니다. 그래서 마지막에 사랑하는 아들을 보냈습니다. 아들이 가면 농부들이 그 권위를 인정할 것이라 생각했습니다. 그런데 어떻게 하였습니까? 이 아들이 상속자니 그를 죽이고 포도원을 차지하자고 말하며 아들을 죽였습니다. 이 비유의 마지막을 보십시오.

> (막 12:7-9) (7) 그 농부들이 서로 말하되 이는 상속자니 자 죽이자 그러면 그 유산이 우리 것이 되리라 하고 (8) 이에 잡아 죽여 포도원 밖에 내던졌느니라 (9) **포도원 주인이 어떻게 하겠느냐 와서 그 농부들을 진멸**하고 포도원을 다른 사람들에게 주리라

포도원 주인이 와서 그 농부들을 진멸할 것이라 말씀합니다. 농부들이 선을 넘은 것입니다. 이제는 더 이상 용서할 수가 없는 상황이 되었습니다. 이 비유는 예수님을 십자가에 못 박아 죽일 것을 예언하신 말씀입니다. 여기에서 좀 이상하다는 생각이 들지 않습니까? 우리는

'십자가'를 은혜의 현장으로만 기억하는데 사실 '십자가'는 인간의 가장 악독한 반역입니다. 가장 큰 죄입니다. 예수님의 비유처럼 심판을 피할 수 없는 죄였습니다. 그런데 어떻게 '십자가'가, 우리의 모든 죄를 영원히 속죄하는 완성된 제사가 될 수 있습니까? 하나님께서 '십자가의 사건' 속에서 하나님의 아들을 죽인 사람들의 악함을 본 것이 아니라 하나님의 아들 예수님이 드리는 희생제사를 보시고 받아 주셨기 때문입니다. 그래서 십자가가 은혜입니다.

　예수님이 십자가에 달려 죽으신 것은 인간에게 붙들려 어쩔 수 없이 죽은 것이 아닙니다. 대제사장으로 오신 예수님께서 눈에 보이는 성전이 아니라 하늘에 있는 진짜 성전, 온전한 장막으로 올라가서 자신을 제물로 내어 주시는 희생제사였습니다. 구약에 나오는 모든 대속의 제사들, 그 모형을 자기 자신을 희생 제물로 드리는 십자가로 완성하신 것입니다. 하나님의 구원은 인간의 가장 절망적인 죄악이 드러나는 십자가에서 완성되었음을 기억하고 십자가의 은혜 안으로 들어가야 합니다.

둘째, 속죄를 완성하셨습니다.

　(12, 새번역) 단 한 번에 지성소에 들어가셨습니다. 그는 염소나 송아지의 피로써가 아니라, 자기의 피로써, 우리에게 영원한 구원을 이루셨습니다.

　12절은 새번역이나 공동번역에서 번역의 순서가 조금 다릅니다. '단 한 번에 지성소에 들어가셨습니다' 이 말씀이 먼저 나옵니다. 강조하는 바가 조금 다르다는 것을 알 수 있습니다. 예수님께서 단번에 들어가신 지성소 안에 무엇이 있었습니까?

(3) 또 둘째 휘장 뒤에 있는 장막을 **지성소라 일컫나니** (4) **금 향로와 사면을 금으로 싼 언약궤가** 있고 그 안에 만나를 담은 **금 항아리와 아론의 싹난 지팡이와 언약의 돌판들**이 있고

금향로와 언약궤가 있다고 말씀합니다. 언약궤는 구약시대 굉장히 중요한 역할을 했습니다. 하나님의 말씀이자 동시에 하나님의 임재를 상징했습니다. 그런데 언약궤를 가지고 있다고 해서, 항상 하나님이 함께 하신 것은 아니었습니다. 엘리 제사장 때는 홉니와 비느하스가 전쟁에 승리하기 위해 가지고 나갔다가 오히려 전쟁에 대패합니다. 그들은 전사하고, 언약궤는 빼앗겼습니다. 언약궤의 의미를 알지 못하고 이용하려고만 했기 때문입니다.

4절은 언약궤 안에 담겨 있는 세 가지를 소개하고 있습니다. 이 세 가지가 언약궤의 의미를 보여줍니다. 첫째가 '만나를 담은 금 항아리'입니다. 하나님께서 만나를 주시면서 매일 하루치만 거두라고 명령하셨습니다.

(출 16:19-20) (19) 모세가 그들에게 이르기를 아무든지 **아침까지 그것을 남겨두지 말라** 하였으나 (20) 그들이 모세에게 순종하지 아니하고 **더러는 아침까지 두었더니 벌레가 생기고 냄새가 난지라** 모세가 그들에게 노하니라

아침까지는 남겨두지 말라고 말씀하였으니 순종하지 않고 아침까

지 두는 사람들이 있었습니다. 그랬더니 벌레가 생기고 냄새가 납니다. 이에 모세가 노합니다. 불순종한 사람들은 왜 굳이, 다음 날 아침까지 만나를 남겨두었습니까? 이유는 간단합니다. 다음날 없을까봐. 하나님께서 아침마다 배부르게 하겠다고 약속하셨는데 그 약속을 믿지 못하니 미래를 대비하겠다고 더 많이 모아둔 것입니다. 이어지는 말씀을 보면, 여섯 째 날 안식일 전날에는 이틀치를 거두라고 하시며 안식일에는 만나를 주지 않겠다고 말씀하십니다. 그런데 역시 이 말씀에도 불순종합니다. 그 때에 하나님께서 말씀하십니다. "어느 때까지 너희가 내 계명과 내 율법을 지키지 아니하려느냐?" 참 지긋지긋하게 말 안 듣는다고 말씀하시는 것입니다. 그리고 주신 명령이 '만나를 담은 금 항아리'를 언약궤 앞에 두라는 것이었습니다. 결국 '만나를 담은 금 항아리'는 이스라엘 백성들의 불신앙을 상징합니다. 애초에 만나를 처음 주시는 장면도 이스라엘 백성들이 기도해서 응답으로 주신 것이 아니었습니다. 이스라엘 백성들이 원망할 때 하나님께서 만나를 주셨습니다.

(출 16:4) 그 때에 여호와께서 모세에게 이르시되 보라 내가 너희를 위하여 하늘에서 양식을 비 같이 내리리니 백성이 나가서 일용할 것을 날마다 거둘 것이라 이같이 하여 **그들이 내 율법을 준행하나 아니하나 내가 시험하리라**

그 때에 하신 말씀이 '그들이 내 율법을 준행하나 아니하나 내가 시험하리라' 입니다. 이 시험에 이스라엘이 통과하지 못한 것입니다. 애굽에서 열 가지 재앙으로 건지시고 홍해바다를 건너게 하신 하나님을 경험하고도 먹을 것이 부족하자 하나님께 기도하지 못하고 원망했습니다. 원망에도 불구하고 만나의 은혜를 베풀어 주셨는데 일용할 양식을 주시고 삶을 책임져 주실 것이라는 그 말씀을 믿지 못해 또 불순종했습니다. 이후 광야의 세월 동안 만나를 먹으면서도 계속 원망 불평과 불순종이 이어집니다. 이 모습이 우리의 모습입니다. 우리도 하나님께 부족함으로 원망 불평합니다. 그런데 하나님께서 문제를 해결해 주면 얼마 지나지 않아서 또 다른 원망과 불평을 찾아냅니다. 이러한 죄를 상징하는 '만나 항아리'가 언약궤 안에 있는 것입니다.

두 번째는 '아론의 싹 난 지팡이' 입니다. 민수기 16장에서 고라와 일당들이 모세를 거스르고 반역합니다. 모세와 아론의 리더십이 마음에 들지 않으니 자기들이 리더십을 갖겠다는 것이었습니다. 모세와 아론의 리더십이 마음에 들지 않는 이유를 보십시오.

(민 16:13) 네가 **우리를 젖과 꿀이 흐르는 땅에서 이끌어 내어 광야에서 죽이려 함**이 어찌 작은 일이기에 오히려 스스로 우리 위에 왕이 되려 하느냐

여기에서 '젖과 꿀이 흐르는 땅'이 어디입니까? '가나안 땅'이 아니고 '애굽'입니다. 이스라엘 백성들은 하나님께서 약속하신 가나안 땅이 아니라 애굽을 젖과 꿀이 흐르는 땅이라고 인식하고 있었습니다. 하나님도 모르고 말씀도 모르니, 자기들이 원하는 방향대로 이끌어주지 않고 오직 말씀대로만 이끌고 가는 모세와 아론이 마음에 들지 않는 것입니다. 이 일로 인하여 하나님께서 진노하시어 땅이 갈라지며 반역한 무리들이 모두 죽게 됩니다. 그 후에 각 지파별로 지팡이를 하

나씩 취하여 언약궤 앞에 두게 합니다. 하나님께서 택한 자의 지팡이에서 싹이 날 것이라 말씀하였는데 다음 날 가보니 아론의 지팡이는 싹이 나는 수준을 넘어서 꽃이 피고 살구 열매까지 맺혀지게 됩니다. 그리고 말씀합니다.

> (민 17:10) 여호와께서 또 모세에게 이르시되 **아론의 지팡이**는 증거궤 앞으로 도로 가져다가 거기 간직하여 **반역한 자에 대한 표징이 되게 하여** 그들로 내게 대한 원망을 그치고 죽지 않게 할지니라

아론의 싹난 지팡이가 무엇을 상징한다고 말씀합니까? '반역한 자에 대한 표징' 입니다. 역시 죄의 상징입니다. 이 역시 우리의 모습입니다. 출애굽기와 민수기를 잘 읽어보면 모세와 아론이 스스로 높인 적이 없습니다. 그런데 왜 반역합니까? 하나님 말씀대로 살라고 권면하는 모세의 간섭을 받기가 싫은 것입니다. 신앙적으로 젖과 꿀이 흐르는 땅이 아니라 마치 이스라엘 백성처럼 세상의 젖과 꿀을 향하여 잘못된 길을 갈 때 권면하면 받아들이는 사람이 많지 않습니다. 목회자가 성도에게 하는 권면뿐 아니라 성도와 성도 사이에도 권면하면 오히려 실족합니다. '너만 교회 다니냐, 너만 기도하냐?' 이렇게 생각합니다. 그래서 신앙적인 권면을 하려면 상대방을 위해서 애타하며 충분히 기도한 후에 해야 합니다. 상대방이 원망해도 충분히 이해하고 사랑할 수 있을 때 권면해야 합니다. 그렇지 않으면 서로 실족합니다. 너나 할 것 없이 우리 모두가 하나님이 왕이 아니라 자기가 왕이 되려는 교만이 있기 때문입니다. 이러한 우리의 교만을 보여주기 위해 '아론의 싹난 지팡이'가 언약궤 안에 있는 것입니다.

마지막 세 번째로 있는 것이 '언약의 두 돌 판'입니다. 하나님께서 시내산에서 모세에게 율법을 주시며 하나님께서 친히 쓰신 언약의 돌 판을 주셨습니다. 그런데 모세가 내려와 보니 산 아래에서 금송아지를 여호와라고 섬기고 있었습니다. 그래서 그 돌 판을 깨뜨립니다. 이후에 다시 받아온 돌 판이 언약궤 앞에 있는 것입니다. 우상 숭배의 죄를 보여줍니다. 우리는 우상을 섬기지 않으니 이 죄와 관계가 없습니까?

(골 3:5-6) (5) 그러므로 땅에 있는 지체를 죽이라 곧 음란과 부정과 사욕과 악한 정욕과 탐심이니 **탐심은 우상 숭배니라** (6) 이것들로 말미암아 하나님의 진노가 임하느니라

탐심이 없는 사람 있습니까? 우리도 우상 숭배자들입니다. '만나를 담은 금 항아리와 아론의 싹 난 지팡이, 언약의 돌판들' 결국 이 모든 것들은 하나님의 진노를 부르는 우리의 죄를 상징합니다. 그런데 언약궤는 이것으로 끝이 아닙니다. 이 죄를 덮고 있는 것이 있습니다.

(5) 그 위에 **속죄소를 덮는 영광의 그룹들이 있으니** 이것들에 관하여는 이제 낱낱이 말할 수 없노라

그 위에 속죄소가 있습니다. 언약궤를 덮는 뚜껑입니다. 영광의 그룹이 양쪽 끝에서 마주 보고 있습니다. 대제사장이 속죄의 제사를 드릴 때 바로 이 속죄소에 제물의 피를 바르며 속죄의 제사를 드렸습니다. 이 제사를 예수님이 십자가로 완성하신 것입니다. 요한복음 20장에 있는 말씀을 보십시오.

(요 20:11-12) (11) 마리아는 무덤 밖에 서서 울고 있더니 울면서 구부려 무덤 안을 들여다보니 (12) **흰 옷 입은 두 천사가** 예수의 시체 뉘었던 곳에 **하나는 머리 편에, 하나는 발 편에 앉았더라**

막달라 마리아가 무덤 안을 들여다보니 예수님께서 누우셨던 그곳에 두 천사가 있는데 하나는 머리 편에 하나는 발편에 앉아 있었습니다. 속죄소의 모습과 똑같습니다. 예수님께서 흘리신 십자가의 보혈이 속죄소에 흐르면서 영원한 속죄를 완성하셨음을 상징적으로 보여주고 있습니다.

셋째, 구원을 완성하셨습니다.

(27) **한번 죽는 것은 사람에게 정해진 것이요 그 후에는 심판이 있으리니** (28) 이와 같이 그리스도도 많은 사람의 죄를 담당하시려고 단번에 드리신 바 되셨고 구원에 이르게 하기 위하여 죄와 상관 없이 자기를 바라는 자들에게 두 번째 나타나시리라

'한 번 죽는 것은 사람에게 정해졌다' 이것을 모르는 사람은 없습니다. 그런데 모르는 것처럼 살아갑니다. 영원히 이 세상을 살아갈 것처럼 탐욕과 육신의 정욕으로 살아갑니다. 세상 사람들은 죽으면 끝이라고 말합니다. 하지만 죽는 것이 끝이 아니라 그 후에 분명히 심판이 있습니다. 이 말씀은 협박이 아니라 은혜의 말씀입니다. 우리는 원래 심판당해야 하는 존재인데 예수님께서 단번에 제사를 완성하시고 속죄를 완성하셨기에 우리는 죄와 상관없이 구원에 이른다는 말씀입니다.

(14) 하물며 영원하신 성령으로 말미암아 흠 없는 자기를 하나님께 드린 **그리스도의 피가** 어찌 너희 양심을 **죽은 행실에서 깨끗하게 하고** 살아 계신 하나님을 섬기게 하지 못하겠느냐 (15) 이로 말미암아 그는 새 언약의 중보자시니 이는 첫 언약 때에 범한 죄에서 속량하려고 죽으사 부르심을 입은 자로 하여금 영원한 기업의 약속을 얻게 하려 하심이라

그리스도의 피로 말미암아 우리는 이미 깨끗해졌습니다. 살아계신 하나님을 섬길 수 있게 되었습니다. 영원한 기업의 약속을 얻었습니다. 그러면 그렇게 해야 합니다. 놀이공원 가고 싶다는 아이에게 자유이용권을 사줬습니다. 그러면 어떻게 해야 합니까? 들어가야 합니다. 들어가서 놀면 됩니다. 그런데 여전히 밖에서 머물면서 징징대고 있다면 문제가 있는 것입니다. 예수님께서 십자가 보혈로 영원한 속죄를 완성하셨습니다. 중요한 것은 '완성' 하셨다는 것입니다. 우리는 '의롭다' 하심을 받았고 이 은혜 안에 들어감을 얻었습니다. 그러니 하나님과 화평을 누리며 하나님의 영광을 바라고 즐거워해야 합니다. 이스라엘 백성들이 홍해바다를 건넜습니다. 이제 모세와 함께 가나안 땅을 향해 걸어가면 됩니다. 그동안 애굽의 노예로 살았다면, 이제 하나님의 땅에서 자유와 평안을 누리며 살면 되는 것입니다. 그런데 자꾸 거부합니다. 자꾸 애굽으로 돌아가려고 합니다. 왜 그랬습니까? 하나님께서 이미 가나안 땅을 주신 것을 믿지 못했기 때문입니다.

사랑하는 성도 여러분, 예수님의 십자가는 '완성' 입니다. 우리를 속죄하시고 우리를 구원하시며 영원한 기업을 주시는 축복까지 모든 것을 단번에 이루셨습니다. 출애굽한 이스라엘 백성들처럼 불안해하지 말고 이미 완성된 구원의 길, 축복의 길을 믿음으로 바라보고 소망

하며 그 안으로 들어가서 평안과 기쁨으로 풍성하게 누리기를 예수님의 이름으로 축원합니다.

결단과 소망의 기도

우리의 모든 죄를 예수님의 보혈로 덮어주시며
속죄와 구원을 완성하여 주시니 감사드립니다.
하나님의 영원한 기업의 약속을 얻은 자답게
소망과 감사로 복을 누리며 살게 하옵소서.

하나님께 나아가자
(히브리서 10:19-25)

(19) 그러므로 형제들아 우리가 예수의 피를 힘입어 성소에 들어갈 담력을 얻었나니 (20) 그 길은 우리를 위하여 휘장 가운데로 열어 놓으신 새로운 살 길이요 휘장은 곧 그의 육체니라 (21) 또 하나님의 집 다스리는 큰 제사장이 계시매 (22) 우리가 마음에 뿌림을 받아 악한 양심으로부터 벗어나고 몸은 맑은 물로 씻음을 받았으니 참 마음과 온전한 믿음으로 하나님께 나아가자 (23) 또 약속하신 이는 미쁘시니 우리가 믿는 도리의 소망을 움직이지 말며 굳게 잡고 (24) 서로 돌아보아 사랑과 선행을 격려하며 (25) 모이기를 폐하는 어떤 사람들의 습관과 같이 하지 말고 오직 권하여 그 날이 가까움을 볼수록 더욱 그리하자

우리나라 역사에 '신문고'가 있었습니다. 억울한 일을 당한 사람이 신문고를 울리면, 왕이 직접 듣고 그 문제를 해결해주는 것입니다. 지금은 사라졌지만 예전에 인터넷에 '국민 청원' 이 있었습니다. 청와대에 청원을 하고, 20만명 이상 동의를 해주면 청와대에서 답변을 해주는 제도입니다. 그 때 보면 거짓된 청원이나 별 쓸데없는 청원이 다 있었는데 신문고도 그런 일이 있을 수 있었기 때문에 규정이 있었고 규정대로 하지 않으면 오히려 벌을 받았다고 합니다. 예를 들어서, 정치와 민생의 문제들은 좋은 의견이면 바로 채택, 별 것 아니라면 그냥 통과입니다. 그런데 개인적인 문제는 관련 관청에서 해결하려고 노력했던 흔적이 있으면 개입해서 옳은 방향으로 해결을 해 주고 중간 단계 없이 바로 상소한 것이라면 오히려 징계를 했습니다. 그럼에도 불구하고 개인적인 일에 무질서하게 신문고를 이용하는 현상들이 많았다고 합니다. 오히려 징계를 받을 수 있음에도 신문고를 울리려고 했던 이유가 무엇입니까? 왕의 귀에 들어가면 어쨌든 빨리 해결이 된다는 것을 알았기 때문입니다. 예나 지금이나 상황은 비슷합니다. 지금도 높은 사람에게 내 문제를 알릴 수 있으면 빨리 해결이 됩니다. 최근에는 억울한 일을 당한 사람들이 인터넷 민원 게시판이나 커뮤니티 등을 이용하여 이슈화 하는 경향이 많이 있는데 그 이유도 역시 마찬가지입니다. 높은 사람이 알게 하려고 하는 것입니다. 세상의 높은 사람을 만나면 세상의 문제들이 쉽게 해결됩니다. 성도는 누굴 만나면 문제가 해결이 됩니까? 하나님을 만날 때 세상의 문제 뿐 아니라 가장 궁극적인 문제인 죄와 사망의 문제까지 해결이 됩니다.

(22) 우리가 마음에 뿌림을 받아 악한 양심으로부터 벗어나고 몸은 맑은 물로 씻음을 받았으니 참 마음과 온전한 믿음으로 **하나님께 나아가자**

'하나님께 나아가자' 말씀하고 있습니다. 성도가 하나님께 나아가야 하는 것이 우리는 당연하게 들리지만 초대교회 이스라엘 백성들의 입장에서 이 말씀은 매우 두려운 말씀입니다. 원래 하나님께 나아갈 수 있는 사람은 제사장뿐이었습니다. 제사장이 아닌 사람이 하나님을 만날 수 있는 성소에 들어가면 죽었습니다. 그런데 이제는 괜찮으니 하나님께 나아가자는 것입니다. 어떻게 나아갈 수 있게 되었습니까? 예수님께서 십자가에 달려 죽으실 때 지성소를 가로 막고 있던 휘장이 위에서부터 아래로 찢겨지며 그 문이 열렸기 때문입니다.

(19) 그러므로 형제들아 우리가 예수의 피를 힘입어 성소에 들어갈 담력을 얻었나니 (20) 그 길은 우리를 위하여 휘장 가운데로 열어 놓으신 새로운 살 길이요 **휘장은 곧 그의 육체니라**

'휘장은 곧 그의 육체' 라고 말씀합니다. 예수님께서 십자가에서 보혈을 흘리시며 그 육체가 상하고 찢기어 우리가 하나님께 나아갈 수 있는 특권이 생긴 것입니다. 오늘 말씀은, 그 특권을 얻은 우리가 어떤 자세로 하나님께 나아가야 할지를 말씀해 주고 있습니다. 오늘 말씀을 상고하며 올바른 자세로 하나님께 나아가기를 바랍니다.

첫째, 참 마음과 온전한 믿음으로 나아가야 합니다.

(22) 우리가 마음에 뿌림을 받아 악한 양심으로부터 벗어나고 몸은 맑은 물로 씻음을 받았으니 **참 마음과 온전한 믿음으로 하나님께 나아가자**

가장 먼저 '참 마음과 온전한 믿음으로 나아가자' 말씀하고 있습니다. '참 마음'을 그대로 직역 하면 '실제의 마음' 입니다. 내 마음을 위장하지 말고, 그 모습 그대로 하나님께 나아가야 한다는 것입니다.

작년 여름에 행정안전부에서 이런 공지가 올라왔습니다. 'AI프로필 사진 등 과도한 보정으로 본인확인이 어려운 사진은 주민등록증용으로 사용할 수 없습니다' 주민등록증, 운전면허증, 심지어 여권사진까지 AI 보정 사진을 제출하는 사람들이 많아져서 관련 공무원들이 힘들어 하고 있다고 합니다. 사람들은 보정 사진을 보면 잘 나왔다고 착각을 합니다. 사진관에서 잡티를 제거하고 피부톤도 보정한 후 증명사진을 인화해주면 '잘 나왔다' 말합니다. 그런데 냉정하게 생각해 보면 잘 나온 게 아닙니다. 잘못 나온 것입니다. 자기 모습이 아니기 때문입니다. 요즘 스마트폰은 알아서 다 보정해줍니다. 얼굴 색감도 현실보다 훨씬 밝게 나오고 다리도 훨씬 길게 나옵니다. 그런데 가끔 보정이 안돼서 정말 자기랑 똑같이 나오면 뭐라고 말합니까? "사진 진짜 제대로 나왔네" 그러는 사람 하나도 없습니다. "사진을 왜 이리 이상하게 찍었냐" 라고 말 합니다. 우리의 육신이나 마음을 보정하고 싶은 게 우리의 본성입니다. 아담과 하와가 선악과를 먹고 나서 제일 먼저 한 일은 무화과나무 잎을 엮어 자기 몸을 가린 것이었습니다. 있는 모습 그대로 하나님 앞에 나아가지 못하고 자기를 보정하고 있는 것입니다. 기도는 우리가 하나님께 나아가는 가장 중요한 통로입니다. 그래서 기도할 때 보정해서는 안 됩니다. 만왕의 왕이신 하나님 그 하나님이 예수님의 보혈로 나의 '아바 아버지'가 되었습니다. 나와 관계없는 초월적인 신 앞으로 나아가는 것이 아닙니다. 인격적인 관계로 참 마음으로 기도하며 나아가야 합니다. 기도에 대한 예수님의 말씀을 보십시오.

> (마 6:5-6) (5) 또 너희는 **기도할 때에 외식하는 자와 같이 하지 말라** 그들은 사람에게 보이려고 회당과 큰 거리 어귀에 서서 기도하기를 좋아하느니라 내가 진실로 너희에게 이르노니 그들은 자기 상을 이미 받았느니라 (6) 너는 기도할 때에 **네 골방에 들어가 문을 닫고 은밀한 중에 계신 네 아버지께 기도하라** 은밀한 중에 보시는 네 아버지께서 갚으시리라

"기도할 때에 외식하는 자와 같이 하지 말라, 네 골방에 들어가 문을 닫고 은밀한 중에 계신 네 아버지께 기도하라" 사람에게 보이기 위하여 사람 앞에서 태도 보정하지 말고 나를 다 알고 계신 하나님 앞에서 마음도 위선적으로 보정하지 말라는 것입니다. 하나님과 일대일로 만나서 힘이 들 때는 힘들다고 기도하고 하나님께 서운한 게 있으면 서운하다고 기도해야 합니다. 내 안에 시기, 질투, 미움, 탐욕이 있다면 그 마음 그대로 하나님께 다 내놓아야 합니다. 그리할 때 나를 만져주시는 하나님을 경험할 수 있습니다. 또 하나, '온전한 믿음'은 '완전한 확신'을 의미합니다. 기도할 때 지금 이 기도를 하나님께서 듣고 계신다는 확실한 믿음으로 해야 합니다. 이어지는 말씀도 보십시오.

> (마 6:7) 또 기도할 때에 **이방인과 같이 중언부언하지 말라** 그들은 말을 많이 하여야 들으실 줄 생각하느니라

'이방인과 같이 중언부언하지 말라' 말씀합니다. '중언부언'은 횡설수설 하거나 쓸데없는 말을 반복하는 것을 의미합니다. 왜 중언부언합니까? 기도할 때 집중하지 못하기 때문입니다. 그러면 왜 기도에 집

중하지 못합니까? 이유는 간단합니다. 내 기도를 지금 이 자리에서 하나님께서 듣고 계시다는 온전한 믿음이 없기 때문입니다. 내 마음에, 듣고 있는 분이 없으니 집중이 안 됩니다. 대화할 때 생각해보십시오. 누군가 앞에서 내 말에 경청을 하고 있으면 나도 대화에 집중을 합니다. 그런데 앞에 아무도 없거나, 있다 하더라도 내 이야기를 전혀 듣고 있지 않으면 대화를 이어 나가기가 쉽지 않습니다. 지금 분명히 기도를 하고 있는데 하나님께서 듣고 계시다는 믿음이 없으면 기도에 집중이 안 됩니다. 하나님께 기도로 나아갈 때는 먼저 하나님께서 나의 기도를 들으시는 분이라는 온전한 믿음이 있어야 합니다. 기도는 예수님께서 십자가로 이루어주신 특권입니다. 참마음과 온전한 믿음으로 날마다 기도의 특권을 누리며 하나님께 나아가기를 바랍니다.

둘째, 소망을 굳게 잡고 나아가야 합니다.

(23) 또 약속하신 이는 미쁘시니 우리가 믿는 도리의 **소망을 움직이지 말며 굳게 잡고**

소망을 움직이지 말며 굳게 잡으라고 말씀합니다. 소망이 있어야 기도하고 기대하며 기다릴 수 있습니다. 예수님께서 십자가에 달리셨을 때 제자들은 모두 도망쳤습니다. 엠마오로 가던 두 제자의 말을 들어보면 예수님께 기대했던 모든 소망이 다 끝장났다는 것을 알 수 있습니다. 그런데 예수님이 부활하셨습니다. 고린도전서 15장에 의하면 부활하신 예수님께서 오백여명의 제자들에게 일시에 나타나셨습니다. 그리고 40일 동안 하나님 나라의 일을 말씀하셨습니다. 사도행전 1장의 말씀을 보십시오.

> (행 1:3b-5) (3b) 사십 일 동안 그들에게 보이시며 **하나님 나라의 일을 말씀**하시니라 (4) 사도와 함께 모이사 그들에게 분부하여 이르시되 **예루살렘을 떠나지 말고** 내게서 들은 바 아버지께서 **약속하신 것을 기다리라** (5) 요한은 물로 세례를 베풀었으나 너희는 몇 날이 못되어 **성령으로 세례를 받으리라** 하셨느니라

하나님 나라의 일에 대해 말씀해 주시고 한 가지 명령을 주셨는데 "예루살렘을 떠나지 말고 아버지께서 약속하신 것을 기다리라" 는 말씀이었습니다. 약속하신 것은 '성령' 입니다. 그리고 이 말씀대로 오순절 마가의 다락방에서 성령이 임합니다. 그 때 몇 명 모여 있었습니까? 백이십명이 모여 있었습니다(행 1:15). 부활하신 예수님을 일시에 몇 명이 만났다고 했습니까? 오백여명의 사람들이 부활하신 예수님을 직접 만났고, 하나님 나라의 도래에 대해 직접 들었습니다. 성령 세례에 대한 약속도 직접 들었습니다. 그런데, 거의 80%는 그 약속이 성취되던 기도의 현장에 앉아 있지 않았습니다.

이탈리아의 수학자이자 경제학자인 파레토가 정원에서 콩 키우다가 도출해낸 이론, '파레토의 법칙'이 있습니다. 전체 결과의 80%가 전체 원인의 20%에서 일어나는 현상을 가리킵니다. 조금 쉽게 표현하면 20%의 사람이 80%의 일을 하고 80%의 사람이 나머지 20%의 일만 한다는 법칙입니다. 개미사회도 이와 비슷해서 실험을 한 내용이 있습니다. 20%의 개미가 대부분의 일을 하고 80%의 개미는 놀고 있다고 합니다. 그래서 일하는 20%의 개미만 모아놨더니 역시 그 안에

서 20%만 일을 하고 나머지 80%는 또 놀더랍니다. 인간사회든 개미 사회든 상위 20%가 결과를 만들어냅니다.

　이 법칙처럼 오백여명의 사람 중에 끝까지 인내하며 기다렸던 백이십여명의 사람들에게 성령이 임하였고 이들을 통하여 초대교회가 세워졌고 온 세상으로 복음이 전파된 것입니다. 똑같이 부활하신 예수님을 만났고 똑같은 말씀을 들었는데 어디에 차이가 있었습니까? 예수님의 약속에 대해 소망을 두고 있느냐 두지 않았느냐의 차이입니다. 소망이 있어야 기다릴 수 있습니다. 기도를 열심히 하는데 내가 원하는 대로 응답이 오지 않거나 복이 임하지 않을 때가 있습니다. 그래도 소망을 놓지 마십시오. 요나가 하나님의 낯을 피해 도망갔을 때 풍랑이 일어났습니다. 모든 사람들이 각자의 신을 찾고 짐들을 내 버리며 위기를 벗어나려고 하는데 요나는 잠만 자고 있었습니다. 위기가 닥쳐도 기도하지 않았습니다. 그러다가 바다 한 가운데에서 던져졌고 거대한 물고기에게 삼켜졌습니다. 물고기 뱃속에서 죽지도 않고 아무것도 할 수 있는 일이 없으니 그제야 기도를 시작합니다. 요나가 기도하고 바로 응답이 온 것은 아닙니다. 3일 기도하고 물고기가 땅으로 토해내는 응답을 받았습니다. 아무 응답이 없었던 것 같은 3일의 암흑 같은 시간에 어떤 일이 있었습니까? 하나님께서 물고기를 바다 한 가운데에서 해변으로 옮기고 계셨습니다. 요나가 기도했다고 하나님께서 즉시 응답하여서 바다 한 가운데에서 토해내면 그냥 물에 빠져 죽는 것입니다. 요나가 알지 못하는 사이 하나님께서는 요나를 살리실 준비를 하셨고 다 준비되었을 때 응답하셨습니다. 5만 번 응답 받았다는 죠지 뮬러가 기도에 대해서 이렇게 말한 적이 있습니다.

"기도란 탐탁지 않아 하시는 하나님을 억지로 조르는 게 아니다. 우리를 기꺼이 축복하시고자 하는 하나님을 붙잡는 것이다" - 죠지 뮬러

그렇습니다. 하나님께서는 항상 사람에게 복을 주고 싶어 하십니다. 천지를 창조하실 때에도 여섯째 날 사람을 창조하신 후 바로 다음 날인 일곱 째 날을 복되게 하셨습니다. 아담과 하와를 살게 하는 곳도 '기쁨의 동산' 에덴동산입니다. 하나님은 복을 주셨는데 사람이 범죄함으로 깨뜨린 것입니다. 성경의 역사가 복을 피하고 멸망의 길을 가는 사람들을 돌이켜서 복을 주시려는 하나님의 애타는 사랑의 역사입니다. 우리가 믿음과 소망으로 하나님께 나아가기만 하면 하나님께서 가장 좋은 때에 가장 좋은 것으로 채워주십니다. 항상 그 소망을 굳게 잡고 하나님께 나아가기를 바랍니다.

셋째, 서로 돌아보고 격려하며 나아가야 합니다.

(24) **서로 돌아보아** 사랑과 선행을 격려하며 (25) **모이기를 폐하는 어떤 사람들의 습관과 같이 하지 말고** 오직 권하여 그 날이 가까움을 볼 수록 더욱 그리하자

'서로 돌아보아 사랑과 선행을 격려하며 모이기에 폐하지 말라' 말씀하고 있습니다. '폐하는' 이라고 번역된 단어의 원래 뜻은 '포기하다' 입니다. 모이기를 포기하지 말라는 것입니다. 초대교회의 성도들은 상당히 큰 환난과 박해 가운데 있었습니다. 32절부터 보면 그 상황을 알 수 있습니다.

(32) 전날에 너희가 **빛을 받은 후에 고난의 큰 싸움을 견디어 낸 것을** 생각하라 (33) 혹은 **비방과 환난**으로써 사람에게 **구경거리가 되고** 혹은 이런 형편에 있는 자들과 사귀는 자가 되었으니 (34) 너희가 **갇힌 자를** 동정하고 너희 **소유를 빼앗기는 것도** 기쁘게 당한 것은 더 낫고 영구한 소유가 있는 줄 앎이라

'고난의 큰 싸움을 견디어 낸 것을 생각하라' 고난의 큰 싸움이 있었다는 것입니다. 비방 당하고, 환난 당하고, 사람들에게 구경거리가 되고, 갇히고, 소유를 빼앗겼습니다. '구경거리'가 되었다는 것은 콜로세움 경기장에서 사자의 먹이가 되게 했던 것들을 의미합니다. 이런 상황 속에서 신앙을 포기하고 뒤로 물러나는 사람들이 많이 생겼습니다.

(개역) (38) 오직 나의 의인은 믿음으로 말미암아 살리라 또한 **뒤로 물러가면 내 마음이 저를 기뻐하지 아니하리라** 하셨느니라 (39) 우리는 **뒤로 물러가 침륜에 빠질 자가 아니요** 오직 영혼을 구원함에 이르는 믿음을 가진 자니라

뒤로 물러가면 하나님께서 기뻐하지 않는다고 말씀합니다. 뒤로 물러나면 영적 침륜에 빠지게 되어 있습니다. 우리의 신앙은 앞으로 나아가지 않으면 그 자리에 멈추어 있는 것이 아니라 퇴행합니다. 자전거를 타고 가다가 발을 내리지 않고 멈추면 옆으로 넘어지게 되는 것과 마찬가지입니다.

오늘 말씀 제목이 '하나님께 나아가자' 입니다. 우리는 공적인 예배에 잘 참석하고 성경공부도 하고 기도도 하고 날마다 성장을 해서 하나님께 나아가야 하는데 사소한 어려움을 만나면 자꾸 뒤로 물러납니

다. 초대교회와 같은 어려움도 아닌데 우리는 너무 쉽게 뒤로 물러나서 영적 침체에 빠지는 경우가 많습니다. 그래서 모이기에 힘써야 합니다. 모여야 서로를 돌아볼 수 있고 모여야 서로 격려할 수 있기 때문입니다. 우리가 연약해도 모이기에 힘써서 계속 하나님께 나아가려고만 하면 하나님께서 붙들어 주십니다. 우리의 기도 수준을 생각해보면 참 연약하지 않습니까. 하나님의 뜻에는 전혀 관심도 없으면서 뭐 맡겨 놓은 사람들처럼 맨날 '주시옵소서'만 외치고 있습니다. 어떤 분은 작정 기도를 하는데 표현은 다르지만 꼭 조폭처럼 "주님, 이번 달까지 시간 드릴테니 그 때까지 응답 없으면 내가 어찌하는지 한 번 보십시오" 이렇게 기도하는 사람이 있습니다. 엉망진창인 기도가 너무 많은데 그런 기도라도 계속해야 합니까? 계속 해야 합니다. 기도 못한다고 기도하지 못하게 하는 게 사탄의 전략입니다. 그러면 성령의 전략은 무엇입니까?

> (롬 8:26) 이와 같이 **성령도 우리의 연약함을 도우시나니** 우리는 마땅히 기도할 바를 알지 못하나 오직 **성령이 말할 수 없는 탄식으로 우리를 위하여 친히 간구**하시느니라

우리는 마땅히 기도할 바를 알지 못합니다. 그게 우리의 연약함입니다. 그런데 모이기에 힘쓰고 서로를 격려하며 계속 기도하고 있으면 성령께서 역사하십니다. 성령께서 말할 수 없는 탄식으로 우리를 위하여 간구하시고 우리의 연약함을 도우십니다. 그래서 기도하다보면 기도의 내용이 변하고 믿음이 성장하게 되는 것을 경험하게 됩니다. 이제는 기도하며 하나님께 나아갈 때 지금 내 기도를 하나님께서 듣고

계신다는 믿음으로 또 가장 선한 것으로 응답하신다는 소망으로 기도하기 바랍니다. 그 기도 가운데 성령께서 역사하고 그 기도를 통하여 우리의 삶 가운데 축복이 임하는 것을 목도하게 될 것입니다.

(19) 그러므로 형제들아 우리가 예수의 피를 힘입어 성소에 들어갈 **담력을 얻었나니**
(35) 그러므로 **너희 담대함을 버리지 말라** 이것이 큰 상을 얻게 하느니라

35절을 보면 '너희 담대함을 버리지 말라, 이것이 큰 상을 얻게 하느니라' 말씀합니다. '담대함' 이라는 단어는, 19절 예수의 피를 힘입어 얻은 '담력'과 같은 단어입니다.

사랑하는 성도 여러분, 예수의 피로 얻은 담대함을 버리지 말고 참 마음과 온전한 믿음으로 소망을 굳게 잡고 서로를 돌아보며 격려함으로 하나님께 나아가서 마침내 하나님께서 주시는 큰 상을 받아 누리기를 예수님의 이름으로 축원합니다.

결단과 소망의 기도

하나님께 나아갈 수 있는 특권을 주시니 감사합니다.
참 마음과 온전한 믿음으로 소망을 굳게 잡고,
서로를 격려하며 하나님께 나아가기로 결단하오니
연약한 우리를 도와주옵소서.

바라는 것들의 실상, 믿음
(히브리서 11:1-4)

(1) 믿음은 바라는 것들의 실상이요 보이지 않는 것들의 증거니 (2) 선진들이 이로써 증거를 얻었느니라 (3) 믿음으로 모든 세계가 하나님의 말씀으로 지어진 줄을 우리가 아나니 보이는 것은 나타난 것으로 말미암아 된 것이 아니니라 (4) 믿음으로 아벨은 가인보다 더 나은 제사를 하나님께 드림으로 의로운 자라 하시는 증거를 얻었으니 하나님이 그 예물에 대하여 증언하심이라 그가 죽었으나 그 믿음으로써 지금도 말하느니라

이솝우화에는 동물이 등장하는 재미있는 이야기가 많습니다. 특히 사자와 관련된 이야기들이 많은데, 그 중에 두 개를 소개해 드리겠습니다. 하루는 배고픈 사자가 마을로 내려왔습니다. 농가에 들어갔더니 수탉과 나귀가 있었습니다. 사자를 발견한 나귀가 '이제 나는 죽었구나' 벌벌 떱니다. 그런데 수탉이 사자를 보고, 주인에게 알리려고 '꼬꼬댁' 하고 웁니다. 사자는 자기가 들킨 걸 알고 도망을 칩니다. 그런데 나귀가 이 모습을 보고 생각을 하죠. '뭐야, 사자 저 놈, 엄청 쎈 줄 알았더니 수탉도 무서워하잖아, 그동안 괜히 쫄았네, 가서 좀 혼내줘야 되겠다' 그리고는 사자를 뒤쫓아 갑니다. 으슥한 골목에서 '얌마, 사자 너, 이리와 봐' 부릅니다. 그렇지 않아도 배고픈 사자가 뒤를 돌아보니 도시락이 자기를 부릅니다. 신나서 잡아먹었다는 이야기입니다. 이와 비슷한 다른 이야기 입니다. 어느 날 해질 무렵, 늑대가 어슬렁거리고 돌아다니고 있었습니다. 해질 무렵이라 그림자가 길게 늘어집니다. 늑대가 자기의 그림자를 보더니 '이야, 내가 이렇게 컸구나' 그러더니 생각합니다. '내가 이렇게 큰데, 그동안 사자한테 괜히 쫄았네, 가서 좀 혼내줘야겠다' 그리고는 사자한테 찾아가서 아까 나귀처럼 '얌마, 사자 너, 이리와 봐' 부릅니다. 역시 사자 입장에서는 도시락이 찾아온 것이니 신나서 잡아먹습니다. 하여튼, 이솝우화에 나오는 동물들은 생각하면 탈이 납니다. 두 번째 이야기는 이렇게 끝납니다.

    늑대는 큰 소리로 한탄했지요. '그림자가 아니라 진짜 내 모습을 봤어야 했어!'

    그렇습니다. 늑대가 죽게 된 이유는 자신의 실체를 모르고, 그림자라는 허상을 보았기 때문입니다. 어리석은 늑대의 모습이 우리의 모습일 때가 참 많습니다. 실상을 보고 움직이는 것이 아니라 허상에 속아서 움직일 때가 많다는 것입니다.

오늘 말씀은 우리가 어떻게 실상을 보아야 하는지 그리고 그 실상을 안다면 어떻게 살아야 하는지를 말씀해 줍니다. 오늘 말씀을 상고하며 허상이 아니라 실상을 보고, 실상을 위해 살아가는 지혜를 얻기를 바랍니다.

첫째, 믿음으로 실상을 보아야 합니다.

(1) **믿음은 바라는 것들의 실상이요 보이지 않는 것들의 증거니** (2) 선진들이 이로써 증거를 얻었느니라

'믿음은 바라는 것들의 실상이요, 보이지 않는 것들의 증거' 라고 말씀합니다. 인간적으로 생각해보면 믿음은 눈에 보이지도 않고 손에 딱 잡히는 것도 없습니다. 그래서 세상 사람들은 믿음을 '허상'이라고 생각합니다. 그런데 성경은 '믿음'이 '실체' 이고 도리어 세상이 '그림자' 라고 말씀합니다. 이 원리를 아는 것이 굉장히 중요합니다. 주말농장에 상추를 심었다고 생각해보십시오. 상추는 햇볕이 잘 들어야 합니다. 그런데 하루 종일 그림자가 져서 빛이 잘 안 들어오면 어떻게 해야 합니까? 그림자가 있는 땅을 열심히 파거나 햇볕이 든 땅의 흙을 옮겨봐야 해결이 안 됩니다. 그림자의 원인을 제거해야 해결이 됩니다. 당연합니다. 그런데 우리가 어려운 문제들을 만났을 때 그림자만 붙들고 씨름하는 경우가 많습니다. 그러면 힘만 듭니다. 상황이나 환경이

아니라 모든 문제의 실체인 내 믿음을 점검하고 붙들고 먼저 해결하는 지혜가 있어야 합니다. 성경에 이런 이야기가 아주 많이 나옵니다. 출애굽 한 이스라엘 백성들을 생각해보십시오. 약속의 땅을 눈앞에 두고 들어가지 못했던 이유가 무엇이었습니까? 눈에 보이는 원인은 가나안 땅에 있는 강한 족속들 때문이었습니다. 그런데 그건 허상이었습니다. 실상은 그들이 믿지 못했기 때문입니다. 믿음의 문제였습니다. 열왕기하 6장에 나온 사건도 마찬가지입니다. 아람 왕이 엘리사를 잡기 위해서 수없이 많은 말과 병거를 보내 그의 집을 포위합니다. 아침에 마당 쓸러 나왔던 사환이 그 모습을 보고 두려움에 빠집니다. 그런데, 그것은 허상입니다. 실상은 무엇입니까?

> (왕하 6:16-17) (16) 대답하되 두려워하지 말라 우리와 함께 한 자가 그들과 함께 한 자보다 많으니라 하고 (17) 기도하여 이르되 여호와여 원하건대 그의 눈을 열어서 보게 하옵소서 하니 여호와께서 그 청년의 눈을 여시매 그가 보니 **불말과 불병거가 산에 가득하여 엘리사를 둘렀더라**

눈에 보이는 나를 죽일 것 같은 아람군대는 허상이고 실상은 나를 보호하고 있는 하나님의 불말과 불병거입니다. 믿음은 바로 이 실상을 보게 하는 것입니다. 제자들이 예수님과 함께 배를 타고 갈릴리 바다를 건너는데 큰 광풍이 일어났습니다. 배가 위태해지고 제자들은 난리가 났는데 예수님은 뭐하고 계셨습니까? 배 뒤편에서 베개를 베고 주무시고 계셨습니다.

> (막 4:38-40) (38) 예수께서는 고물에서 베개를 베고 주무시더니 제

자들이 깨우며 이르되 **선생님이여 우리가 죽게 된 것을 돌보지 아니하시나이까** 하니 (39) 예수께서 깨어 바람을 꾸짖으시며 바다더러 이르시되 잠잠하라 고요하라 하시니 바람이 그치고 아주 잔잔하여지더라 (40) 이에 제자들에게 이르시되 **어찌하여 이렇게 무서워하느냐 너희가 어찌 믿음이 없느냐** 하시니

제자들이 예수님을 깨웁니다. "선생님이여, 우리가 죽게 된 것을 돌보지 아니하시나이까?" 예수님께서 일어 나서셔 바다를 잠잠하게 하신 후 무엇이라 말씀하고 있습니까? "어찌하여 이렇게 무서워하느냐? 너희가 어찌 믿음이 없느냐?" 우리가 때로 어려움을 겪을 때 제자들과 같은 기도를 할 때가 있습니다. "하나님 어찌하여 내가 죽게 된 것을 돌보지 아니하시나이까?" 그러면 하나님께서 무엇이라 말씀하실 것 같습니까? "어찌하여 이렇게 무서워하느냐, 어찌 믿음이 없느냐? 내가 너와 함께 하는 실상을 보지 못하느냐?" 말씀하실 것입니다. 염려와 불안, 두려움은 믿음의 눈으로 실상을 보지 못하기 때문에 찾아오는 것입니다.

똑같은 풍랑을 만났지만, 믿음의 눈으로 실상을 본 사람이 있습니다. 사도바울입니다. 276명이 타고 있던 그 큰 배가 유라굴라 광풍을 만나서 그야말로 다 죽게 되었습니다. 그런데 사도바울이 '이제는 안심하라' 말하며 힘을 줍니다.

(행 27:22, 25) (22) 내가 너희를 권하노니 **이제는 안심하라** 너희 중 아무도 생명에는 아무런 손상이 없겠고 오직 배뿐이리라 (25) 그러므로 여러분이여 안심하라 **나는 내게 말씀하신 그대로 되리라고 하나님을 믿노라**

22절에서 '이제는 안심하라' 권하고 25절에서 '여러분이여 안심하라' 또 말합니다. 그렇게 말할 수 있는 이유가 무엇입니까? '나는 내게 말씀하신 그대로 되리라고 하나님을 믿노라' 입니다. '믿음'을 통해 '광풍'의 실상을 본 것입니다. 이 광풍으로 인하여 사도바울의 리더십이 세워집니다. 한낱 죄수로 무시당하던 바울이 사람들을 모아놓고 떡을 떼어 축사하여 음식을 먹게 합니다. 난파된 배 위에 교회가 세워진 것입니다. 난파 되어 도착한 멜리데 섬에서는 '멜리데 치유대성회'가 열립니다. 눈에 보이는 광풍은 사도바울을 포함하여 모든 사람을 위협하는 죽음의 바람입니다. 그런데 믿음의 눈으로 보는 실상은 사람을 죽이는 바람이 아니라 하나님의 나라가 이루어지는, 살리는 부흥의 바람이었던 것입니다. 시편 23편 다윗의 고백을 보십시오.

(시 23:4) 내가 **사망의 음침한 골짜기로 다닐지라도 해를 두려워하지 않을 것은** 주께서 나와 함께 하심이라 주의 지팡이와 막대기가 나를 안위하시나이다

내가 사망의 음침한 골짜기로 다닐지라도 해를 두려워하지 않는다고 말씀하고 있다. 왜요? 주님이 나와 함께 하고 주님이 나를 지켜주실 것을 믿기 때문입니다. 여기에서 '사망의 음침한'으로 번역된 단어는 '찰마웨트(צַלְמָוֶת)' 입니다. '죽음의 그림자, 짙은 그늘, 흑암'이라는 뜻이 있습니다. 우리가 인생 가운데 만나는 사망의 골짜기가 믿음의 눈으로 보면 '사망의 그림자' 라는 것을 알게 됩니다. 나를 정말 해할 수 있는 '실상'이 아니라, '그림자' 허상에 불과함을 깨닫게 됩니다. 어려운 일을 만났을 때 그림자 붙들고 해결하려 하지 말고 먼저 믿음을

점검하여 나를 지키시고 보호하시고 선한 길로 인도하시는 하나님의 실상을 발견하기를 바랍니다.

둘째, 믿음으로 더 나은 예배를 드려야 합니다.

'믿음이 있는 사람'은 지금까지 말씀드렸듯이 '실상'을 보는 사람입니다. 그렇다면 여기에서 한 가지 더 생각해 볼 것이 '믿음'이 무엇이냐는 것입니다. 히브리서 11장의 별명이 '믿음장' 입니다. '믿음'이 무엇인지 '믿음의 선진들'을 소개하며 구체적으로 설명합니다. 첫 번째로 등장하는 인물이 아벨입니다. 아벨을 통하여 실상을 보는 믿음의 사람이 어떻게 살아야 하는지를 말씀해 주고 있는데 그 첫 번째 주제가 '더 나은 예배' 입니다. 아담과 하와가 범죄 함으로 에덴에서 쫓겨난 후 가인과 아벨을 낳았는데 맏아들인 가인은 농사를 하고 아벨은 양을 치는 자가 됩니다. 이들이 열심히 일하여 얻은 소산물로 하나님께 제사를 드립니다. 그런데 하나님께서 가인의 제사는 받지 않으시고 아벨의 제사는 받으십니다. 이 일로 인하여 가인이 아벨을 죽입니다. 창세기만 생각해 보면 아벨은 그냥 불쌍한 인물입니다. 그런데 오늘 본문에서 아벨의 가치를 말씀해 줍니다.

(4) 믿음으로 **아벨은 가인보다 더 나은 제사를 하나님께 드림으로 의로운 자라 하시는 증거를 얻었으니** 하나님이 그 예물에 대하여 증언하심이라 그가 죽었으나 그 믿음으로써 지금도 말하느니라

아벨을 무엇이라 설명하고 있습니까? 더 나은 제사를 하나님께 드린 의로운 사람이라고 말씀합니다. 그렇다면 '더 나은 제사'는 무엇입

니까? 우선 하나님께서 가인의 제사를 받지 않으신 이유를 생각해보아야 합니다. 예전에는 가인은 농산물로 제물을 드렸고 아벨은 피의 제사를 드렸기 때문이라고 해석하기도 했습니다. 하지만 '피의 제사'의 율법은 하나님께서 모세 이후에 주신 규례이기 때문에 피로 제사를 드리지 않았다고 받지 않은 것은 아닙니다. 더군다나 가인은 농사하는 자였습니다. 농사꾼이 땅의 소산물로 하나님께 제사를 드린 것은 당연한 일입니다. 그런데 왜 가인의 제사는 받지 않으셨습니까? 가인이 아벨을 죽이기 전에 하나님께서 가인을 책망하시는 장면이 있습니다.

> **(창 4:7) 네가 선을 행하면 어찌 낯을 들지 못하겠느냐** 선을 행하지 아니하면 죄가 문에 엎드려 있느니라 죄가 너를 원하나 너는 죄를 다스릴지니라

이 말씀을 통해서 가인의 제사를 받지 않은 이유를 알 수 있습니다. 가인이 선을 행하지 않았다는 것입니다. 제물의 문제보다 가인의 삶에 문제가 있었습니다. 요한일서 3장은 가인에 대해 이렇게 말씀합니다.

> (요일 3:12) 가인 같이 하지 말라 **그는 악한 자에게 속하여** 그 아우를 죽였으니 어떤 이유로 죽였느냐 자기의 행위는 악하고 그의 아우의 행위는 의로움이라

가인은 아우를 죽여 악한 자가 된 것이 아니라 이미 악한 자라 아벨을 죽였다는 것입니다. 가인은 하나님 앞에서 선하지 않은 삶을 살았습니다. 그런데 하나님께 나와서 종교적인 제사를 드렸습니다. 세상에서 악한 행실로 하나님과 전혀 관계없는 삶을 살면서 예배는 드리는

것입니다. 눈에 보이는 허상은 분명히 믿는 사람인데 그의 속, 그의 실상은 믿지 않는 사람이었습니다. 하나님은 그런 사람의 예배를 받지 않습니다.

(창 4:4-5) (4) 아벨은 자기도 양의 첫 새끼와 그 기름으로 드렸더니 여호와께서 **아벨과 그의 제물은 받으셨으나** (5) **가인과 그의 제물은 받지 아니하신지라** 가인이 몹시 분하여 안색이 변하니

'아벨과 그의 제물'은 받으셨으나 '가인과 그의 제물'은 받지 않으셨습니다. 제물이 먼저가 아니라, 사람이 먼저입니다. 믿음으로 드리는 더 나은 예배는, '나 자신', '내 삶'을 드리는 것입니다.

(롬 12:1) 그러므로 형제들아 내가 하나님의 모든 자비하심으로 너희를 권하노니 **너희 몸을 하나님이 기뻐하시는 거룩한 산 제물로 드리라** 이는 너희가 드릴 영적 예배니라

로마서 12장은 나 자신을 하나님께 거룩한 산 제물로 드리는 것이 하나님께서 기뻐하시는 영적 예배라고 말씀합니다. 잘못된 제사를 드린 가인, 잘못된 예배를 드린 사람이 어떻게 되었습니까? 결국은 살인자가 되었습니다. 하나님과의 관계가 깨진 사람은 이웃과의 관계도 깨집니다. 믿음으로 드리는 예배가 아니라 종교 행위로 예배를 드리면서, 겉모습은 믿는 자이지만 실상은 믿지 않는 상태로 교회 경력만 높아지고 직분이 올라가면 가인처럼 살인자가 됩니다. 육을 죽이는 살인자가 아니라 영을 죽이는 영적 살인자가 되는 것입니다. 믿음으로 더 나은 예배를 드렸던 아벨은 어떤 사람이었는지 예수님의 말씀을 보십시오.

(마 23:35) 그러므로 의인 아벨의 피로부터 성전과 제단 사이에서 너희가 죽인 바라갸의 아들 사가랴의 피까지 땅 위에서 흘린 의로운 피가 다 너희에게 돌아가리라

아벨을 의인이라고 칭하십니다. 왜 아벨이 의인입니까? 아벨이 자기 형에게 죽임을 당했다고 해서 의인이 아닙니다. 하나님 앞에서 믿음으로 제사를 드렸고 믿음으로 살아갔기에 의인이라 칭하시는 것입니다. 아벨은 그 이름으로도 그가 믿음으로 살아갔음을 상징적으로 보여줍니다. 창세기의 흐름을 보면 3장에서 아담과 하와가 선악과를 먹고 에덴동산에서 쫓겨납니다. 하나님께서 사탄에게 선포하신 말씀이 있습니다.

(창 3:15) 내가 너로 여자와 원수가 되게 하고 네 후손도 여자의 후손과 원수가 되게 하리니 **여자의 후손은 네 머리를 상하게 할 것이요** 너는 그의 발꿈치를 상하게 할 것이니라 하시고

여자의 후손이 네 머리를 상하게 할 것이라는 예언의 말씀이었습니다. 그리고 4장으로 넘어오면 하와가 임신하여 가인을 낳습니다. 하와가 가장 먼저 무슨 생각을 했을 것 같습니까? 이 아이가 사탄을 짓밟을 '여자의 후손'이구나 하는 생각을 하지 않았겠습니까? 그래서 4장 1절을 보면 가인을 낳고 "내가 여호와로 말미암아 득남하였다" 말하며 감사합니다. 가인이라는 이름의 뜻이 '얻음'입니다. 그런데 가인은 그 사람은 아니었습니다. 그리고 시간이 지나 둘째를 낳고 '아벨'이라 이름을 짓습니다. 아벨은 '숨, 허무'를 뜻합니다. 아무것도 아닌 자라는 의미입니다. 진짜 믿음은 자신이 아무것도 아님을 발견할 때 시

작됩니다. 아벨이 '더 나은 제사, 더 나은 예배'를 드릴 수 있었던 것은 자신이 아무 것도 아닌 자임을 알았기 때문입니다. 하나님께서는 이러한 자세로 드리는 예배를 받아 주십니다.

우리 안에는 가인과 아벨이 공존합니다. 우리가 잘못된 예배를 드리면 우리는 내 안에 있는 믿음의 실상을 가진 아벨을 죽입니다. 그럴 때면 하나님께서 우리에게 묻습니다. "네 아우 아벨이 어디 있느냐?" 가인은 모른다고 대답했으나 우리는 회개의 기도를 해야 합니다. 그래야 믿음으로 실상을 볼 줄 아는 영적 눈이 열립니다. 가인과 아벨의 사건의 중심은 결국 하나님께 드리는 제사의 문제입니다. 하나님께 예배하는 거룩한 행위가 왜곡되면서 하나님과 인간의 관계가 깨어지고 그로 말미암아 살인 사건이 터진 것입니다. 그러므로 우리는 가인의 제사를 드리지 않도록 깨어 있어야 합니다. 우리가 '진심으로 믿는 사람, 진짜 신자가 되기를 원한다면' 아벨과 같은 제사를 드려야 합니다. 그렇게 할 수 있겠습니까? 아벨이 더 나은 제사를 드리고 어떠한 결과를 얻었습니까? 죽었습니다. 더 나은 예배를 드리는 것은 죽는 것입니다. 예수님의 십자가에 내 육신의 소욕과 탐욕을 못 박고 그리스도와 함께 죽는 것입니다. 반대로 잘못된 제사를 드린 가인은 죽이는 사람이 되었습니다. 우리는 어떤 사람이 되고 싶습니까?

가인은 아벨을 죽인 후에 하나님의 징계를 받아 유리방황하는 자가 됩니다.

(창 4:16-17) (16) **가인이 여호와 앞을 떠나서** 에덴 동쪽 놋 땅에 거주하더니 (17) 아내와 동침하매 그가 임신하여 에녹을 낳은지라 **가인이 성을 쌓고** 그의 아들의 이름으로 성을 이름하여 에녹이라 하니라

가인이 여호와 앞을 떠났다고 말씀합니다. 하나님을 떠난 사람이 어떻게 삽니까? 이어지는 말씀들을 보면 성을 쌓고, 도시를 형성하고, 문화를 이끌고 무기를 만들고 큰 힘을 가지고 살아갑니다. 그런데 아벨 대신 태어난 믿음의 자녀 셋의 후손은 무엇을 했다는 말씀이 없습니다. 창세기 5장을 보면 계속 나오는 것이 '죽었다' 입니다. 성도는 그리스도와 함께 죽고 그리스도와 함께 살아 이 세상에 천국의 실상, 천국의 증거를 보여주는 자들입니다. 우리는 모두 신자 되기 원합니다. 그런데 죽는 사람이 되고 싶지는 않습니다. 죽이는 사람이 되고 싶어 합니다. 그래서 우리 안에서 가인과 아벨의 싸움이 일어납니다. 사랑하는 성도 여러분, 우리는 믿음으로 아벨처럼 더 나은 예배를 드리는 자가 되어 삶의 자리가 천국의 실상이요, 천국의 증거가 되는 복된 삶을 살아가기를 예수님의 이름으로 축원합니다.

결단과 소망의 기도

눈에 보이는 허상에 흔들리지 않고,
믿음으로 실상을 바라보게 하옵소서.
믿음으로 더 나은 예배를 드려,
삶의 자리가 천국의 실상이 되게 하옵소서.

믿음, 사망을 이기다
(히브리서 11:5-6)

(5) 믿음으로 에녹은 죽음을 보지 않고 옮겨졌으니 하나님이 그를 옮기심으로 다시 보이지 아니하였느니라 그는 옮겨지기 전에 하나님을 기쁘시게 하는 자라 하는 증거를 받았느니라 (6) 믿음이 없이는 하나님을 기쁘시게 하지 못하나니 하나님께 나아가는 자는 반드시 그가 계신 것과 또한 그가 자기를 찾는 자들에게 상 주시는 이심을 믿어야 할지니라

어떤 주일학교 선생님이 믿음으로만 구원을 받는다는 사실을 가르치다가 아이들에게 물었습니다. "여러분! 선생님이 천국 가려면 어떻게 해야 될까요? 집도 팔고, 차도 팔고 모든 것을 다 팔아서 하나님께 드리면 천국 갈 수 있을까요?" 아이들은 큰 소리로 대답했습니다. "아니요" 또 선생님이 묻습니다. "그렇다면 선생님이 모든 일 다 그만두고 교회에서 살면서 청소하고 봉사하면 천국에 갈 수 있을까요?" 아이들은 또 대답합니다. "아니요" 선생님이 마지막으로 물었습니다. "그렇다면 선생님은 어떻게 해야 천국에 갈 수 있을까요?" 그러자 한 아이가 손을 번쩍 들더니 대답합니다. "선생님, 죽어야 되요"

엉뚱한 대답 같지만 여러 가지 의미에서 정답입니다. 히브리서 11장에서 소개하는 믿음의 사람들은 각자 특징이 있습니다. 그 특징을 통해 '진짜 믿음'이 무엇인지 우리에게 설명합니다. 지난 시간 아벨의 믿음은 '더 나은 예배를 드리는 것'이었습니다. 그 결과는 죽는 것입니다. 그런데 그것으로 끝이 아닙니다. '더 나은 예배를 드림'으로 죽는 것이 사실 죽는 것이 아니라 사망에서 생명으로 옮겨지는 것임을 이어지는 인물 에녹을 통해 말씀해 줍니다. 오늘 말씀을 상고하며 에녹처럼 사망을 이기는 참된 믿음을 얻기를 바랍니다.

첫째, 하나님과 동행하는 믿음입니다.

(창 5:21-24) (21) 에녹은 육십오 세에 므두셀라를 낳았고 (22) 므두셀라를 낳은 후 삼백 년을 **하나님과 동행하며** 자녀들을 낳았으며 (23) 그는 삼백육십오 세를 살았더라 (24) 에녹이 하나님과 동행하더니 **하나님이 그를 데려가시므로 세상에 있지 아니하였더라**

먼저 창세기 5장에 나오는 에녹에 대한 말씀을 보십시오. 딱 네 절로 끝입니다. 짧은 말씀이지만 중요한 특징이 나옵니다. '하나님과 동행했다', '하나님이 그를 데려가시므로 세상에 있지 않았다' 이 표현대로 '하나님과 동행함으로 죽음을 보지 않고 하늘로 옮겨진 사람'이 바로 에녹입니다.

아벨을 통해 더 나은 예배를 드리는 삶이 죽는 삶이라고 했는데, 에녹을 통해서 세상에서는 죽는 삶처럼 보이지만, 믿음으로 살아가는 자의 결국은 사망권세를 이긴다는 것을 상징적으로 보여줍니다. 사망권세를 이기는 것이 어떤 의미입니까? 사람이 이길 수 없는 것이 사망입니다. 가난도 이겨낼 수 있고 질병도 이겨낼 수 있습니다. 때로는 권력도 이겨냅니다. 사망은 방법이 없습니다. 죽으면 끝입니다. 그런데, 믿음이 그 사망을 이긴다는 것입니다. 다시 역으로 생각해보면 사망을 이길 수 있다면 결국 다른 모든 것도 이길 수 있게 되는 것입니다. 그렇다면 사망을 이기는 믿음 '하나님과 동행' 하는 믿음이 무엇입니까? 22절에 '에녹이 하나님과 동행하며' 다음에 나온 말씀이 무엇입니까? 사람이 하나님과 동행했으니 무엇인가 거창한 것이 나와야할 것 같은데 '하나님과 동행하며 자녀들을 낳았다' 하고 끝이 납니다. 그냥 일상의 삶 가운데 하나님과 함께 살아갔다는 의미입니다. 하필 그 나이도 365세에 하늘로 옮겨집니다. 1년 365일 하나님의 임재 가운데 살아갔다는 상징적인 의미가 있는 것처럼 보입니다.

우리가 에녹처럼, 일상의 삶 가운데 하나님과 동행하기 위해서 놓치지 말아야 할 중요한 것이 있습니다. '동행'은 같은 방향으로 가는 것입니다. 그렇다면 하나님과의 동행은 '내가 원하는 방향' 으로 가는 것입니까, '하나님께서 원하시는 방향'으로 가는 것입니까? 당연히 하나님께서 원하시는 방향으로 가는 것입니다. 그렇다면 하나님께서 원하시는 방향을 알려면 어떻게 해야 합니까? '하나님의 말씀'을 들어야 합니다. 그런데 우리가 잘 안 듣습니다. 기도할 때 '하나님의 뜻을 알고 싶다, 하나님의 음성이 듣고 싶다' 간절히 기도해 놓고 정작 하나님의 뜻을 알게 되면 듣지 않습니다. 연약한 우리의 본성입니다. 제자들이 예수님의 가장 영광스러운 모습을 본 현장이 변화산입니다. 예수님이 영광스러운 모습으로 변모했다고 해서 '변화산'이라고 부르기는 하는데, 엄밀히 말하면 예수님이 변화하신 것이 아니라 원래의 모습을 보여주신 것입니다. 이 영광스러운 현장에서 베드로가 한 유명한 말이 있습니다.

> (막 9:5-7) (5) 베드로가 예수께 고하되 랍비여 **우리가 여기 있는 것이 좋사오니** 우리가 **초막 셋을 짓되** 하나는 주를 위하여, 하나는 모세를 위하여, 하나는 엘리야를 위하여 하사이다 하니 (6) 이는 그들이 몹시 무서워하므로 **그가 무슨 말을 할지 알지 못함이더라** (7) 마침 구름이 와서 그들을 덮으며 구름 속에서 소리가 나되 이는 **내 사랑하는 아들이니 너희는 그의 말을 들으라** 하는지라

"우리가 여기 있는 것이 좋사오니 우리가 초막 셋을 짓되 하나는 주를 위하여, 하나는 모세를 위하여, 하나는 엘리야를 위하여 하사이다." 자기들을 위한 집은 생각 않고 예수님에게 집중하고 있습니다. 그런데 이어지는 말씀을 보십시오. 6절에서 '그가 무슨 말을 할지 알지 못함이더라' 7절에서 '이는 내 사랑하는 아들이니 너희는 그의 말

을 들으라' 이게 어떤 흐름 같습니까? 그 영광스러운 현장에서 제자들은 예수님께서 모세와 엘리야에게 어떤 말씀을 하시는지 들을 생각은 안하고 자기들이 무슨 말을 하는지도 모르면서 떠들고 있는 것입니다. 그러니 하늘에서 소리가 들립니다. "이는 내 사랑하는 아들이니 너희는 그의 말을 들으라." "네 말만 하지 말고, 좀 들어라" 말씀하는 것입니다. 바로 앞 마가복음 8장의 말씀을 보면 가이사랴 빌립보 지역에서 예수님께서 '사람들이 나를 누구라 하느냐' 묻습니다. 제자들이 '세례 요한이라 하고 더러는 엘리야, 더러는 선지자 중의 하나라고 합니다' 대답합니다. 그러자 다시 묻습니다.

(막 8:29-33a) (29) 또 물으시되 **너희는 나를 누구라 하느냐** 베드로가 대답하여 이르되 **주는 그리스도시니이다** 하매 (30) 이에 자기의 일을 아무에게도 말하지 말라 경고하시고 (31) 인자가 많은 고난을 받고 장로들과 대제사장들과 서기관들에게 버린 바 되어 **죽임을 당하고 사흘 만에 살아나야 할 것을 비로소 그들에게 가르치시되** (32) 드러내 놓고 이 말씀을 하시니 **베드로가 예수를 붙들고 항변하매** (33) 예수께서 돌이키사 제자들을 보시며 베드로를 꾸짖어 이르시되 **사탄아 내 뒤로 물러가라**

'너희는 나를 누구라 하느냐' 베드로가 대답합니다. '주는 그리스도시니이다' 동일한 본문인 마태복음 16장을 보면 예수님께서 크게 기뻐하시며 칭찬을 하십니다. 그후에 '인자가 많은 고난을 받고 죽임을 당하고 사흘 만에 살아나야 할 것'을 '비로소' 가르치십니다. '이 정도 믿음이 있으면 십자가의 길을 가르쳐도 되겠구나'라는 생각이었을 것입니다. 그런데 베드로가 어떻게 반응합니까? 예수를 붙들고 항변합니다. '항변하매'를 그대로 직역하면 '꾸짖다, 비난하다'입니다. 예수님께서 베드로를 꾸짖어 '사탄아 내 뒤로 물러가라' 말씀하는데 '꾸짖어'와 같은 단어입니다. 이 장면을 깊이 묵상해 보십시오. 지금 베드로는 예수님이 하나님의 아들, 그리스도임을 고백하였습니다. 그런데 예수님께서 구원의 길을 말씀하시는데 그거 아니라고 자기 방법대로 하라고 꾸짖는 것입니다. 정말 지긋지긋하게 말 안 듣지 않습니까? 언제부터 말을 듣습니까? 성령이 임하고 나서야 말을 듣습니다. 바로 다음절을 보십시오.

(막 8:34) 무리와 제자들을 불러 이르시되 **누구든지 나를 따라오려거든 자기를 부인하고 자기 십자가를 지고** 나를 따를 것이니라

자기를 부인하고, 자기 십자가를 지는 것이 바로 죽는 것입니다. 우리에게 성령이 임하여 더 나은 예배를 드릴 때 자기를 부인하고 자기 십자가를 지며 예수님과 동행하는 참 제자가 될 수 있습니다. 하나님과 동행한 에녹이 어떻게 되었다고 했습니까?

(창 5:24) 에녹이 **하나님과 동행하더니** 하나님이 그를 데려가시므로 **세상에 있지 아니하였더라**

하나님과 동행하더니 '세상에 있지 아니하였더라' 이 표현 참 좋지 않습니까? 우리 믿는 사람들은 세상에 살고 있지만 세상에 있지 않습니다. 세상의 영향을 받지 않습니다. 오늘 본문 5절을 보십시오.

(5) 믿음으로 에녹은 죽음을 보지 않고 **옮겨졌으니** 하나님이 그를 **옮기심으로** 다시 보이지 아니하였느니라 그는 **옮겨지기** 전에 하나님을 기쁘시게 하는 자라 하는 증거를 받았느니라

반복되는 단어가 있습니다. '옮기다' 가 세 번 나옵니다. 그 문법을 잘 보십시오. '옮겨졌다', 하나님이 그를 '옮기셨다', '옮겨지기 전에' 모두 수동태입니다. 에녹이 스스로 옮긴 것이 아니라 하나님께서 옮기셨습니다. 우리도 에녹처럼 하나님의 말씀에 순종하며 하나님 동행하는 믿음이 있을 때 하나님의 나라로 옮겨짐을 체험하게 될 것입니다. 내 몸이 옮겨진다는 말씀이 아니고 내가 거하는 곳이 하나님의 나라, 천국으로 변화가 됩니다. 날마다 하나님의 말씀을 듣고 그 분과 동행하여 하나님 나라의 임재를 목도하기를 바랍니다.

둘째, 하나님을 기쁘게 하는 믿음입니다.

(5) 믿음으로 에녹은 죽음을 보지 않고 옮겨졌으니 하나님이 그를 옮기심으로 다시 보이지 아니하였느니라 **그는 옮겨지기 전에 하나님을 기쁘시게 하는 자라** 하는 증거를 받았느니라

'그는 옮겨지기 전에 하나님을 기쁘시게 하는 자라 하는 증거를 받았다'고 말씀합니다. 사람이 사람을 기쁘게 하는 것도 쉽지 않습니다. 서로 사랑한다고 결혼해놓고도 서로 기쁘게 하는 것이 힘들어서 다투는 것이 사람입니다. 그런데 에녹은 사람이 아니라 하나님을 기쁘시게 하는 자였습니다. 어떻게 하나님을 기쁘게 했을까요? 하나님을 기쁘게 한다는 것은 단지 열심히 율법을 지키는 것으로 되는 것이 아닙니다. 예수님 당시의 서기관과 바리새인들을 생각해 보십시오. 열심히 구제 하고 열심히 기도 하고 열심히 금식도 했습니다. 그들은 하나님을 기쁘게 하고 있다고 생각을 했을 것입니다. 그런데 하나님께서

그들을 기뻐하셨습니까? 아닙니다. 예수님께서는 그들을 독사의 자식이라고 불렀습니다. 그렇다면 에녹은 어떻게 하나님을 기쁘게 했습니까? 유다서에서 그 힌트를 얻을 수 있습니다.

> (유 1:14-15) (14) 아담의 칠대 손 **에녹이 이 사람들에 대하여도 예언하여 이르되** 보라 주께서 그 수만의 거룩한 자와 함께 임하셨나니 (15) 이는 뭇 사람을 심판하사 모든 경건하지 않은 자가 경건하지 않게 행한 모든 경건하지 않은 일과 또 경건하지 않은 죄인들이 주를 거슬러 한 모든 완악한 말로 말미암아 그들을 정죄하려 하심이라 하였느니라

아담의 칠대 손 에녹이 경건하지 않은 죄인들에게 예언을 했다는 것입니다. 에녹의 시대가 어떤 시대입니까? 믿음의 사람 셋의 후예가 아니라 하나님을 떠난 가인 계열의 후예 중 아담의 칠대손이 창세기 4장에 등장하는데 바로 라멕입니다. 라멕의 시대가 곧 에녹의 시대입니다. 라멕은 창세기 4장에서 이렇게 말합니다.

> (창 4:23-24) (23) 라멕이 아내들에게 이르되 아다와 씰라여 내 목소리를 들으라 라멕의 아내들이여 내 말을 들으라 나의 상처로 말미암아 **내가 사람을 죽였고** 나의 상함으로 말미암아 소년을 죽였도다 (24) **가인을 위하여는 벌이 칠 배일진대 라멕을 위하여는 벌이 칠십칠 배**이리로다 하였더라

라멕이 아내들을 불러서 자기가 사람을 죽였다고 자랑하고 '가인을 위하여는 벌이 칠 배일진대 라멕을 위하여는 벌이 칠십칠 배' 라고 하며 하나님의 심판을 비웃습니다. 또, 라멕에게 세 아들이 있었는데 야발과 유발과 두발가인입니다. 야발은 육축 치는 자의 조상이고 유발

은 수금과 통소 잡는 자의 조상이었으며 두발가인은 동철로 각양 날카로운 기계, 즉 무기를 만드는 사람이었습니다. 그러니까 물질적으로는 풍성했고 육신적으로는 쾌락을 즐기며 살았고 정치 군사적으로는 권력을 가지고 살았습니다. 그런데 그들은 하나님을 떠난 삶을 살고 있었습니다. 그러니 하나님을 기쁘게 하는 데는 관심이 없고 자기를 기쁘게 하며 살고 있었던 것입니다. 이러한 시대, 살인을 하고 노래를 부르며 하나님과 관계없이 살던 이 악한 시대에 에녹은 하나님의 말씀을 선포하며 하나님의 기쁨을 위하여 살아갔다는 것입니다. 그 선포의 내용은 유다서에서 말씀했듯 심판이었습니다. 창세기에 나오는 족보를 통해서도 에녹의 삶과 심판의 내용을 추측할 수 있습니다.

(창 5:25-28) (25) 므두셀라는 백팔십칠 세에 라멕을 낳았고 (26) 라멕을 낳은 후 칠백팔십이 년을 지내며 자녀를 낳았으며 (27) 그는 구백육십구 세를 살고 죽었더라 (28) 라멕은 백팔십이 세에 아들을 낳고

므두셀라는 187세에 라멕을 낳았고, 라멕은 182세에 아들을 낳고 이름을 노아라 하였습니다. 노아가 태어날 때 므두셀라는 369세가 됩니다. 그리고 노아가 600세 되던 해에 홍수가 납니다. 이 때 므두셀라의 나이는 969세 입니다. 므두셀라의 수명이 969세이므로 홍수 나는 해에 죽었다는 것입니다. 에녹이 하나님과 동행한 시점이 므두셀라를 낳은 후였습니다(창 5:22). 므두셀라의 출생이 에녹의 삶에 중요한 역할을 한 것입니다. '므두셀라'의 어원이 '창을 잡는 자'로 마을 지키는 마지막 수문장을 뜻합니다. 즉, 인류의 마지막 수문장이라는 뜻입니다. 유다서와 연결해서 생각해보면 에녹은 65세에 하나님을 만났

고 므두셀라가 죽을 때 이 세상이 심판 당할 것이라는 하나님의 말씀을 듣고 심판을 선포 한 것입니다. 에녹은 평생 심판의 예언을 전하였습니다. 왜 전했습니까? '너희들 이제 다 죽었다' 조롱하려고 전합니까? 아닙니다. 회개하고 돌이키라고 전하는 것입니다. 누가복음 15장의 말씀을 보십시오.

(눅 15:10) 내가 너희에게 이르노니 이와 같이 **죄인 한 사람이 회개하면 하나님의 사자들 앞에 기쁨이 되느니라**

예수님께서 잃은 양 비유, 잃은 드라크마 비유, 잃은 아들의 비유를 말씀하시며 반복적으로 주신 말씀입니다. '죄인 한 사람이 회개하면 하나님이 기뻐하신다' 입니다. 영혼 구원을 위해 힘쓰는 믿음, 이것이 하나님을 기쁘게 하는 믿음입니다. 똑같은 아담의 칠대 손 라멕은 세상의 풍요를 따르며 자기 기쁨을 위해 살다가 결국은 멸망의 길을 갔고, 에녹은 하나님의 기쁨을 위해 살다가 사망에서 생명으로 옮겨지고, 세상이 아니라 하나님 나라에 사는 복된 인생이 되었습니다. 우리도 하나님의 말씀을 듣고 하나님과 동행하며 하나님을 기쁘게 하여 천국을 누리는 복된 인생이 되기를 바랍니다.

셋째, 상 주시는 하나님을 믿는 믿음입니다.

(6) 믿음이 없이는 하나님을 기쁘시게 하지 못하나니 하나님께 나아가는 자는 반드시 그가 계신 것과 또한 그가 **자기를 찾는 자들에게 상 주시는 이심을 믿어야 할지니라**

에녹의 믿음의 세 번째 특징을 구체적으로 말씀해 주고 있습니다. 하나님이 계신 것을 믿었고 하나님께서 자기를 찾는 자들에게 상 주시는 이심을 믿었다는 것입니다. 우리에게 어떠한 상을 주십니까? 여러분은 하나님께 어떤 상을 받고 싶습니까? 우리가 하나님께 복을 받고 싶어 하고 복을 추구하는 것은 나쁜 것이 아닙니다. 복의 우선순위를 모를 때 잘못된 신앙이 되는 것입니다. 우리가 하나님께 받아야할 가장 큰 상급, 가장 큰 복이 무엇입니까? 창세기에 그 힌트가 나옵니다. 창세기 14장에서 아브라함이 네 나라 연합군을 야습하여 조카 롯을 구해 옵니다. 승리하고 돌아오는 길에 멜기세덱을 만납니다. 바로 다음 장 15장은 이렇게 시작합니다.

(창 15:1) **이 후에** 여호와의 말씀이 환상 중에 아브람에게 임하여 이르시되 **아브람아 두려워하지 말라 나는 네 방패요 너의 지극히 큰 상급**이니라

'이 후에' 전쟁이 끝나고 롯은 다시 소돔 땅으로 돌아간 그 후에 하나님께서 찾아와서 말씀하시는 것입니다. "아브람아 두려워하지 말라, 나는 네 방패요 너의 지극히 큰 상급이니라" 하나님께서 아브라함에게 주시는 상이 무엇입니까? "내가 너의 지극히 큰 상급이다" 말씀하였습니다. 하나님이 가장 큰 상입니다. 결혼기념일에 "여보, 내가 당신에게 주는 가장 큰 선물이야" 이 말에 '아멘'이 되는 가정이 천국 같은 가정입니다. 하나님이 나의 가장 큰 선물이라는 것을 아는 성도가 천국을 누리는 성도입니다. 하나님께서 아브라함에게 주셨던 '지극히 큰 상급'이 무엇인지 우리가 구체적으로 볼 수 있게 된 것이 바로 예수님입니다. 예수님은 하나님이자 동시에 하나님의 독생자이십니다. 하

나님께서 가장 귀한 아들을 우리를 구원하기 위하여 지극히 큰 상급, 지극히 큰 선물로 주신 것입니다.

요즘 보이스피싱이 얼마나 간악해졌는지 자녀들의 목소리를 AI로 만들어서 납치되었다고 돈 들고 오라고 속입니다. 부모들이 자녀의 겁에 질린 목소리를 들으면 정신이 없어집니다. 어떻게 든 돈을 구해서 가져갑니다. 왜 그렇습니까? 돈보다 자녀가 귀하기 때문입니다. 그런데 그 자녀를 줄 수 있다면 뭘 못 주겠습니까? 로마서 8장 32절은 자기 아들을 아끼지 않고 주셨는데 어찌 그 아들과 함께 모든 것을 우리에게 주시지 않겠느냐고 말씀합니다.

(시 84:11) 여호와 하나님은 해요 방패이시라 **여호와께서 은혜와 영화를 주시며** 정직하게 행하는 자에게 **좋은 것을 아끼지 아니하실 것임이니이다**

하나님을 찾는 자에게 은혜와 영화를 주십니다. 좋은 것을 아끼지 아니하십니다. 성경을 보면 하나님께서 우리에게 너무나 복을 주고 싶어 하신다는 것을 알 수 있습니다. 아벨처럼 더 나은 예배를 드리고 하나님과 동행하며 살아가서 하나님 주신 상급을 받으시기를 바랍니다. 비록 우리의 몸은 이 세상 속에서 살고 있지만 실상은 이 세상에 있지 아니하고 하나님 나라에 거하며 천국을 누리는 행복한 신앙인들이 되기를 예수님의 이름으로 축원합니다.

결단과 소망의 기도

에녹과 같이 하나님을 기쁘게 하며,
하나님과 동행하는 삶을 살게 하옵소서.
우리로 인해 하나님의 나라가 이 땅에 임재하는 것을 목도하고
지극히 큰 상급을 받아 누리며 살게 하옵소서.

믿음, 세상을 정죄하다
(히브리서 11:7)

(7) 믿음으로 노아는 아직 보이지 않는 일에 경고하심을 받아 경외함으로 방주를 준비하여 그 집을 구원하였으니 이로 말미암아 세상을 정죄하고 믿음을 따르는 의의 상속자가 되었느니라

어느 목사님이 죽어서 천국에 갔습니다. 천국열쇠를 지니고 있던 베드로가 문 앞을 지키고 있었습니다. 감격하여 반갑게 인사를 했더니, 베드로가 "세상에서 네 직분이 무엇이었느냐?" 묻습니다. 그래서 "천국에도 직분이 필요한가요?" 물었더니 "따라 와봐라" 하면서 어떤 방을 열어서 보여줍니다. 그 안에는 수많은 사람의 귀가 가득 차 있었습니다. "이게 무엇입니까?" 물었더니 "성도들이 말씀 듣는 것은 좋아하는데 말씀대로 살지 않다보니 귀만 구원받아서 이 방에 보관한 것이다" 대답합니다. 그래서 이 목사님이 자기도 귀만 구원받을까봐, 다급하게 말합니다. "저는 목사였습니다" 그러니까 베드로가 "그래, 너는 입만 잘라서 옆 방에 넣으면 되겠구나" 말했다고 합니다. 성도는 귀만 구원받고, 목사는 입만 구원받았다는 이야기입니다. 그냥 웃긴 이야기이긴 하지만, 그냥 웃을 수만은 없는 이야기이기도 합니다. 우리가 아무리 말씀을 잘 알아도 그 말씀대로 살아가지 못한다면 소용이 없기 때문입니다. 히브리서에서 나오는 믿음의 선조들은 모두 말씀대로 살아간 사람들입니다. 그 중에서도 그야말로 말씀대로 살아간 그 실천 자체가 강조된 사람의 대표가 바로 오늘 본문의 '노아'입니다. 노아는 하나님께 들은 말씀에 대해서 '아니요' 가 없었습니다. 말씀하시면, 말씀하신대로 그대로 실천한 사람이었습니다. 성경은 노아에 대해 이렇게 평가합니다.

(창 6:22) 노아가 그와 같이 하여 하나님이 자기에게 명하신 대로 **다 준행하였더라**
(창 7:5) 노아가 여호와께서 자기에게 명하신 대로 **다 준행하였더라**

하나님의 말씀에 '다' 준행하였습니다. '다'로 번역된 히브리어가 '콜'인데, '모두, 전체, 완전함'을 뜻합니다. 노아가 하나님의 명령에 '완전하게' 준행했다고 말씀하는 것입니다. 오늘 본문은, 하나님의 명령을 다 준행한 노아의 믿음이 어떠한 믿음이었는지 또 그 결과가 어떠했는지를 말씀해 주고 있습니다. 오늘 말씀을 상고하며 '의인이요, 당대에 완전한 자'라고 불리었던 노아의 믿음을 본받기를 바랍니다.

첫째는, 하나님을 경외하는 믿음입니다.

(7) 믿음으로 노아는 아직 보이지 않는 일에 경고하심을 받아 **경외함으로 방주를** 준비하여 그 집을 구원하였으니 이로 말미암아 세상을 정죄하고 믿음을 따르는 의의 상속자가 되었느니라

'노아' 하면 '방주' 입니다. 오늘 본문에서도 노아의 믿음에 대해 말하며 가장 먼저 '경외함으로 방주를 준비했다' 말씀하고 있습니다. 방주를 만드는 믿음이 하나님을 경외하는 믿음이라는 것입니다. 노아가 방주를 준비하게 된 하나님의 말씀은 '아직 보이지 않는 일에 경고하심' 입니다. '보이지 않는 일', 확실치가 않다는 것입니다. 그런데 확실치 않은 일 때문에 해야 될 일은 너무 어마어마했습니다. 하나님께서 노아에게 방주를 만들라고 하셨던 장면을 보십시오.

(창 6:13-15) (13) 하나님이 노아에게 이르시되 모든 혈육 있는 자의 **포악함이 땅에 가득하므로** 그 끝 날이 내 앞에 이르렀으니 내가 **그들을 땅과 함께 멸하리라** (14) 너는 고페르 나무로 **너를 위하여 방주를 만들되** 그 안에 칸들을 막고 역청을 그 안팎에 칠하라 (15) 네가 만들 방주는 이

러하니 그 길이는 **삼백 규빗, 너비는 오십 규빗, 높이는 삼십 규빗**이라

어느 날 하나님께서 노아에게 말씀하십니다. "온 세상이 포악함으로 가득하다. 내가 그들을 땅과 함께 멸하리라. 너는 너를 위하여 방주를 만들되 그 길이는 삼백 규빗, 너비는 오십 규빗, 높이는 삼십 규빗이다" 작은 배가 아닙니다. 길이 135m에 넓이 22.5m, 높이 13.5m 3층 구조입니다. 요즘 조선업으로 말하면 배수량 2만톤 정도의 큰 배입니다. 시간도 시간이지만 비용도 아주 많이 들었을 것입니다. 이어지는 말씀도 보십시오.

(창 6:21-22) (21) **너는 먹을 모든 양식을 네게로 가져다가 저축하라** 이것이 **너와 그들의 먹을 것**이 되리라 (22) 노아가 그와 같이 하여 하나님이 자기에게 명하신 대로 **다 준행하였더라**

배 만드는 비용만 드는 게 아닙니다. 먹을 양식을 가져다가 저축해야 합니다. 노아의 식구 여덟 명 먹는 양식 뿐 아니고 '너와 그들' 즉, 방주에 탈 짐승들의 먹이까지 저축해야 했습니다. 이 힘든 일을 하면서 불평하지 않고 철저하게 하나님께서 지시한 그대로 순종합니다.

노아의 인생을 생각해보십시오. 노아가 방주를 만든 기간은 성경에 정확하게 언급되지는 않습니다. 추측하기를 세 아들을 낳은 후 홍수까지의 기간인 100년으로 보거나 사람들의 날이 120년이라는 하나님의 말씀으로 보아 120년으로 보기도 합니다. 결코 짧은 시간이 아닙니다. 이 긴 세월을 노아가 어떻게 보냈습니까? 심판에 대한 소식을 듣고 세상을 등지고 방주만 만들면서 살아갔습니까? 그렇지 않습니다.

믿음, 세상을 정죄하다

조금 전 말씀드렸듯이 하나님께서는 노아의 여덟 식구 먹을 식량과 짐승들 먹을 식량까지 저축하라고 명하셨습니다. 그러니 노아는 방주를 지으면서 가족의 생계에 필요한 농사도 열심히 지어야 했습니다. 일상 생활에 필요한 모든 것을 그대로 다 하면서 방주를 지은 것입니다. 그런데 한 가지 생각해보십시오. 노아는 생계를 위하여 일을 했을까요? 아니면 방주를 위하여 일을 했을까요? 생계가 중심입니까? 방주가 중심입니까? 그렇습니다. 방주가 중심입니다. 노아의 일상의 삶은 방주를 짓기 위한 수단이었습니다. 방주를 중심으로 살며 세상에 또한 심판도 선언했습니다.

> (벧후 2:5) 옛 세상을 용서하지 아니하시고 **오직 의를 전파하는 노아**와 그 일곱 식구를 보존하시고 경건하지 아니한 자들의 세상에 홍수를 내리셨으며

'의를 전파하는 노아' 라는 말씀이 있습니다. 노아도 에녹처럼 일상의 삶을 살며 종말을 선포하고 심판을 선포하는 선지자의 사역을 감당한 것입니다. 바로 이러한 삶이 '하나님을 경외하는 삶'이고 하나님을 경외하는 믿음' 입니다. 세상이 아니라 하나님이 우선인 사람 노아에 대해 성경이 어떻게 평가하는지 보십시오.

> (창 6:8-9) (8) 그러나 노아는 **여호와께 은혜를 입었더라** (9) 이것이 노아의 족보니라 **노아는 의인이요 당대에 완전한 자라** 그는 **하나님과 동행**하였으며

심판 당할 세상에서 노아는 여호와께 은혜를 입은 사람이었고 의인이었고 당대에 완전한 자로 하나님과 동행한 사람이었습니다. 우리도

삶의 우선순위를 하나님께 두고 하나님을 경외하길 바랍니다. 하나님과 동행하며 말씀대로 살아서 의인이요 완전한 자로 하나님의 은혜와 축복을 넘치도록 받기를 소원합니다.

둘째, 세상을 정죄하는 믿음입니다.

(7) 믿음으로 노아는 아직 보이지 않는 일에 경고하심을 받아 경외함으로 방주를 준비하여 그 집을 구원하였으니 **이로 말미암아 세상을 정죄하고** 믿음을 따르는 의의 상속자가 되었느니라

노아의 믿음 두 번째 특징이 나옵니다. '이로 말미암아 세상을 정죄하고' 새번역은 '이 믿음을 통하여 그는 세상을 단죄하고' 라고 번역을 합니다. '정죄하고' 로 번역된 단어가 '카타크리노'인데 '유죄를 선고하다, 판결을 내리다'의 뜻을 가지고 있습니다. 현대인성경은 '세상에 죄가 있음을 선언하였고'로 번역하고 쉬운성경은 '세상이 잘못되어 가고 있음을 사람들에게 알리고' 라고 번역하였습니다. 세상에 죄를 선언하고 세상 사람들이 잘못되어 가고 있음을 알렸다는 것은 어떤 의미입니까? 회개할 것을 요청하는 것입니다. 하나님 앞으로 돌아오라고 선포하는 것입니다. 베드로후서 2장의 말씀대로 노아는 당시 사람들에게 의를 전파했습니다. 하나님께서 세상을 홍수로 심판하실 것이라는 사실을 선포하면서, 방주를 만들었습니다. 방주를 만드는 것 자체가 심판이 반드시 올 것이라는 믿음의 증거이기도 했습니다.

노아가 하나님의 명령대로 방주를 완성한 후에 하나님께서 방주로 들어가라고 명령하셨습니다. 노아가 방주로 들어가고 홍수까지 일주

일의 시간이 남아 있었습니다. 세상의 동물들이 방주로 몰려오고 노아의 가족들도 방주를 다 탔습니다. 우리가 이 세상 속에 살고 있었다면 이 모습을 보고 어떤 생각이 들겠습니까? 이제 정말 심판이 임박했다는 생각이 들지 않겠습니까? 이제라도 회개하고 방주 좀 태워달라고 요청하지 않겠습니까? 그런데 일주일의 시간 동안에 노아의 가족 외에 세상 사람들은 등장하지 않습니다. 그 오랜 세월동안 방주를 만들면서 의를 전파하고 심판을 선언했는데, 한 사람도 방주에 탄 사람이 없었습니다. 왜 그랬을까요? 비가 오지 않았기 때문입니다. 방주 문을 닫기 일주일 전부터라도 비가 엄청나게 쏟아졌다면 사람들이 혹시나 하고 생각했을 텐데 여전히 홍수는 보이지 않으니 돌이킬 생각을 하지 않는 것입니다. 언제부터 비가 쏟아집니까? 하나님께서 문을 닫고 난 후에야 비가 쏟아지기 시작합니다. 마태복음 24장에서 예수님께서 노아의 때를 이렇게 말씀하셨습니다.

(마 24:37-39) (37) **노아의 때**와 같이 인자의 임함도 그러하리라 (38) 홍수 전에 노아가 **방주에 들어가던 날까지 사람들이 먹고 마시고 장가 들고 시집 가고** 있으면서 (39) 홍수가 나서 그들을 다 멸하기까지 깨닫지 못하였으니 인자의 임함도 이와 같으리라

노아의 때에 홍수가 나기 전까지 먹고 마시고 일상생활을 하면서 심판을 깨닫지 못했다는 것입니다. 모두가 믿지 않을 때 노아가 믿음으로 세상은 정죄가 되었습니다. 세상이 유죄 판결을 받은 것입니다. 세상에 죄가 선고되면 세상 사람들이 좋아할까요? 좋아하지 않습니다. 선생님이 숙제를 내주었습니다. 다음날 숙제 검사를 하는데 다들 하지를 않았

습니다. 아무도 못한 분위기라 '하루를 연기해주어야 하나' 생각하는데 앞에 앉은 아이가 손을 번쩍 들더니 '저는 다 했는데요' 다른 친구들이 좋아합니까? 싫어합니다. 그래서 박해가 일어나는 것입니다. 이러한 삶이 성도들의 삶입니다. 세상을 정죄하는 삶은 입술로 세상을 판단하고 정죄하고 나쁘다고 비난하는 것이 아닙니다. 세상이 다 악하게 살아도 그렇게 살아야 잘 먹고 잘 살 수 있다고 당연하게 여겨도 믿음의 사람들은 바르게 정직하게 하나님의 뜻대로 살아가는 것입니다. 그 삶을 통해서 세상 사람들이 자신의 죄를 발견하게 만들어야 합니다. 그것이 세상을 정죄하는 삶이요, 이 시대 노아의 삶입니다. 심판당할 세상을 깨닫지 못하고 세상과 똑같이 살아가는 자들이 아니라 노아처럼 세상을 정죄하는 믿음으로 거룩한 성도답게 살아가기를 바랍니다.

셋째, 의의 상속자가 되는 믿음입니다.

(7) 믿음으로 노아는 아직 보이지 않는 일에 경고하심을 받아 경외함으로 방주를 준비하여 그 집을 구원하였으니 이로 말미암아 세상을 정죄하고 **믿음을 따르는 의의 상속자가 되었느니라**

본문 마지막을 보면 '믿음을 따르는 의의 상속자가 되었느니라' 말씀하고 있습니다. 상속은 누가 합니까? 자녀가 합니다. 몇 해 전에 LG그룹을 40대의 구광모 회장이 승계하며 이슈가 된 적이 있습니다. LG그룹은 대대로 장자 승계 원칙이라 집안싸움 없이 승계가 잘 이루어졌습니다. 그런데 구광모 회장은 사실 직전 회장인 구본무 회장의 장자가 아니었습니다. 원래는 조카인데 상속을 위해서 입양했습니다. 원래 아들이 아니었지만 입양을 했기에 전 그룹을 상속받는 상속자가 된 것입니다. 우리도 예수님을 통해 하나님의 자녀로 입양 되었기에 하나님을 아버지라 부를 수 있게 되었고 하나님의 상속자가 되었습니다.

> (롬 8:15-16) (15) 너희는 다시 무서워하는 **종의 영을 받지 아니하고 양자의 영을 받았으므로** 우리가 아빠 아버지라고 부르짖느니라 (16) 성령이 친히 우리의 영과 더불어 우리가 하나님의 자녀인 것을 증언하시나니

이제는 무서워하는 종의 영이 아니라 양자의 영을 받았습니다. 하나님을 아빠 아버지라고 부를 수 있게 되었습니다. 성령께서 친히 우리가 하나님의 자녀인 것을 증언하십니다. 하나님의 자녀가 되었기에 이제 놀라운 특권도 누리게 됩니다.

> (롬 8:1-2) (1) 그러므로 이제 그리스도 예수 안에 있는 자에게는 **결코 정죄함이 없나니** (2) 이는 그리스도 예수 안에 있는 **생명의 성령의 법이 죄와 사망의 법에서 너를 해방**하였음이라

예수 안에 있는 자에게는 결코 정죄함이 없습니다. 예수 안에 있는 생명의 성령의 법이 우리를 해방하여 주었기 때문입니다. 그런데, 특권만 있는 것은 아닙니다. 마땅히 감당할 의무도 있습니다. 구광모 회장 승계에 대해 가장 큰 이슈는 '상속세' 였습니다. 회장 승계 후 5년에 걸쳐 납부한 상속세가 9천 9백억이었습니다. 거의 1조입니다. 말이 9천 9백억이지 상상하기 힘든 금액입니다. 여러분들에게 LG그룹 상속시켜 줄 테니 내라고 하면 내겠습니까? 당연히 내야합니다. 고민할 문제가 아닙니다. 그 이상의 것이 내 것이 되기 때문입니다.

(롬 8:17-18) (17) **자녀이면 또한 상속자** 곧 하나님의 상속자요 그리스도와 함께 한 상속자니 우리가 그와 함께 영광을 받기 위하여 **고난도 함께 받아야 할 것**이니라 (18) 생각하건대 **현재의 고난은 장차 우리에게 나타날 영광과 비교할 수 없도다**

자녀이면 곧 하나님의 상속자이고 우리가 그리스도와 함께 영광을 받기 위해서는 고난도 함께 받아야 합니다. 지금 당하는 고난은 장차 우리에게 나타날 영광과 비교할 수가 없습니다. 차원이 다른 것입니다. 영광을 받기 위하여 고난도 함께 받아야 함을 믿는 믿음, 그것이 의의 상속자가 되는 믿음입니다.

노아는 이 세상에 죄악이 가득하여 물로 심판한다는 말씀을 전하며 방주를 만들었습니다. 그런데 그 말씀이 이 땅에 이루어질 조짐이 보였습니까? 전혀 보이지 않았습니다. 방주를 만들 동안 가끔 홍수도 나고 비도 겁나게 쏟아지고 해야 노아가 "봐라, 심판의 전조다" 경고하면서 방주를 신나게 만들지 않겠습니까? 그런데 전혀 조짐이 없었습니다. 그러니 세상의 조롱을 얼마나 많이 받았겠습니까? 노아가 하나님의 명하신 대로 다 행하여 방주를 만들고 짐승들을 배에 다 태우고 가족들도 다 들어간 후 칠 일 후에 홍수가 일어났습니다. 기왕이면 배에 타고 문이 닫히자마자 쏟아지면 얼마나 좋았겠습니까? 배타고 기다리는 칠 일 동안 얼마나 답답했을까요? 밖에서는 조롱했을 것이고 안에서는 가족들이 이제 그만하자고 이제 정신 차리라고 비난했을지도 모릅니다. 이 칠 일의 시간은 노아에게 굉장히 힘든 고난의 시간이었을 것입니다. 그 뿐 아닙니다. 홍수 때 배의 상태를 상상해 보십시오. 관광 크루즈 선이 아닙니다. 계속 비가 오니 습합니다. 거기에 동물 배설물 냄새도 있습니다. 이 열악한 환경 속에서 1년이 넘도록 배에서 생활해야 했습니다. 노아는 이 모든 고난을 감내한 것입니다. 그런데 여기에서 한 가지 중요한 것이 있습니다. 이 모든 고난이 누구를 위한 것입니까? 방주를 만들라고 명하실 때 하신 하나님의 말씀을 다시 보십시오.

> (창 6:13-15) (13) 하나님이 노아에게 이르시되 모든 혈육 있는 자의 포악함이 땅에 가득하므로 그 끝 날이 내 앞에 이르렀으니 내가 그들을 땅과 함께 멸하리라 (14) 너는 고페르 나무로 너를 위하여 방주를 만들되 그 안에 칸들을 막고 역청을 그 안팎에 칠하라

방주를 만드는 것이 누구를 위한 것입니까? '너를 위하여' 입니다. 우리는 하나님의 명에 따라 하나님의 일을 할 때 '하나님을 위하여' 하고 있다고 생각하는데 실상 그 일은 '나를 위한' 일이 됩니다. 노아는 하나님의 말씀을 들은 후부터 모든 고난을 감내하며 의의 상속자답게 살아 하나님의 은혜를 입었습니다. 우리도 의의 상속자답게 고난을 감내하며 살아갈 때 이 땅에서도 이 세상을 떠난 후에도 하나님 나라를 상속받아 상상할 수 없는 놀라운 영광과 천국을 누리게 될 줄로 믿습니다.

하나님의 은혜를 입은 노아는 하나님이 명하신 대로 다 준행을 했고 하나님과 동행하는 삶을 살았습니다. 성경에서 '하나님과 동행했다'라고 직설적으로 기록된 사람은 딱 두 사람 밖에 없습니다. 지난주 살펴본 에녹, 그리고 오늘의 노아입니다. 에녹이 하나님과 동행하며 '자녀들을 낳았다'고 말씀했습니다. 일상의 삶 가운데 하나님과 함께 했다는 것입니다. 노아도 역시 마찬가지입니다. 일상의 삶 가운데 십

판을 선언하며 방주를 만들었습니다. 똑같이 일상의 삶을 살고 있지만 그들의 중심, 그들의 우선순위는 항상 하나님이었습니다. 이 세상은 심판당하여 사라질 것을 분명하게 알았기 때문입니다.

　기독교 신앙은 '종말 신앙' 입니다. 다시 오실 예수님을 기다리는 신앙입니다. 우리도 이미 세상의 심판에 대해 경고를 받은 사람들이라는 것입니다. 그러므로 우리도 세상이 중심이 아니라 하나님의 나라가 중심이 되는 삶을 살아야 합니다. 하나님을 경외하며 각자의 방주를 준비하는 삶을 살아야 합니다. 노아가 방주를 만든 것은 '보이지 않는 일'에 대한 준비였습니다. 보이지 않는 일, 홍수의 때에 구원을 받았습니다. 이 말씀은 마지막 심판의 때에만 적용되는 것이 아닙니다. 우리의 인생 가운데에도 앞이 보이지 않는 일을 만날 때 믿음으로 방주를 준비하며 살아간 사람은 모든 어려움들을 넉넉히 다 헤쳐 나가게 될 줄로 믿습니다. 사랑하는 성도 여러분, 노아의 믿음으로 일상의 삶 가운데 각자의 방주를 준비하여 어떤 일을 만나도 넉넉하게 승리하며 하나님의 나라를 누리기를 예수님의 이름으로 축원합니다.

결단과 소망의 기도

노아와 같이 하나님과 동행하며, 세상에 죄를 선언하는
의의 상속자가 되게 하옵소서.
방주를 만드는 인생이 되어, 가족을 구원하고,
이웃을 구원하게 하옵소서.

믿음, 약속을 바라보다
(히브리서 11:8-12)

(8) 믿음으로 아브라함은 부르심을 받았을 때에 순종하여 장래의 유업으로 받을 땅에 나아갈새 갈 바를 알지 못하고 나아갔으며 (9) 믿음으로 그가 이방의 땅에 있는 것 같이 약속의 땅에 거류하여 동일한 약속을 유업으로 함께 받은 이삭 및 야곱과 더불어 장막에 거하였으니 (10) 이는 그가 하나님이 계획하시고 지으실 터가 있는 성을 바랐음이라 (11) 믿음으로 사라 자신도 나이가 많아 단산하였으나 잉태할 수 있는 힘을 얻었으니 이는 약속하신 이를 미쁘신 줄 알았음이라 (12) 이러므로 죽은 자와 같은 한 사람으로 말미암아 하늘의 허다한 별과 또 해변의 무수한 모래와 같이 많은 후손이 생육하였느니라

옛 노래 중에 최희준씨가 불렀던 '하숙생' 이라는 노래가 있습니다. 진중한 가사와 가벼운 듯한 뽕짝 리듬이 묘하게 어울리는 노래입니다. 예전에는 상당히 인기가 많아서 태어나기도 전에 나온 노래인데도 저도 잘 아는 노래입니다. 처음 가사가 굉장히 유명합니다.

> 인생은 나그네길 어디서 왔다가 어디로 가는가 구름이 흘러가듯 떠돌다 가는 길에 정일랑 두지 말자 미련일랑 두지 말자

이 노래가 인기가 있었던 것은 사람들이 '인생은 나그네 길' 이라는 말에 공감하고 동의하기 때문입니다. 성경도 성도들이 이 세상을 살아가는 것이 나그네 인생이라고 말씀합니다. 그런데 세상에서 말하는 '나그네 인생' 과 성도가 말하는 '나그네 인생'은 말은 같지만 뜻은 전혀 다릅니다. 지금 이 노래 가사가 세상에서 말하는 '나그네 인생'에 대한 정의입니다. 어디서 오고 어디로 가는지를 모릅니다. 하지만 성도는 이 문제에 대한 답을 알고 출발합니다. 하나님의 창조로부터 왔고 영원한 본향인 천국으로 향하여 가는 나그네입니다. 사실, 성도라면 다 아는 이야기입니다. 그래서 인생은 나그네 길이라는 말에 동의를 합니다. 그런데 '진짜 나그네 인생을 살고 있는가?' 라는 질문에 대해서는 대답하기 어렵습니다. 성도로써 나그네 인생을 산다는 것은 어떻게 사는 것입니까? 성경이 믿음의 조상 아브라함을 통해서 그 모범을 보여줍니다. 성경에 나오는 인물들 가운데 '믿음'이라는 단어가 제일 먼저 직접적으로 사용된 인물이 바로 아브라함입니다. 그래서 우리는 아브라함을 '믿음의 조상'이라고 부릅니다. 오늘 본문은 아브라함과 사라를 통해 나그네 인생을 사는 것이 어떤 믿음인지를 보여줍니

다. 오늘 말씀을 상고하며 아브라함과 사라처럼 복된 믿음의 나그네 인생을 걸어가기를 바랍니다.

첫째, 약속을 믿고 떠나는 믿음입니다.

(8) 믿음으로 아브라함은 **부르심을 받았을 때에 순종하여** 장래의 유업으로 받을 땅에 나아갈새 **갈 바를 알지 못하고 나아갔으며**

아브라함의 믿음의 첫 번째 특징을 보여주고 있습니다. '부르심을 받았을 때에 순종하여 갈 바를 알지 못하고 나아갔다' 입니다. 약속을 믿고 떠난 것이 아브라함의 믿음이라는 것입니다. 아브라함이 살던 고향 '갈대아 우르'는 '수메르' 지역입니다. '역사는 수메르에서 시작되었다' 라는 책도 있는데 수메르는 지금까지 밝혀진 인류의 최초 문명지입니다. 학교 다닐 때 배웠던 4대 문명보다 최소 천년은 더 빠른 문명으로 알려져 있습니다. 그러니까 아브라함은 당시 최고의 문명국가에서 온갖 문명의 혜택을 받으며 살아가고 있었습니다. 고대 문명국가들의 특징을 살펴보면 모두 우상의 도시입니다. 거대 신전들이 다 있습니다. 갈대아 우르도 마찬가지였습니다. 여호수아 24장에 이런 말씀이 있습니다.

(수 24:2-3) (2) 여호수아가 모든 백성에게 이르되 이스라엘의 하나님 여호와께서 이같이 말씀하시기를 옛적에 너희의 조상들 곧 아브라함의 아버지, 나홀의 아버지 **데라가 강 저쪽에 거주하여 다른 신들을 섬겼으나** (3) 내가 **너희의 조상 아브라함을 강 저쪽에서 이끌어 내어** 가나안 온 땅에 두루 행하게 하고 그의 씨를 번성하게 하려고 그에게 이삭을 주었으며

옛적에 너희의 조상들 아브라함의 아버지 데라가 강 저쪽에 거주하여 다른 신들을 섬기고 있었는데 하나님께서 아브라함을 우상의 도시에서 이끌어 내었다는 것입니다. 고대 사회는 한 족속이 같은 신앙을 가졌습니다. 아브라함의 아버지 데라가 우상을 섬겼다면 아브라함도 우상을 섬겼던 사람입니다. 그런 아브라함을 하나님께서 택하여 그곳에서 부르신 것입니다. 그 장면이 창세기 12장에 나옵니다.

(창 12:1) 여호와께서 아브람에게 이르시되 **너는 너의 고향과 친척과 아버지의 집을 떠나 내가 네게 보여 줄 땅으로 가라**

이때 아브라함의 나이가 75세입니다. 그런데, 이 말씀에 순종을 합니다. 어렵고 힘든 상황에서 희망을 찾아 새로운 곳을 가는 것도 아니고 풍요롭게 누리다가 많은 것들을 포기하고 '갈 바를 알지 못하고' 그러니까 아무런 보장도 없이 떠나야 하는 상황이었습니다. 그런데 즉시 순종했다는 것입니다. 아브라함이 어떻게 그렇게 할 수가 있었습니까? 오늘 본문 8절은 '믿음으로' 라는 단어로 시작했습니다. 아브라함이 무엇을 믿었습니까? '하나님의 약속'을 믿었습니다. 그 약속을 믿고 떠난 것입니다. 아브라함이 받은 약속이 무엇이었는지 다시 보십시오.

(창 12:1-2) (1) 여호와께서 아브람에게 이르시되 너는 너의 고향과 친척과 아버지의 집을 떠나 내가 네게 보여 줄 땅으로 가라 (2) **내가 너로 큰 민족을 이루고 네게 복을 주어 네 이름을 창대하게 하리니 너는 복이 될지라**

"내가 너로 큰 민족을 이루고 네게 복을 주어 네 이름을 창대하게 하리니 너는 복이 될지라" 아브라함은 이 약속을 붙들었습니다. 하나님께서는 심판 당할 땅에서 아브라함을 불러내었습니다. 그리고 그에게 '복'을 주어 '복'이 되게 하셨습니다. 히브리어에서 '거룩'이라는 단어의 어원이 '분리'입니다. 세상에서 떠나 분리됨으로 거룩한 하나님의 백성이 되는 것입니다. 하나님께서는 우리에게도 '떠나라' 말씀하십니다. 그 이유는 우리를 아브라함처럼 거룩하게 하여 복되게 하고 또한 우리를 통하여 세상이 복을 받게 하기 위함입니다. 그런 의미에서 '떠나라'는 하나님의 명령은 은혜이고 축복입니다. 우리는 아브라함의 '떠나는 믿음'을 보면서 하나님께서 내게 떠나라고 하시는 갈대아 우르가 무엇인지 깊이 묵상해 보아야 합니다. 내가 하나님보다 더 의지하는 것, 나를 하나님과 멀어지게 하는 것, 이 모든 것이 내가 떠나야 할 '갈대아 우르' 입니다. 결코 쉽지는 않습니다. 내 안에 떠나는 것을 방해하는 또 다른 내가 있기 때문입니다.

창세기 11장과 12장을 보면 가나안 땅을 향하여 떠나는 세 명의 중요한 인물이 나옵니다. 아브라함의 아버지 데라와 아브라함과 아브라함의 조카 롯입니다. 이 세 사람은 모두 똑같이 가나안 땅을 향하여 걸어갔지만 결과는 아주 달랐습니다. 창세기 11장 말미를 보면 데라는 자기의 의지로 자기 계획을 위하여 자기 목표인 가나안으로 가고자 하였습니다. 가는 도중 하란이 괜찮으니 거기에 머무릅니다. 아브라함은 데라가 하란에 머무르자 함께 머무를 수밖에 없었습니다. 데라가 죽고 나서야 약속의 말씀을 듣고 다시 떠나게 됩니다. 롯은 아브라함을 따라서 가나안으로 가고자 했습니다. 뚜렷이 붙들고 있는 하나님의 약속이 없었습니다. 그러니 어떻게 됩니까? 가나안까지 도착했지만 애굽처럼 풍요로워 보이는 소돔 지역을 보고는 그곳으로 떠나고 맙니다. 창세기 13장을 보면, 롯이 떠난 후에야 하나님께서 오셔서 다시 한 번 약속의 땅을 보여주시고 축복하십니다. '내 자신의 의지와 탐욕'을 상징하는 데라와 롯이 죽어야 하나님의 말씀이 들립니다. 갈라디아서 2장에서 내가 그리스도와 함께 십자가에 못 박혀야 내 안에 그리스도가 사는 것이라고 말씀하였습니다. 우리는 모두 영적 가나안을 향하여 떠난 영적 나그네들입니다. 내 안에 있는 데라와 롯을 제거하고 오직 아브라함처럼 하나님의 말씀을 그대로 믿는 믿음을 통해 복을 받는 것을 넘어서 '복' 그 자체가 되는 인생이 되기를 바랍니다.

둘째, 영원한 본향을 바라보는 믿음입니다.

아브라함이 하나님의 약속을 듣고 믿음으로 즉시 순종하여 가나안 땅에 도착했습니다. 도착하자마자 그 땅을 소유하고 큰 부자가 되어 살았을까요? 그렇지 않습니다. 사도행전 7장에서 스데반은 아브라함이 약속의 땅에 도착해서 만난 상황을 이렇게 말씀합니다.

> (행 7:5) 그러나 여기서 **발 붙일 만한 땅도 유업으로 주지 아니하시고** 다만 이 땅을 아직 자식도 없는 그와 그의 후손에게 소유로 주신다고 약속하셨으며

'발 붙일 만한 땅도 유업으로 주지 아니하시고' 이 말씀처럼 아브라함은 살아생전에 그곳에서 발붙일 만큼의 유업도 얻지를 못했습니다. 그가 소유했던 유일한 땅은 아내 사라가 죽었을 때 사라를 매장하기 위해서 헷 족속에게 샀던 막벨라 굴이 있는 밭이 전부였습니다.

(9) 믿음으로 그가 **이방의 땅에 있는 것 같이** 약속의 땅에 거류하여 동일한 약속을 유업으로 함께 받은 이삭 및 야곱과 더불어 장막에 거하였으니

그 땅은 하나님께서 약속하신 땅이었는데 '마치 이방인처럼, 그곳에서 살아야 했다'고 말씀합니다. 한 곳에 정착해서 산 것도 아니고 이리 저리 옮겨 다니며 살아야 했습니다. 그의 아들 이삭 때에도 손자 야곱 때에도 성읍에서 정착하여 산 것이 아니라 장막에서 살았습니다. 충분히 낙심할 수 있는 상황입니다. 출애굽 한 이스라엘 백성들을 생각해보십시오. 나그네로 광야 길을 걸으며, 조금만 힘들어도 자기들이 노예로 살던 애굽 땅을 그리워하지 않았습니까? 아브라함은 갈대아 우르에서 노예도 아니고 풍부하게 살았던 사람입니다. 그러니 얼마나 더 그리울 수 있겠습니까? 그런데 아브라함은 갈대아 우르를 그리워하거나 돌아가고 싶어 하지 않았습니다. 하나님께서 떠나라고 하신 곳은 뒤도 돌아보지 않았습니다. 창세기 24장을 보면 아브라함이 이삭의 아내를 얻기 위해 종을 자기의 고향으로 보냅니다. 그 때 종이 떠나면서 묻는 장면이 있습니다. "만일 신붓감이 이곳으로 오지 않으려고 하면 제가 어떻게 하면 좋겠습니까? 주인님의 아들을 제가 그곳으로 데리고 갈까요?" 그때 아브라함이 이렇게 대답합니다.

(창 24:6-7) (6) 아브라함이 그에게 이르되 **내 아들을 그리로 데리고 돌아가지 아니하도록 하라** (7) 하늘의 하나님 여호와께서 나를 내 아버지의 집과 내 고향 땅에서 떠나게 하시고 내게 말씀하시며 내게 맹세하여 이르시기를 **이 땅을 네 씨에게 주리라 하셨으니** 그가 그 사자를 너보다 앞서 보내실지라 네가 거기서 내 아들을 위하여 아내를 택할지니라

"아니다, 내 아들을 그리고 데리고 가지 마라. 이는 하나님께서 나를 이곳으로 보내실 때에 이 땅을 나와 내 후손에게 주리라고 약속하셨기 때문이다." 아브라함은 일생토록 하나님의 이 약속을 붙들고 인내하면서 기다리고 또 기다렸습니다.

(10) 이는 그가 **하나님이 계획하시고** 지으실 터가 있는 성을 바랐음이라

아브라함은 사람이 계획하고 사람의 손으로 지은 성을 사모하며 바라보지 않았습니다. 하나님이 계획하시고 하나님의 손으로 지은 성, 새 예루살렘 성, 천성, 영원한 본향을 사모하면서 살았습니다. 다시 말하면 아브라함은 이 세상의 소유에 집착하지 않았습니다. 땅의 것을 원한 것이 아니라 하늘의 것을 바라보면서 살았다는 것입니다. 창세기 13장을 보면 아브라함과 롯이 종들의 다툼으로 인하여 헤어지는 장면이 나옵니다. 아브라함이 롯을 데리고 높은 산꼭대기에 올라갑니다. 그리고 주변을 바라보게 하며 롯에게 말합니다. "네가 우하면 내가 좌하고 네가 좌하면 나는 우하리라. 네가 좋아하는 쪽을 먼저 택하도록 하여라" 한 쪽은 비옥한 땅입니다. 한 쪽은 험한 산지입니다. 롯은 눈을 들어서 요단들을 바라보면서 비옥한 땅을 택하여 가나안 땅을 떠났습니다. 아브라함은 험한 산지에 남았습니다. 그런데, 아브라함이 전연 개의치 않습니다. 영원한 본향을 사모하면서 살고 있기에 너그럽고 여유 있는 마음으로 모든 것을 양보할 수 있었던 것입니다. 롯이 떠난 후에 하나님께서 다시 오셔서 아브라함에게 말씀하십니다.

(창 13:17) 너는 일어나 그 땅을 종과 횡으로 **두루 다녀 보라 내가 그**

것을 네게 주리라

눈으로 보고 발로 밟는 땅 모두 주신다는 것입니다. 이것이 영원한 본향을 바라보고 살아가는 사람들이 얻는 복입니다. 우리가 이 세상의 것이 아니라 하늘을 바라보고 살아가는 사람들이 되면, 우리가 바라보고 걷는 모든 곳이 축복의 땅으로 변화가 될 줄로 믿습니다. 하나님께서 아브라함을 택하셨을 때 하셨던 말씀을 기억하십시오. "너는 복이 될지라, 땅의 모든 족속이 너로 말미암아 복을 얻을 것이라" 영원한 본향을 바라보며 살아가는 성도들은 이 땅에서 복이 됩니다. 나로 말미암아 내 가족이 복을 받고 내 이웃이 복을 받고 내 일터가 복을 받게 되는 것입니다. 아브라함처럼 영원한 본향, 위의 것을 바라보고 살아가서 이 땅에 하나님 나라를 건설하고, 복이 되는 인생이 되기를 바랍니다.

셋째, 불가능을 가능케 하는 믿음입니다.

아브라함이 하나님께 부름을 받고 갈대아 우르를 떠날 때 사라는 어떤 마음이었을까요? 풍요로운 도시에서 안정적인 직장, 좋은 교육 환경, 부족함 없이 살아가고 있는데 어느 날 남편이 갑자기 다 버리고 어디론가 가야 한다는 것입니다. "어디로?" 물으면 "몰라, 하나님이 지시할 곳이 있으니 일단 떠나래" 말하면 "아멘, 갑시다!" 할 수 있겠습니까? 쉽지 않은 일입니다. 그런데 사라는 아무 말 없이 따라 나섰습니다. 그 이유가 무엇입니까? 사라가 특별한 믿음이 있어서입니까? 아닙니다. 아브라함도 우상 숭배자였는데 사라가 하나님을 먼저 믿고 있었을리 만무합니다. 사라가 아무 말 없이 순종하고 따라갈 수 있었던 것은 믿음의 문제가 아니라 아들이 없었기 때문입니다. 이 시대에 아들이 없다는 것은 신의 저주를 받은 사람으로 취급받을 때입니다. 아들 낳고 싶어서 할 수 있는 것 다 해보다가 포기하고 있었는데 어느 날 남편이 말을 합니다. "하나님이 내게 찾아오셨는데 내게 후손을 주어서 큰 민족을 이루어주신데, 그런데 여기서 떠나야 한다는데…" 이 메시지는 사라가 평생 원하던 소원이었습니다. 아마도 후손을 주신다는 말에 사라는 무조건 오케이 했을 것입니다. 이후, 나그네 인생길을 걸으며 언제 아들을 주시려나, 간절히 기다리고 기다렸을 것입니다. 그런데 아들이 생기지 않았습니다. 얼마나 초조했을까요? 고향을 떠난 지 10년이 되도록 아들이 생기지 않자 사라가 생각을 합니다. '아브라함에게 후손을 준다고 했지 내게 주신다고 말씀하신 것은 아니니 다른 여자를 통해서 주려나보다' 그래서 결단한 것이 자기 여종 하갈을 아브라함에게 준 것입니다. 어쩌면 사라는 아브라함이 "아니다, 하나님께서는 당신을 통해 주실 것이다. 조금만 더 인내하고 기다려보자" 말하며 거절하길 바랐을 지도 모릅니다. 그런데 아브라함이 어떻게 합니까?

(창 16:2) 사래가 아브람에게 이르되 여호와께서 내 출산을 허락하지 아니하셨으니 원하건대 내 여종에게 들어가라 내가 혹 그로 말미암아 자녀를 얻을까 하노라 하매 **아브람이 사래의 말을 들으니라**

'아브람이 사래의 말을 들으니라' 이렇게 끝이 납니다. 야유회 때 보니 선물 받으러 나오던 유부남들이 공통점이 있었습니다. 선물을 고르기 전에 아내와 눈을 마주칩니다. 왜요? 아내가 시키는 대로 해야 하니까 그런 겁니다. 참 지혜가 있는 남편들입니다. 물론, 평소에는 말 안 듣지만 그런 데서는 잘 듣습니다. 아브라함도 평소에는 어땠는지 모르겠는데 이 때 만큼은 냉큼 아내의 말을 듣습니다. 사라가 왜 이런 실수를 하게 되었을까요? 자기가 생각하는 때를 하나님의 때라고 착각했기 때문입니다. 자기가 생각하는 때에 이루어지지 않으니까 하나님이 응답하지 않는다고 실망하고 실족한 것입니다. 문제는 실망하고 끝나는 것이 아닙니다. 정작 하나님의 때에 그 응답을 믿지 못합니다. 창세기 18장에서 세 천사가 나타납니다. 그 때에 하나님께서 말씀하십니다. "내년 이 맘 때에 네 아내 사라에게 아들이 있으리라" 드디어 하나님의 때가 된 것입니다. 사라가 평생을 기다리던 응답이 왔습니다. 그러면 어떻게 반응해야 합니까? "할렐루야! 평생 기다렸습니다! 아멘 감사합니다!" 해야 합니다. 그런데 사라가 어떻게 반응했습니까? '내가 지금 늙었는데 무슨 아들이야' 피식 웃고 맙니다. 사실 사라가 믿지 못할 만도 했습니다. 의학적으로 임신은 완전히 불가능한 상태였습니다. 누구보다 자기 몸을 자신이 가장 잘 압니다. 절대 안 된다는 것입니다. 그런데 하나님의 때는 바로 이 때였습니다. 이전에 자식을 주셨다면 그 자식이 하나님께서 주신 자녀라는 것을 100% 인정하지 못했을 것입니다. 그런데 인간의 능력으로 도저히 가질 수 없는 상태, 사라가 스스로 나는 끝났다, 고백하는 상태, 바로 이때를 기다리신 것입니다. 지난 세월을 돌아보면 사라는 아브라함과 함께 갈대아 우르를 떠나 약속의 땅에 왔습니다. 데라와 롯도 실패했지만 사라는 성공했습니다. 그런데 그 동안 사라는 하나님과 아무런 관계가 없었습니다. 믿음의 여정을 시작한지 24년 만에 처음 하나님을 만났습니다. 그리고 이 만남을 통하여 믿음을 얻게 됩니다.

(11) 믿음으로 **사라 자신도 나이가 많아 단산하였으나 잉태할 수 있는 힘을 얻었으니** 이는 약속하신 이를 미쁘신 줄 알았음이라

사라는 나이가 많아 단산하였습니다. 그런데 잉태할 수 있는 힘을 얻었습니다. 자신이 잉태할 수 없다는 것은 세상 누구보다 자기 자신이 가장 잘 압니다. 그런데 믿음으로 말미암아 잉태할 수 있는 힘을 얻었습니다. 불가능을 가능케 하는 믿을 얻은 것입니다. 하나님께서는 믿지 못해 웃었던 사라의 불신의 웃음을 기쁨의 웃음으로 바꾸어 주십니다. 창세기 21장으로 가면 사라가 이삭을 낳고 이렇게 고백합니다.

(창 21:6) 사라가 이르되 **하나님이 나를 웃게 하시니** 듣는 자가 다 나와 함께 웃으리로다

이것이 사라가 얻은 믿음의 능력입니다. 아들의 문제는 사라가 가졌던 평생의 문제, 평생의 절망의 원인이었습니다. 하지만 이제 기쁨의 원인으로 바뀌게 됩니다. 하나님께서는 이러한 믿음의 능력을 우리에게도 주셨습니다. 우리도 사라처럼 오랫동안 짊어지고 있는 기도제목이나 나를 억누르고 있는 절망의 문제가 있을 수 있습니다. 하지만 우리가 믿음의 여정을 인내하며 걷고 있다면, 하나님의 때가 찰 때 나를 힘들게 했던 그 요소가 도리어 기쁨의 요소로 변하게 되는 것을 반드시 목도하게 될 것입니다.

사랑하는 성도 여러분, 아브라함을 택하시고 사라를 찾아오신 하나

님께서 우리도 택하시고 우리에게도 찾아오십니다. 이제는 세상을 바라보고 사는 것이 아니라 아브라함처럼 하나님의 나라를 바라보고 영적 나그네 인생길을 걸어가시기를 바랍니다. 사라처럼 자신의 불가능이 아니라 하나님의 이루심을 바라보는 믿음으로 모든 문제와 상황들이 평안과 기쁨으로 변화되는 행복한 신앙생활을 하시기를 예수님의 이름으로 축원합니다.

결단과 소망의 기도

아브라함처럼 영원한 본향을 바라보며 살아가게 하옵소서.
사라와 같이 하나님을 만나 불가능을 가능케 하는
믿음의 능력을 얻게 하옵소서.

믿음, 하나님의 뜻을 인정하다
(히브리서 11:20)

(20) 믿음으로 이삭은 장차 있을 일에 대하여 야곱과 에서에게 축복하였으며

제 아버지의 고향은 경기도 양평이고 어머니의 고향은 강원도 홍천입니다. 그런데 서로 걸어 다닐 정도로 아주 가까운 동네였습니다. 중간에 작은 하천이 하나 있는데 그 하천이 도 경계선이었습니다. 경계선 어느 쪽에 사느냐에 따라 경기도와 강원도가 결정됩니다. 사실, 도 경계선은 주소가 어디에 속해 있느냐의 차이일 뿐 큰 의미는 없습니다. 그런데 나라의 경계는 이야기가 완전히 달라집니다. 우리나라 휴전선을 생각해보십시오. 38선이라고 부르기도 합니다. 1945년 해방 후에 미국과 소련이 분할 통치를 위해서 정해 놓았던 북위 38도를 중심으로 해서 휴전선이 정해졌기 때문입니다. 1951년 7월부터 시작된 정전협정이 약 2년이 걸리는데 그 시기에 치열하게 전쟁을 이어가다가 교전이 멈춘 그 지점을 휴전선으로 최종 정하게 되었다고 합니다. 지도를 보면, 속초, 양양, 고성 전부 38선 이북입니다. 그런데 휴전선이 더 위로 정해졌기에, 대한민국 소속이 되었습니다. 반면에 개성은 38선 이남인데 휴전선으로 인하여 북한에 소속되고 말았습니다. 마지막 결정된 경계선 어느 쪽에 있느냐에 따라 삶의 자리가 완전히 달라지고 말았습니다. 이보다 더 중요한 경계선이 있습니다. 바로 하나님 나라와 세상 나라의 경계선입니다. 경계선 어느 쪽에 서 있느냐에 따라 그의 인생 뿐 아니라 영생이 달라집니다. 오늘 본문에 등장하는 이삭은 경계선 안쪽에서 끝까지 떠나지 않는 믿음의 표본을 보여줍니다. 연약한 모습이었지만 끝까지 견뎌내어 마침내 하나님의 축복을 받은 이삭의 믿음은 우리에게 위로와 힘이 됩니다. 오늘 말씀을 상고하며 이삭처럼 하나님의 인도하심으로 끝까지 믿음 안에 거하며 하나님의 축복을 받아 누리기를 바랍니다.

첫째, 약속을 떠나지 않는 믿음입니다.

아브라함이 약속을 믿고 갈대아 우르에서 떠났다면 이삭은 약속을 믿고 가나안 땅을 떠나지 않은 믿음이었습니다. 아브라함의 믿음을 전수받은 것입니다. 신명기서에서 가장 강조하는 것이 자녀들의 신앙교육입니다. 강조를 하는 것은 잘하기 때문일까요? 못하기 때문일까요? 못하기 때문입니다. 여호수아와 함께 가나안 땅에 들어간 이스라엘 백성들은 모두 광야 2세대입니다. 40년 동안 철저하게 광야에서 훈련받고 들어간 백성들입니다. 여호수아서는 훈련받은 그들의 믿음을 아주 잘 보여줍니다. 그런데, 여호수아서 바로 다음 책이 사사기입니다. 하나님을 모르는 다른 세대가 등장합니다. 부모의 신앙을 자녀에게 전수하는 것이 가장 큰 유산이고, 가장 큰 축복임을 아주 많이 강조했지만 지켜지지 못했습니다. 결국은 구약의 암흑기, 사사시대가 시작된 것입니다.

이삭의 아버지는 믿음의 조상 아브라함입니다. 아버지가 믿음의 조상이라고 해서 믿음이 저절로 전수되는 것은 아닙니다. 어떻게 보면, 오히려 믿음을 이어받기 어려운 환경이었습니다. 이삭의 입장에서 아버지 아브라함이 어떤 사람인지 생각해 보십시오. 하나님이 약속하셨다고, 문명도시에서 떠나 척박한 땅에서 나그네로 살고 있었습니다. 100세에 이삭을 낳았으니 엄청난 사랑을 쏟아 부으며 키웠을 것입니다. 그러던 어느 날에는 번제 드리러 모리아 산에 가자고 해서 따라갔더니 갑자기 하나님이 너를 번제로 드리라고 말씀하셨다면서 칼을 들이댑니다. 이 때 이삭의 마음이 어떠했을까요? 물론 아브라함이 이삭을 키우면서 하나님의 언약에 대해서 많이 교육했을 것입니다. 그러니 그 현장에서도 반항하지 않고 순종을 했을 것입니다. 그런데 시간이 흘러 아버지 아브라함이 죽을 때 어떤 약속이 이루어졌습니까? 하늘의 별과 같은 후손을 준다고 했는데 약속의 혈통은 자기 혼자였고, 자기 아들도 둘밖에 없는데 서로 사이도 안 좋습니다. 약속의 땅을 주시겠다고 했는데 아버지가 소유한 땅이라고는 어머니 사라 장례 치루기 위해서 샀던 막벨라 굴이 전부였습니다. 이러한 상황에서 하나님의 약속만 바라보던 아브라함의 믿음을 이어받기가 쉽겠습니까? 쉽지 않습니다. 창세기 26장을 보면 가나안 땅에 흉년이 듭니다. 그렇지 않아도 믿음에 회의감이 있는데 흉년까지 드니 이삭은 곧바로 약속의 땅을 포기하고 애굽으로 내려가려고 합니다.

> (창 26:1-2) (1) 아브라함 때에 첫 흉년이 들었더니 그 땅에 또 흉년이 들매 **이삭이 그랄로 가서** 블레셋 왕 아비멜렉에게 이르렀더니 (2) 여호와께서 이삭에게 나타나 이르시되 **애굽으로 내려가지 말고 내가 네게 지시하는 땅에 거주하라**

1절을 보면 이삭이 그랄로 갔다고 하는데 그랄이 목적이 아니었습니다. 2절에서 하나님께서 애굽에 내려가지 말라고 말씀하시는 것을 보면, 애굽으로 내려가려 했다는 것을 알 수 있습니다. 지금 이삭이 내려간 그랄의 위치가 어디인지 보십시오.

> (창 20:1) 아브라함이 거기서 네게브 땅으로 옮겨가 **가데스와 술 사이 그랄**에 거류하며

'가데스와 술' 사이라고 말씀합니다. '가데스'는 거룩을 뜻하는 '카테쉬'에서 나온 단어입니다. '술'은 '벽' 이라는 뜻인데 세상을 상징하

는 애굽과 약속의 땅인 가나안의 경계 지역입니다. 뜻으로 풀어서 다시 생각해보면 '거룩'과 '세상'의 경계선이 바로 '그랄'입니다. 신앙의 끝자락으로 내려가면 애굽으로 넘어가기가 쉽습니다. 아브라함도 기근을 만났을 때 그랄이 있는 네게브에 내려갔다가 결국 애굽까지 들어간 적이 있었습니다. 이 모습을 아시는 하나님께서 지금 이삭에게는 개입하셔서 말씀하신 것입니다. "애굽으로 내려가지 말고 내가 네게 지시하는 땅에 거주하라" 세상으로 떠나지 말고 신앙의 경계선을 지키라는 말씀입니다. 그리고 아브라함과 맺었던 언약을 이삭과도 맺습니다.

> (창 26:3-4) (3) 이 **땅에 거류하면** 내가 너와 함께 있어 네게 복을 주고 내가 이 모든 땅을 너와 네 자손에게 주리라 내가 네 아버지 아브라함에게 맹세한 것을 이루어 (4) 네 자손을 하늘의 별과 같이 번성하게 하며 이 모든 땅을 네 자손에게 주리니 네 자손으로 말미암아 천하 만민이 복을 받으리라

"네가 이 땅에 거류하면, 네가 신앙의 경계선을 잘 지키면 내가 너와 함께 있어 네게 복을 주고 네 아버지 아브라함에게 맹세한 것을 이루어 네 자손을 번성하게 할 것이고 네 자손으로 말미암아 천하 만민이 복을 받을 것이다" 그동안은 아브라함의 하나님이었다면 이제 '아브라함의 하나님, 이삭의 하나님'이 되는 순간입니다. 그런데 현실적으로 생각해보십시오. 이 약속은 하나님께서 아브라함에게 주셨던 약속과 똑같은 것입니다. 우리가 이삭이라면 이 말씀에 "아멘" 할 수 있겠습니까? 이 말씀을 가만히 묵상하는데 내가 이삭이라면 "하나님께서 아버지에게 해 주신 것이 뭐가 있는데요?" 이렇게 질문했을 것 같

습니다. 그런데 이삭이 하나님의 말씀에 순종하여 애굽으로 내려가지 않습니다. 그렇다고 다시 가나안 땅의 중심 헤브론으로 들어간 것은 아니고 그랄 땅에 그대로 머뭅니다. 이 모습은 이삭의 신앙을 상징적으로 보여줍니다. 믿음의 마지노선에 머물러 있는 것입니다. 신앙이 떨어지면 다시 회복하기가 이렇게 어렵습니다. 믿음의 마지노선에서 이삭이 한 행동이 무엇입니까? 아버지 아브라함처럼 아내 리브가를 누이라고 속입니다.

우리나라는 이제 무감각해져서 파주에도 신도시가 있지만, 휴전중인 국가에 군사분계선은 사실 두려운 곳입니다. 이삭이 신앙의 경계선에 있다 보니 세상이 두려웠습니다. 그래서 거짓말을 한 것입니다. 그러던 어느 날 리브가를 안고 있다가 아비멜렉에게 발각되어 책망을 듣습니다. 성도가 신앙의 경계선에 서 있으면 세상에게 책망을 듣기도 합니다. 그런데 하나님께서 연약한 이삭을 내버려두지 않았습니다. 비록 약속의 땅 끝자락에 있지만 하나님의 말씀에 순종하여 신앙의 경계선을 넘어 세상으로 가지 않는 이삭에게 복을 내려주십니다.

(창 26:12-13) (12) **이삭이 그 땅에서 농사하여** 그 해에 백 배나 얻었고 **여호와께서 복을 주시므로** (13) 그 사람이 창대하고 왕성하여 마침내 거부가 되어

하나님께서 복을 주심으로 그 땅에서 농사하여 백 배나 얻어 창대하고 왕성하여 마침내 거부가 됩니다. 이야기의 흐름이 좀 이상하죠? 이 복을 받는데 이삭이 무슨 일을 했습니까? 어떤 공로가 있습니까? 아무 공로도 수고도 없습니다. 유일하게 잘한 것 하나는 하나님 말씀

들고 애굽으로 내려가지 않은 것입니다. 신앙과 세상의 경계선에서 흔들렸지만 그래도 끝까지 약속을 떠나지 않았다는 것입니다. 우리도 어떻게든 약속의 땅, 신앙의 땅을 떠나서는 안 됩니다. 신앙의 줄, 기도의 줄을 놓쳐서는 안 됩니다. 비록 우리가 연약하여 때로 믿음의 끝자락 세상과의 경계선, 그랄 땅까지 내려가는 일이 있을지라도 애굽으로는 넘어가서는 안 됩니다. 끝까지 기도하고, 끝까지 하나님 붙들어서 마침내 하나님께서 주시는 그 복을 이삭처럼 받기를 축원합니다.

둘째, 예배를 회복하는 믿음입니다.

이삭이 거부가 되긴 했지만 아직 하나님의 약속이 이루어진 것은 아닙니다. 하나님의 약속은 '이 모든 땅과 하늘의 별과 같은 후손' 입니다. 지금 이삭의 상황을 생각해보면 별과 같은 후손이 아니라 20년 기도하여 응답받은 에서와 야곱 단 둘 뿐이었습니다. 또, 거부가 되었다고 해도 여전히 나그네였습니다. 지금 농사지어 백배나 수확한 땅은 이삭의 땅이 아닙니다. 그래서 이삭이 잘되니까 아비멜렉이 내쫓습니다. 이삭이 그곳을 떠나 그랄 골짜기에 거하는 동안에는 그랄 목자들이 시비를 걸어 우물을 계속 뺏어갑니다. 이 시대의 우물은 굉장히 중요한 자산입니다. 일종의 사업체 같은 것입니다. 요즘으로 말하면 '건물에 세를 들어 장사를 했는데 장사가 너무 잘되니 건물주가 빼앗고 쫓아낸다. 다른 곳에 갔는데 또 잘 된다. 또 빼앗긴다.' 이런 식입니다. 이삭은 이 상황에서 세상과 다투지 않고 그냥 빼앗기며 이동합니다. 두 번이나 빼앗기고 세 번째 우물을 파고 나서야 더 이상 빼앗기지 않습니다.

(창 26:22-23) (22) 이삭이 거기서 옮겨 다른 우물을 팠더니 그들이 다투지 아니하였으므로 그 이름을 **르호봇**이라 하여 이르되 이제는 여호와께서 우리를 위하여 넓게 하셨으니 이 땅에서 우리가 번성하리로다 하였더라 (23) 이삭이 **거기서부터 브엘세바로 올라갔더니**

르호봇은 '넓다'의 뜻이 있습니다. 이제 됐다는 것입니다. 그런데, 이삭이 거기에서 머물지 않습니다. 브엘세바로 올라갑니다. '그랄'이 비무장지대 같은 곳이라면 '브엘세바'는 파주 같은 곳입니다. 분위기가 아주 다릅니다. 지금 이삭이 신앙과 세상의 경계선에서 양다리를 걸치고 있다가 신앙 안으로 확실히 들어오는 것입니다. 이 장면이 중요합니다. 어려운 일이나 중요한 일이 있을 때 간절히 기도합니다. 그런데 해결되면 더 이상 기도 안합니다. '르호봇' 여기에 멈추는 것입니다. 그런데, 이삭은 모든 문제가 해결되었는데 멈추지 않았습니다.

(창 26:23-24) (23) 이삭이 거기서부터 **브엘세바로 올라갔더니** (24) 그 밤에 여호와께서 그에게 나타나 이르시되 나는 네 아버지 아브라함의 하나님이니 두려워하지 말라 내 종 아브라함을 위하여 **내가 너와 함께 있어 네게 복을 주어 네 자손이 번성하게 하리라** 하신지라 (25) **이삭이 그 곳에 제단을 쌓고**, 여호와의 이름을 부르며 거기 장막을 쳤더니 이삭의 종들이 거기서도 우물을 팠더라

브엘세바로 올라가자 하나님께서 나타나서 다시 언약을 재확인하십니다. 하나님을 다시 만난 이삭이 무엇을 합니까? 제단을 쌓고 여호와의 이름을 부릅니다. 이삭의 신앙이 이제는 온전히 회복되어 예배가 회복되는 모습을 보여줍니다. 이삭의 예배가 회복되고 하나님과의

관계가 회복되니 어떤 일이 발생합니까? 아비멜렉이 찾아와서 동맹을 요청합니다. 예배가 회복되니 세상과의 관계도 달라졌습니다. 그동안 어땠습니까? 리브가의 일로 아비멜렉에게 책망을 받았습니다. 농사 성공 후에는 시기를 받아 아비멜렉에게 쫓겨났었습니다. 세상 눈치보고 살고 있었는데 예배가 회복되니 아비멜렉이 먼저 찾아와서 무릎을 꿇는 것입니다. 무엇이라 말하는지 보십시오.

> (창 26:28-29) (28) 그들이 이르되 **여호와께서 너와 함께 계심을 우리가 분명히 보았으므로** 우리의 사이 곧 우리와 너 사이에 맹세하여 너와 계약을 맺으리라 말하였노라 (29) 너는 우리를 해하지 말라 이는 우리가 너를 범하지 아니하고 선한 일만 네게 행하여 네가 평안히 가게 하였음이니라 **이제 너는 여호와께 복을 받은 자니라**

'여호와께서 너와 함께 계심을 우리가 분명히 보았다. 너는 우리를 해하지 말라, 너는 여호와께 복을 받은 자니라' 말합니다. 이삭을 통해서 세상이 하나님을 발견합니다. 이삭이 세상을 두려워하는 것이 아니라, 세상이 이삭을 두려워합니다. 그리고 결론이 무엇인지 보십시오.

> (창 26:32) 그 날에 이삭의 종들이 자기들이 판 우물에 대하여 이삭에게 와서 알리어 이르되 **우리가 물을 얻었나이다** 하매

신앙의 경계선에서 다 빼앗겼던 우물을 신앙의 땅 안에서 또 다시 얻게 됩니다. 우리가 얻어야할 우물이 바로 이 우물입니다. 이 우물은 결코 빼앗기지 않을 우물, 참된 축복의 우물입니다. 이삭처럼 온전히 신앙의 땅으로 들어와서 예배를 회복하고 하나님과의 관계를 회복하

여 하나님께서 주시는 축복의 우물을 얻고 승리하는 인생이 되기를 축원합니다.

셋째, 하나님의 뜻을 인정하는 믿음입니다.

창세기 25장을 보면, 야곱과 에서가 태어나기 전에 태중에서 너무 심하게 싸워서 이삭과 리브가가 하나님께 묻는 장면이 있습니다. 그때 하나님께서 이렇게 말씀하십니다.

> (창 25:23) 여호와께서 그에게 이르시되 **두 국민이 네 태중에 있구나** 두 민족이 네 복중에서부터 나누이리라 이 족속이 저 족속보다 강하겠고 **큰 자가 어린 자를 섬기리라** 하셨더라

"두 국민이 태중에 있구나, 큰 자가 어린 자를 섬기리라" 둘째가 장자의 복을 받아야 함을 말씀하신 것입니다. 그런데 이삭은 첫째 에서를 더 사랑했고 리브가는 야곱을 더 사랑합니다. 세월이 지난 어느 날 이삭이 에서를 부릅니다.

> (창 27:1-4) (1) 이삭이 나이가 많아 눈이 어두워 잘 보지 못하더니 맏아들 에서를 불러 이르되 내 아들아 하매 그가 이르되 내가 여기 있나이다 하니 (2) 이삭이 이르되 내가 이제 늙어 어느 날 죽을는지 알지 못하니 (3) 그런즉 네 기구 곧 화살통과 활을 가지고 들에 가서 **나를 위하여 사냥하여** (4) **내가 즐기는 별미를 만들어 내게로 가져와서 먹게 하여** 내가 죽기 전에 내 마음껏 **네게 축복하게 하라**

"내가 이제 늙어 어느 날 죽을지 알지 못하니, 나를 위하여 사냥하

여 별미를 만들어 먹게 하여 내가 죽기 전에 내 마음껏 네게 축복하게 하라" 하나님의 뜻은 야곱을 통해 축복과 믿음의 줄기를 이어가는 것이었는데 이삭은 자기를 기쁘게 해주는 에서를 축복하고 싶은 것입니다. 하나님의 뜻보다는 자기의 뜻이 앞서 있었습니다. 그래서 아내와 상의도 하지 않고 에서에게 장자의 복을 주겠다고 별미를 만들어오라고 말한 것입니다. 그 때 리브가가 이 말을 듣습니다. 그리고 야곱과 짜고 야곱을 에서로 분장시켜서 이삭을 속입니다. 이삭은 야곱이 진짜 에서인지 다섯 번에 걸쳐 확인을 합니다. 그리고도 속아서 결국 장자의 축복을 야곱에게 줍니다. 그런데 이 사건을 오늘 본문 히브리서에서 어떻게 평가하고 있는지 보십시오.

(20) **믿음으로 이삭은** 장차 있을 일에 대하여 야곱과 에서에게 축복하였으며

'믿음으로 이삭은 야곱과 에서를 축복했다' 이삭이 야곱에게 축복한 것은 믿음으로 한 것이 아니고 속아서 축복했습니다. 그런데, 믿음으로 축복했다고 말씀하고 있습니다. 이렇게 평가하는 이유는 이삭이 속은 것을 알고 난 뒤의 반응 때문입니다.

(창 27:33) 이삭이 **심히 크게 떨며** 이르되 그러면 사냥한 고기를 내게 가져온 자가 누구냐 네가 오기 전에 내가 다 먹고 그를 위하여 축복하였은즉 **그가 반드시 복을 받을 것이니라**

심히 크게 떨었다고 말씀합니다. 속은 것이 분해서였을까요? 그랬다면 도망간 야곱을 다시 불러오고 에서와 함께 있는 자리에서 크게

믿음, 하나님의 뜻을 인정하다　195

질책한 후 에서에게 다시 축복의 기도를 했을 것입니다. 그런데 이삭이 심히 떨면서 하는 말이 무엇입니까? '그가 반드시 복을 받을 것이니라' 입니다. 자기의 뜻과 계획은 '에서' 였지만 결국은 하나님께서 말씀하신 대로 이루어지는 것을 보면서 하나님의 뜻을 인정하고 있는 것입니다. '야곱이 반드시 복을 받을 것이다. 에서야 너는 네 아우를 섬길 것이다' 이 말은 이삭의 신앙고백입니다. 하나님의 뜻을 인정한 이삭은 야곱을 라반의 집에 보내기 전에 다시 한 번 축복합니다.

> (창 28:3-4) (3) 전능하신 하나님이 네게 복을 주시어 네가 생육하고 번성하게 하여 네가 여러 족속을 이루게 하시고 (4) **아브라함에게 허락하신 복을 네게 주시되** 너와 너와 함께 네 자손에게도 주사 하나님이 아브라함에게 주신 땅 곧 네가 거류하는 땅을 네가 차지하게 하시기를 원하노라

이 축복은 하나님께서 아브라함에게 주신 언약이었고 이삭 본인이 받은 언약이기도 합니다. 언약이 야곱에게 계승됨을 인정하고 있습니다. 오늘 본문에서 믿음으로 이삭은 '장차 있을 일에 대하여' 야곱과 에서를 축복했다고 말씀하였습니다. 장차 있을 일은 사람의 노력이나 계획대로 되는 것이 아닙니다. 하나님의 작정, 하나님의 뜻대로 진행됩니다. 하지만 사람은 자신의 계획대로 이루려고 합니다. 이것을 성경은 '육의 생각'이라고 말씀합니다.

> (롬 8:7-8) (7) **육신의 생각은 하나님과 원수**가 되나니 이는 하나님의 법에 굴복하지 아니할 뿐 아니라 할 수도 없음이라 (8) 육신에 있는 자들은 하나님을 기쁘시게 할 수 없느니라

육의 생각은 하나님의 원수이고, 하나님을 기쁘시게 할 수 없습니다. 이삭은 자기에게 기쁨을 주는 에서를 좋아했고 그가 언약의 계승자가 되기를 바랐습니다. 이것이 육의 생각입니다. 이 육의 생각을 내려놓기가 어렵습니다. 그런데 이삭은 벌어지는 상황 속에서 영적으로 민감하게 반응하여 육의 생각을 내려놓고 하나님의 뜻을 인정한 것입니다. 이것이 믿음입니다. 우리도 이삭처럼 내 생각이나 계획이 어그러질 때가 있습니다. 때로는 하나님의 뜻이 이해되지 않을 때도 있습니다. 하지만 그것이 하나님의 뜻과 섭리라는 것을 깨닫게 되면 바로 순복할 수 있어야 합니다. 그것이 이삭과 같은 복 있는 믿음입니다.

　오늘 살펴 본 이삭의 믿음은 특별한 믿음이 아니었습니다. 믿음의 끝자락에서 겨우 믿음을 유지했던 사람이고 하나님의 뜻보다는 육신의 생각으로, 자기의 계획대로 '에서'에게 복을 주려고 했던 사람입니다. 하지만 그때마다 하나님께서 주시는 말씀과 상황에 반응하여 바른 길을 선택했고 결국은 하나님이 주시는 축복을 받아 누렸습니다. 그래서 이삭의 말씀이 우리에게 위로가 됩니다. 우리가 연약한 믿음 가운데 때로는 신앙의 경계선에서 겨우겨우 견뎌내고 있어도 하나님이 주시는 말씀과 상황에 민감하게 반응한다면 결국 하나님께서 우리를 축복의 길로 인도해 주시는 것을 반드시 목도하게 될 것입니다. 사랑하는 성도 여러분, 이삭에게 부어주신 축복의 은혜를 기억하여 연약함 가운데에도 신앙의 경계선을 넘지 않고 하나님의 나라 안에 거하여서 이삭처럼 축복의 계승자들이 되기를 예수님의 이름으로 축원합니다.

결단과 소망의 기도

이삭처럼 신앙의 경계선을 지키겠습니다.
말씀에 반응하여 예배를 회복하고 하나님의 뜻을 인정하여
마침내 주시는 축복을 받아 누리게 하옵소서.

믿음, 나의 힘을 꺾다
(히브리서 11:21)

(21) 믿음으로 야곱은 죽을 때에 요셉의 각 아들에게 축복하고 그 지팡이 머리에 의지하여 경배하였으며

독일 관념론 철학의 완성자라고 불리는 '헤겔'은 '역사 철학'과 '종교 철학'에 상당히 큰 영향을 미친 사람입니다. 그의 철학에서 중요한 개념이 '절대정신' 입니다. 인간의 역사가 단순히 '사건'의 나열이 아니라 '절대정신'이 자기 자신을 인식하고 실현하는 과정이라고 보았습니다. 조금 쉽게 표현하면, 인간이 역사를 만들어가는 것이 아니고 절대정신의 계획과 목표에 의해서 인간의 역사가 만들어진다는 것입니다. 어디서 많이 들어본 이야기 같지 않습니까? 하나님의 계획과 섭리와 비슷한 이야기입니다. 사실, 헤겔의 철학을 '기독교 신앙의 철학적 재해석'이라고 말하기도 합니다. 헤겔이 세상을 떠난 난 후 그의 강의 노트와 학생들이 기록한 강의록을 엮어서 '역사철학강의'라는 책이 출판되었습니다. 이 책에 유명한 문장이 있습니다.

> "역사가 우리를 가르치는 것은 하나뿐이다. 그것은 인간이 역사를 통해 아무 것도 배우지 못한다는 것이다." - 게오르크 빌헬름 프리드리히 헤겔

사람들이 역사를 통해 배워야 하는데 역사를 통해 배우지 못하고 동일한 실수를 반복한다는 것입니다. 이 말은 신앙에도 적용할 수 있습니다. 성경을 통해 배우지 못하면 동일한 실수를 반복하는 어리석음을 범하게 됩니다. 오늘 본문의 주인공은 야곱입니다. 야곱은 그야말로 '하나님의 백성'을 대표하는 인물입니다. 야곱의 다른 이름이 하나님의 백성을 상징하는 '이스라엘' 이고 이와 반대로 '이스라엘 백성'의 다른 이름이 '야곱' 이기도 합니다. 그러므로 야곱의 역사가 곧 성도의 역사입니다. 야곱의 성공이 우리의 성공이고, 야곱의 실패가 우리의

실패입니다. 야곱은 하나님의 계획과 섭리 안에서 성공과 실패를 거듭하며 마침내 하나님의 백성으로 성장을 합니다.

(21) 믿음으로 야곱은 **죽을 때**에 **요셉의 각 아들에게 축복**하고 **그 지팡이 머리에 의지하여 경배**하였으며

'믿음으로 야곱은' 이라는 주문장을 서술하는 문장이 세 개가 있습니다. 첫째 '죽을 때에', 둘째 '요셉의 각 아들에게 축복하고', 셋째 '그 지팡이 머리에 의지하여 경배함' 입니다. 이 세 가지가 야곱의 믿음의 중요한 특징을 말해 줍니다. 오늘 말씀을 통하여 야곱의 믿음의 역사를 상고하며 하나님의 백성으로 성장하기를 바랍니다.

첫째, 야곱은 믿음으로 죽는 사람이었습니다.

(21) **믿음으로** 야곱은 **죽을 때에** 요셉의 각 아들에게 축복하고 그 지팡이 머리에 의지하여 경배하였으며

'야곱은 죽을 때에' 인데, 그냥 '죽을 때에'가 아닙니다. '믿음으로 야곱은 죽을 때에' 입니다. 야곱은 믿음으로 죽는 사람이었습니다. '믿음으로 죽는 것'은 쉬운 일이 아닙니다. 많은 훈련의 과정이 필요합니다. 야곱은 이 훈련의 과정을 풀코스로 밟은 사람입니다. 창세기 47장에서 야곱이 바로 앞에 섰을 때 이런 말을 합니다.

(창 47:8-9) (8) 바로가 야곱에게 묻되 네 나이가 얼마냐 (9) 야곱이 바로에게 아뢰되 **내 나그네 길의 세월이 백삼십 년이니이다** 내 나이가

얼마 못 되니 우리 조상의 나그네 길의 연조에 미치지 못하나 **험악한 세월을 보내었나이다** 하고

'내 나그네 길의 세월이 백삼십 년이니이다', 그런데 이 세월이 어떤 세월이라고 말을 합니까? '험악한 세월'이라고 말합니다. 야곱은 이 고백대로 험악한 세월을 보냈습니다. 생각해보면 험악한 세월을 보낸 것은 사실 그가 자초한 일이었습니다. 어머니의 고향 밧단아람으로 도망쳐서 외삼촌 라반에게 속으며 살았는데 그 이유가 무엇이었습니까? 아버지와 형을 속였기 때문입니다. 세겜에서 외동딸 디나가 겁탈을 당하고 아들들은 하나님의 언약 '할례'로 사기를 치며 피의 복수극을 벌여서 주변 족속들의 공격을 받을 염려에 빠지기도 했습니다. 그 이유가 무엇이었습니까? 벧엘로 올라가겠다는 서원을 지키지 않았기 때문이었습니다. 하나님께서 야곱에게 험악한 세월을 주셨던 것은 그가 하나님 안으로 들어와서 온전한 축복의 계승자가 되길 원하셨기 때문입니다.

예전에는 학교에서 체벌이 심했습니다. 제가 중3 때 담임 선생님은 체육선생님이었는데 학교에서 제일 많이 때리는 선생님이었습니다. 시험기간이 되면 개별적으로 목표점수를 받았습니다. 그리고 시험이 끝난 후 목표점수에 부족한 만큼 애들을 팼습니다. 그야말로 팹니다. 주로 당구채로 때렸습니다. 정말 중3 세월을 험악하게 보냈습니다. 그런데 그렇게 맞다 보니 '마침내' 점수가 오른 친구들이 참 많았습니다. 야곱이 마침내 노년에 이르러서 믿음으로 죽을 수 있는 사람이 된 것은 하나님의 훈련으로 험악한 세월을 보냈기 때문입니다. 우리도 믿음으로 죽는 사람이 되어야 하는데 험악한 세월을 보내고 나서야 믿음으

로 죽는 사람이 되어서는 안 됩니다. 선생님한테 맞고 나서 점수 올리지 말고 맞기 전에 올리는 게 지혜로운 것입니다.

> (고전 10:11) 그들에게 일어난 **이런 일은 본보기가 되고** 또한 말세를 만난 **우리를 깨우치기 위하여 기록**되었느니라

하나님께서 이미 야곱을 통해 본보기를 보여주셨으니 우리는 깨달아 험악한 세월의 길을 걷지 말고 지금부터 믿음으로 죽을 수 있는 사람이 되어야 합니다. 어떻게 하면 믿음으로 죽으며 살 수 있습니까? 가장 쉬운 방법은 삶 가운데 말씀과 찬양, 기도와 항상 가까이 하는 것입니다. 그러면 믿음으로 죽는 삶을 살 수 있습니다. 간단한 예를 들면, 운전을 하고 가는데 위험하게 차가 끼어들면 마음이 어떠합니까? 갑자기 어릴 때 키우던 강아지가 보고 싶고 그렇지 않습니까? 그게 사람의 마음입니다. 그런데, 찬양을 듣고, 부르며 운전을 하다가 누가 확 끼어들면 어떻습니까? 나도 모르게 입에서 '주여~' 하고 나옵니다. 찬양하던 입술로 차마 욕하지 못하는 것입니다. 아주 사소한 것이지만 이러한 삶을 통하여 믿음으로 죽는 것이 연습됩니다. 평소에 내가 얼마나 하나님의 말씀과 찬양과 기도에 가까이 사느냐가 얼마나 내가 믿음으로 죽을 수 있느냐를 결정합니다. 사도바울이 인생 마지막에 한 고백을 보십시오.

> (딤후 4:7-8) (7) 나는 **선한 싸움을 싸우고** 나의 **달려갈 길을 마치고 믿음을 지켰으니** (8) 이제 후로는 나를 위하여 **의의 면류관이 예비되었으므로** 주 곧 의로우신 재판장이 그 날에 내게 주실 것이며 내게만 아니라 주의 나타나심을 사모하는 모든 자에게도니라

'나는 선한 싸움을 싸우고, 나의 달려갈 길을 마치고 믿음을 지켰으니 이제 후로는 나를 위하여 의의 면류관이 예비되었다.' 인생의 마지막에 '내가 험악한 세월을 보내었나이다' 고백하는 인생 되지 말고 믿음으로 죽는 삶을 통해 '나를 위하여 의의 면류관이 예비되었다' 기대하며 고백할 수 있는 복된 인생이 되기를 소원합니다.

둘째, 야곱은 성장하는 믿음을 가졌습니다.

(21) 믿음으로 야곱은 죽을 때에 **요셉의 각 아들에게 축복하고 그 지팡이 머리에 의지하여 경배하였으며**

야곱의 믿음 두 번째 특징으로 요셉의 각 아들을 축복한 것을 말씀합니다. 창세기를 보면 야곱이 축복하는 장면이 세 번 나옵니다. 바로를 축복하는 장면, 요셉의 아들을 축복하는 장면, 열두 아들을 축복하는 장면입니다. 그 중에 요셉의 아들을 축복하는 장면은 창세기 48장에 나옵니다. 야곱이 나이가 들어 노쇠할 때 요셉이 자기의 두 아들 므낫세와 에브라임을 야곱에게 데리고 옵니다. 그 때 야곱이 요셉의 두 아들을 축복을 합니다. 요셉이 일부러 장자 므낫세를 야곱의 오른 손 앞에 데려다 두고 에브라임을 왼손 앞에 데려다 두었는데 야곱이 굳이 손을 엇바꾸어 축복을 합니다. 요셉이 그 모습을 보고 므낫세가 장자이니 그에게 오른 손을 얹으라고 요청합니다. 그 때 야곱이 이렇게 대답을 합니다.

(창 48:19) 그의 아버지가 허락하지 아니하며 이르되 **나도 안다 내 아**

들아 나도 안다 그도 한 족속이 되며 그도 크게 되려니와 그의 아우가 그보다 큰 자가 되고 그의 자손이 여러 민족을 이루리라 하고

"나도 안다, 내 아들아 나도 안다" 그런데 왜 엇갈려 축복을 합니까? 사람의 생각과 계획이 아니라 하나님의 뜻과 섭리에 따라 축복하고 있는 것입니다. 이삭에게 배운 성숙한 신앙입니다. 바로 앞 장에서는 바로에게 축복하는 장면이 있습니다.

(창 47:10) **야곱이 바로에게 축복하고** 그 앞에서 나오니라

야곱이 바로를 축복했다는 것은 중요한 의미가 있습니다. 히브리서 7장의 말씀을 보십시오.

(히 7:7) 논란의 여지 없이 **낮은 자가 높은 자에게서 축복을 받느니라**

야곱은 가뭄을 피해 애굽으로 온 나그네에 불과하고 바로는 세상을 통치하는 왕입니다. 그런데 누가 더 높다는 것입니까? 영적으로 보면 야곱이 더 높은 자리에 있다는 것입니다. 야곱은 세상을 축복하고 마지막에는 그의 아들들에게도 예언자적인 축복을 남기는 인생이 됩니다. 야곱이 처음 등장할 때와는 전혀 다른 모습입니다. 야곱의 신앙이 어떻게 이렇게 성장할 수 있었을까요? 지난 세월을 생각해 보면 야곱의 신앙성장 단계를 볼 수 있습니다. 처음에 등장했을 때는 복을 받겠다고 형을 속여서 장자의 명분을 샀습니다. 아버지를 속이고 축복 기도를 받았습니다. 그 장면을 보십시오.

(창 27:20) 이삭이 그의 아들에게 이르되 내 아들아 네가 어떻게 이같이 속히 잡았느냐 그가 이르되 **아버지의 하나님 여호와께서 나로 순조롭게 만나게 하셨음이니이다**

이삭이 의심하여 "네가 어떻게 이같이 속히 잡았느냐?" 묻자 "하나님 여호와께서 나로 순조롭게 만나게 하셨음이니이다" 대답합니다. 하나님의 이름까지 말하며 속였습니다. 복을 얻겠다고 하나님을 이용했던 사람입니다. 하나님을 알지만, 하나님을 만나지 못한 신앙이었기에 하나님의 뜻에는 관심이 없었습니다. 그냥 내가 잘 되면 되는 것입니다. 이것이 1단계의 신앙입니다. 밧다아람으로 도망가는 길에는 벧엘에서 돌베개 배고 자다가 하나님을 만납니다. 하나님께서 함께 하시겠다고 복을 주시겠다고 약속을 하셨는데 야곱이 이렇게 대답합니다.

(창 28:20-22) (20) **야곱이 서원하여 이르되** 하나님이 나와 함께 계셔서 내가 가는 이 길에서 나를 지키시고 먹을 떡과 입을 옷을 주시어 (21) 내가 평안히 아버지 집으로 돌아가게 하시오면 여호와께서 나의 하나님이 되실 것이요 (22) 내가 기둥으로 세운 이 돌이 하나님의 집이 될 것이요 하나님께서 내게 주신 모든 것에서 십분의 일을 내가 반드시 하나님께 드리겠나이다 하였더라

야곱이 서원하며 조건을 내겁니다. '나와 함께 계시사, 나를 지키시고, 먹을 양식과 입을 옷을 주사, 평안히 아비 집으로 돌아가게 하시오면' 등의 네 가지 입니다. 이것은 이미 앞서서 하나님께서 다 약속하신 것인데 재차 확인을 하고 있습니다. 하나님이 실재를 믿고 있지만 하나님의 언약을 아직까지는 온전하게 믿지 못하는 모습입니다. 이것이

2단계 신앙입니다. 2단계에 머물러 있는 사람들은 감사로 봉사하고 감사로 헌금하는 게 아닙니다. '내가 봉사할 테니 복주세요. 내가 헌금할 테니 잘 되게 해주세요. 내가 십일조 할 테니 부자 되게 해주세요.' 조건이 붙어 있습니다. 여기까지만 와도 어느 정도는 성장한 것입니다. 하지만 여기에 머무르면 안 됩니다. 2단계 신앙에 머물러 있던 야곱은 밧단아람에 사는 동안 속으며 삽니다. 라헬을 아내로 얻기 위하여 7년을 일했는데 라반이 속여서 레아를 아내를 줍니다. 그래서 라헬을 얻기 위하여 7년을 더 일합니다. 무보수로 14년을 종으로 일한 것입니다. 이 기간을 호세아서 12장은 이렇게 말씀합니다.

> (호 12:12) 야곱이 아람의 들로 도망하였으며 이스라엘이 **아내를 얻기 위하여 사람을 섬기며** 아내를 얻기 위하여 양을 쳤고

야곱이 아내를 얻기 위하여 세상을 섬기며 일했다는 의미입니다. 밧단아람에서 20년 동안 사람의 종이 되어 수고하여 아내도 얻고 자녀도 얻고 양과 소와 염소 떼도 얻었습니다. 그런데 전혀 누리지 못하고 삽니다. 내 것이지만 내 것이 아닌 상태로 지내게 됩니다. 성도의 신앙이 2단계에 머물러 있으면 하나님이 아니라 세상의 종으로 살게 됩니다. 그러면 아무리 많은 것을 얻어도 그것을 참되게 누릴 수가 없습니다. 하나님께서 주신 것들을 누리고 마침내 축복할 수 있는 믿음으로 성장할 수 있는 방법이 바로 오늘 본문에서 말씀하는 야곱의 믿음 세 번째 특징입니다.

셋째, 야곱은 하나님의 힘으로 사는 믿음을 가졌습니다.

(21) 믿음으로 야곱은 죽을 때에 요셉의 각 아들에게 축복하고 그 **지팡이 머리에 의지하여 경배**하였으며

야곱의 믿음 세 번 째 특징으로 '지팡이 머리에 의지하여 경배'하는 믿음이라고 말씀합니다. 그냥 봐서는 잘 이해할 수 없는 말씀이지만 가장 중요한 말씀입니다. 본문을 잘 보면 지팡이 앞에 '그'라는 정관사가 붙어 있습니다. 그냥 힘들어서 기대고 있는 지팡이가 아니라 야곱의 인생 가운데 특별하게 등장했던 '그 지팡이' 라는 것입니다. 유대인들의 전승과 신학자들에 의하면 여기에서 말씀하는 '야곱의 그 지팡이'는 얍복강에서 시작되었다고 말합니다. 이 상황이 창세기 32장에 나옵니다. 야곱은 에서를 만나기 직전 모든 가족과 모든 재산들을 얍복강을 먼저 건너게 하고 홀로 강가에 남아 있다가 어떤 사람을 만나 밤새 씨름을 합니다. 이 때 나타나신 분이 하나님이셨습니다.

(창 32:24-25) (24) **야곱은 홀로 남았더니** 어떤 사람이 **날이 새도록 야곱과 씨름**하다가 (25) 자기가 야곱을 이기지 못함을 보고 그가 **야곱의 허벅지 관절을 치매** 야곱의 허벅지 관절이 그 사람과 씨름할 때에 어긋났더라

하나님과 야곱의 씨름은 야곱의 인생의 압축이기도 합니다. 자신의 힘으로 살아가려던 야곱과 씨름하시고 끝까지 힘을 버리지 않는 야곱의 허벅지 관절을 치십니다. 이전에는 '환도뼈'라고 하였는데 힘을 상징합니다. 하나님께서는 지금까지 야곱이 믿어왔던 자신의 지략과 힘

을 치셨습니다. 그리고 그의 이름을 이스라엘로 바꾸어 주십니다.

(창 32:28) 그가 이르되 **네 이름을 다시는 야곱이라 부를 것이 아니요 이스라엘이라 부를 것**이니 이는 네가 하나님과 및 사람들과 겨루어 이겼음이니라

이곳에서 야곱의 이름이 이스라엘로 바뀝니다. 버림받은 자, 속이는 자, 찬탈자가 하나님의 언약의 백성으로 바뀌게 되는 순간입니다. '하나님과 겨루어 이겼다'고 하지만 사실 그렇지 않습니다. 24절에 나왔던 '씨름하다가'로 번역된 단어의 문법은 '단순 수동 연속 미완료형'입니다. 야곱이 끝까지 붙들고 늘어진 게 아니라 하나님께서 끝까지 붙들어서 씨름을 하게끔 했다는 말입니다. 밤새 붙들려 있다가 자기의 힘을 상징하는 허벅지 관절, 환도뼈가 위골되고 나서야 '당신이 내게 축복하지 아니하면 가게 하지 아니하겠나이다' 말한 것입니다. 마지막 장면을 보십시오.

(창 32:31) 그가 브니엘을 지날 때에 **해가 돋았고** 그의 **허벅다리로 말미암아 절었더라**

야곱은 위골되어 다리를 절게 되었는데 마침 해가 돋고 있습니다. 야곱의 영적 상황을 상징적으로 보여줍니다. 처음에 야곱이 밧단아람으로 도망치는 길은 밤이었습니다. 이제는 야곱이 빛으로 나아가는 것입니다. 야곱은 밧단아람에서 사람의 종으로 살았습니다. 그 이유가 무엇이었겠습니까? 요셉이 태어나고 얼마 뒤에 야곱이 고향 땅으로 돌아가겠다고 말하면서 삼촌 라반과 연봉 협상하는 장면이 있습니다.

(창 30:30) 내가 오기 전에는 외삼촌의 소유가 적더니 번성하여 떼를 이루었으니 내 발이 이르는 곳마다 여호와께서 외삼촌에게 복을 주셨나이다 그러나 **나는 언제나 내 집을 세우리이까**

"나는 언제나 내 집을 세우리이까" 이게 이유입니다. '내 인생의 집'을 세우고 싶은 것입니다. 아버지와 형을 속이면서까지 축복을 받으려 했고 하나님께 조건을 내걸기도 했고 사람의 종으로 살기도 했던 모든 이유가 '내 인생의 집'을 세우고 싶어서 인 것입니다. '나는 언제나 내 집을 세우리이까' 40대에 가장 많이 하는 고민이기도 합니다. 그런데 야곱은 얍복강에서 하나님을 만나고 자기의 힘이 꺾이면서 큰 깨달음을 얻게 됩니다. '내 집을 언제 세우나' 걱정하며 세상의 종이 되어 살고 있었는데 나도 모르는 사이에 하나님께서 내 집을 세워주고 계셨습니다. 밧단아람에서. 열한 아들이 태어났습니다. 이미 이스라엘의 열두 지파가 거의 완성이 되어 있는 것입니다. '하나님께서 벧엘에서 언약하셨던 그 언약이 나도 모르는 사이에 이루어지고 있었구나' 이것을 깨달은 것입니다. 이제는 내 힘이 아니라 하나님의 힘으로 살기로 결단합니다. 이제는 나를 보는 것이 아니라 나를 이끄시는 하나님을 보기로 결단한 것입니다. 그러니 어떤 결과가 옵니까? 인생에 빛이 비추입니다. 평생을 두려워하고 피했던 에서가 '하나님의 얼굴'로 보이고 반갑게 보입니다. 자기의 힘을 꺾고 하나님을 의지하는 것이 믿음의 완성입니다. 예수님께서 말씀하셨습니다.

(마 16:24) 이에 예수께서 제자들에게 이르시되 누구든지 나를 따라오려거든 **자기를 부인하고 자기 십자가를 지고 나를 따를 것이니라**

자기를 부인하는 것이 예수님을 따르는 것입니다. 자기의 힘을 꺾는 것이 믿음입니다. 야곱의 인생은 우리에게 샘플로 주신 교보재입니다. 그렇다면, 우리는 굳이 환도뼈를 맞고 자기의 힘을 꺾을 필요가 없습니다. 먼저 기도하며 먼저 하나님을 의지하고 먼저 경배하는 지혜가 있어야 합니다. 믿음의 낮은 단계에 머물러 있지 말고 야곱처럼 믿음이 성장하여 믿음으로 죽고 영적 우위에 서서 세상을 축복하기를 바랍니다. 이제는 내 인생의 집, 내가 세우느라 세상의 종으로 살며 염려하고 불안해하지 말고, 하나님을 온전히 의지하여 하나님께서 세워 주시는 하나님의 집에서 평안과 축복을 누리기를 예수님의 이름으로 축원합니다.

결단과 소망의 기도

야곱과 같이 믿음으로 죽을 수 있게 하시고,
영적 우위에 서서 세상을 축복하게 하옵소서.
내 힘을 내려놓고,
온전히 하나님을 믿고 의지하며 살게 하옵소서.

믿음의 유산을 남기다
(히브리서 11:22)

(22) 믿음으로 요셉은 임종시에 이스라엘 자손들이 떠날 것을 말하고 또 자기 뼈를 위하여 명하였으며

10년 전쯤에 한 기독교 언론사에서 기독교인을 대상으로 자녀들에게 어떤 유산을 남겨주고 싶은지 설문조사를 한 적 있습니다. 여러분들은 자녀에게 또는 다음 세대에게 무엇을 남겨주고 싶습니까? 이 설문조사에서 1위부터 4위까지 소개를 했는데 뭐가 나왔을 것 같습니까? '1위는 잊지 못할 추억 45%, 2위는 인간관계 35%, 3위는 재물 9%, 4위는 높은 교육 1%' 입니다. 진짜인지는 모르겠습니다. 아무래도 눈치를 보며 설문조사에 임한 게 아닐까 싶습니다. 실제로는 재물과 교육이 1, 2위를 다투지 않았을까요? 그런데 더 놀라운 것은 '말씀과 기도, 하나님과의 동행' 과 같은 신앙적인 유산이 소수로 기타 의견 7%에 들어가 있었다는 것입니다. 다시 말하지만 이 조사는 기독교인을 대상으로 한 설문조사입니다. 성도가 다음세대에 남겨주어야 할 가장 중요한 유산은 신앙의 유산입니다. 성경은 신앙의 유산을 이어 받은 사람들이 축복을 이어가는 것을 많이 보여 줍니다. 그러므로 신앙의 유산을 남겨주는 사람이 가장 지혜로운 사람이고 복된 사람입니다.

　　히브리서 11장은 믿음의 사람들을 소개할 때 그 사람의 믿음의 모습 중 가장 중요한 모습을 소개하고 있습니다. 오늘 본문의 주인공은 '요셉' 입니다. 요셉하면 떠오르는 별명이 무엇입니까? '꿈의 사람'입니다. 그런데, 히브리서는 요셉의 믿음에 대해 말씀하며 '꿈' 이 아니라 '임종시의 유언' 을 요셉의 믿음의 중요한 특징으로 말씀하고 있습니다. 요셉이 이 세상을 떠나며, 후손들에게 중요한 것을 남겼음을 알 수 있습니다. 오늘 말씀을 상고하며 요셉의 믿음을 본받아 다음 세대를 복되게 하는 '믿음의 유산' 을 남겨주기를 소원합니다.

첫째, 한결 같은 믿음을 가진 사람입니다.

(22) **믿음으로 요셉은 임종시**에 이스라엘 자손들이 떠날 것을 말하고 또 자기 뼈를 위하여 명하였으며

요셉이 믿음으로 임종하였다는 말씀으로 시작합니다. 죽는 그 순간까지 한결 같은 믿음 안에 서 있었다는 것을 의미합니다. 창세기의 역사를 이끌어 가는 중요한 네 명의 인물이 있는데 아브라함, 이삭, 야곱, 요셉입니다. 그 중에 험악한 세월, 즉 험난한 인생 하면 떠오르는 사람이 야곱입니다. 그런데 사실 생각해보면 요셉이야 말로 정말 험난한 인생을 살았습니다. 요셉은 어린 나이에 어머니 라헬을 잃었습니다. 밧단아람에서 살다가 온 가족이 낯선 가나안 땅으로 돌아오고 얼마 지나지 않아서 일어난 일이었습니다. 아버지 야곱은 요셉에게 색동옷을 입히며 다른 형제들보다 특별히 더 사랑해주었습니다. 어머니의 빈자리를 채워 주려고 했던 것도 있었을 것입니다. 그런데, 아버지의 특별한 관심과 사랑이 오히려 이복형제들로부터 더 멀어지게 만들었습니다. 형제들 간에 왕따였으니 참 외롭게 자라났을 것입니다. 청소년기에는 아버지의 명령을 받고 먼 곳에서 양을 치고 있는 형들을 찾아갔다가 형들에 의해 구덩이에 던져졌습니다. 형들이 요셉을 구덩이에 죽으라고 던져놓고는 자기들끼리 음식을 먹었습니다. 이 때 요셉이 얼마나 울며 애원했을까요? 형들에게도 울며 애원하고, 하나님께도 울며 기도했을 것입니다. 그런데 형들은 응답하지 않았고 하나님도 응답하지 않았습니다. 결국 열일곱 살의 나이에 노예로 팔려 애굽으로 끌려갑니다. 가는 내내 얼마나 원통했겠습니까. 애굽에 도착한 요셉은

왕의 친위대장인 보디발의 집으로 팔려 갑니다. 어렵고 힘든 상황이었지만 주어진 일마다 열심히 합니다. 남도 아니고 형제들에게 팔린 상처를 잊기 위해서 정말 애를 썼을 것입니다. 얼마 지나지 않아 주인 보디발이 요셉의 총명함과 성실함을 인정하여 자기 집의 모든 일을 관리하도록 맡깁니다. 일이 좀 풀린다 싶었는데 이번에는 어떤 일이 벌어집니까? 보디발의 아내가 요셉을 끊임없이 유혹합니다. 요셉이 거절하는 말을 보면 요셉의 삶의 자세를 알 수 있습니다.

> (창 39:9) 이 집에는 나보다 큰 이가 없으며 주인이 아무것도 내게 금하지 아니하였어도 금한 것은 당신뿐이니 당신은 그의 아내임이라 그런즉 **내가 어찌 이 큰 악을 행하여 하나님께 죄를 지으리이까**

요셉이 지금 누구 앞에서 살고 있습니까? 눈에 보이는 주인 보디발이 아니라 하나님 앞에서 살고 있습니다. 요셉이 끝까지 거절하니까 보디발의 아내가 요셉이 자신을 겁탈하려 했다고 누명을 씌웁니다. 우리가 요셉이라면 어떤 마음이 들겠습니까? 형들에게 팔려서 애굽으로 끌려올 때 하나님은 응답하지 않았습니다. 그럼에도 불구하고 하나님을 끝까지 붙들고 하나님을 의식하며 그 말씀대로 살려고 노력했습니다. 눈 한번 감고 안주인과 간음하면 어쩌면 인생이 필 수도 있었습니다. 하지만 여전히 하나님 앞에서 살려고 했습니다. 그런데 결과가 무엇입니까? 억울한 누명입니다. 아마 요셉은 이 상황 속에서도 다시 하나님께 기도했을 것입니다. 그런데 하나님께서 응답하십니까? 역시 침묵하십니다. 결국 감옥에 갇히게 됩니다. 그런데 요셉이 감옥에서도 성실하게 지냅니다. 하나님의 침묵에 절망하지 않았습니다. 여전히 하나님과 동행하며 살려고 애를 씁니다. 그러던 어느 날 술 맡은 관원장과 떡 맡은 관원장이 꿈 때문에 고민하자 '해석은 하나님께 있다'고 말하며 그들의 꿈을 해몽 해줍니다. 역시 하나님 앞에 살고 있는 것입니다. 얼마 후 술 맡은 관원장이 요셉의 해몽대로 풀려납니다. 요셉은 그에게 자신의 억울함을 바로에게 전달해달라고 부탁합니다. 그런데 술 관원장이 풀려난 후에 요셉의 억울함을 말해줍니까?

(창 40:23) 술 맡은 관원장이 **요셉을 기억하지 못하고 그를 잊었더라**

그리고 2년의 시간이 흘러갑니다. 2년의 시간동안 요셉의 마음이 어떠했겠습니까? 얼마나 억울함을 풀어달라고 하나님께 기도했겠습니까? 그런데 여전히 하나님은 침묵하십니다. 정말 험난한 인생입니다. 우리가 요셉이라면 어떻게 하겠습니까? 형들을 원망하고 보디발의 아내를 원망하고 여전히 침묵하시는 하나님을 원망했을지도 모릅니다. 그런데 요셉은 항상 하나님 앞에서 삽니다. 한결 같은 믿음의 사람 요셉에게 하나님께서 어떻게 하시는지 보십시오.

(창 39:3) 그의 주인이 여호와께서 그와 함께 하심을 보며 또 여호와께서 그의 **범사에 형통하게 하심**을 보았더라
(창 39:21) **여호와께서 요셉과 함께 하시고** 그에게 인자를 더하사 **간수장에게 은혜를 받게 하시매**

하나님이 함께하시면서 사람들에게도 은혜를 받게 하시고 범사에도 형통하게 하십니다. 그의 인생은 꼬여 가는 것 같았는데 이 어려운 상황 속에서 하나님께서 보이지 않는 손길로 이끄시고 보호하시며 하

나님의 계획하심을 차곡차곡 이루어 가고 계셨던 것입니다. 요셉은 어려울 때만 한결같은 믿음이 아니었습니다. 애굽의 총리가 되었을 때도 변질 되지 않습니다.

(창 41:51-52) (51) 요셉이 그의 장남의 이름을 **므낫세**라 하였으니 **하나님이 내게 내 모든 고난과 내 아버지의 온 집 일을 잊어버리게 하셨다** 함이요 (52) 차남의 이름을 **에브라임**이라 하였으니 **하나님이 나를 내가 수고한 땅에서 번성하게 하셨다** 함이었더라

결혼 후 아들을 낳았는데 첫째 이름이 '므낫세'입니다. '하나님께서 잊어버리게 하셨다'는 뜻입니다. 이전의 아픔을 잊게 하신 하나님을 찬양하는 것이고 이전에 나를 괴롭힌 모든 사람들을 용서한다는 표현이기도 합니다. 둘째 이름은 '에브라임'입니다. 지금 받고 있는 모든 복을 하나님께서 주셨음을 인정하고 있는 것입니다. 상황에 따라 믿음의 높낮이가 심하게 요동치는 사람들이 있습니다. 하지만 요셉은 어린 시절부터 임종시까지 한결같은 믿음을 보여주었습니다. 요셉과 같은 한결같은 믿음으로 하나님께서 함께 하시어 범사에 형통케 하시는 은혜를 누리기를 바랍니다.

둘째, 약속을 바라보고 믿는 믿음을 가진 사람입니다.

(21) **믿음으로 야곱은 죽을 때에** 요셉의 각 아들에게 축복하고 그 지팡이 머리에 의지하여 경배하였으며 (22) **믿음으로 요셉은 임종시에** 이스라엘 자손들이 떠날 것을 말하고 또 자기 뼈를 위하여 명하였으며

야곱의 믿음과 요셉의 믿음은 비슷하게 시작합니다. 21절을 보면 '믿음으로 야곱은 죽을 때에'라고 시작합니다. 22절은 '믿음으로 요셉은 임종시에'라고 시작합니다. 단어만 다르지 같은 말입니다. 그런데, 헬라어 사전을 보면 좀 차이가 있습니다. 야곱의 '죽을 때에'로 번역된 단어는 '아포드네스코($ἀποθνήσκω$)'인데 '죽다, 죽음에 직면하다, 죽기 마련이다.' 등의 뜻이 있습니다. 요셉의 '임종시에'로 번역된 단어는 '텔류타오($τελυταω$)'인데 '완성하다, 끝나다, 종말에 이르다.' 라는 뜻의 동사 '텔류테'에서 유래하여 '죽음에 이르다' 라는 뜻을 갖게 되었습니다. 그러니까 지금 요셉은 임종시의 유언을 통하여 무엇인가를 완성하고 있다는 것입니다. 어떤 예언을 했는지 보십시오.

(22) 믿음으로 요셉은 임종시에 **이스라엘 자손들이 떠날 것을 말하고** 또 자기 뼈를 위하여 명하였으며

'이스라엘 자손들이 떠날 것'을 말하고 있습니다. 왜 갑자기 이스라엘 자손이 떠날 것을 말합니까? 하나님께서 이미 주신 약속이 있기 때문입니다.

(창 15:13-14) (13) 여호와께서 아브람에게 이르시되 너는 반드시 알라 **네 자손이 이방에서 객이 되어 그들을 섬기겠고** 그들은 사백 년 동안 네 자손을 괴롭히리니 (14) 그들이 섬기는 나라를 내가 징벌할지며 그 후에 **네 자손이 큰 재물을 이끌고 나오리라**

믿음의 조상 아브라함 때 이미 이스라엘 백성들이 이방의 객이 되어 그들을 섬기다가 큰 재물을 이끌고 다시 영원한 본향인 약속의 땅

으로 돌아올 것을 말씀하셨습니다. 요셉이 이 약속의 말씀을 믿고 있다는 것입니다. 요셉이 임종시에 말했던 예언을 보십시오.

(창 50:24) 요셉이 그의 형제들에게 이르되 **나는 죽을 것이나 하나님이 당신들을 돌보시고** 당신들을 이 땅에서 인도하여 내사 아브라함과 이삭과 야곱에게 **맹세하신 땅에 이르게 하시리라** 하고

'나는 죽을 것이나 하나님이 당신들을 돌보실 것입니다. 그리고 이 땅에서 인도하여 내사 아브라함과 이삭과 야곱에게 맹세하신 땅에 이르게 하실 것입니다.' 요셉은 언제인지 모르지만 언젠가 하나님의 약속이 반드시 이루어질 것을 믿고 있었기 때문에 그 약속을 붙들고 유언을 남기고 있는 것입니다. 요셉이 이 유언을 남길 때 어떤 삶을 살고 있을 때입니까? 모든 고생 끝나고 애굽에서 2인자의 자리로 엄청난 권세와 부를 누리고 있을 때입니다. 요셉처럼 온갖 고생을 하며 자수성가한 분들은 그 권력과 소유를 지키기 위해 굉장히 애를 많이 씁니다. '내가 어떻게 얻은 자리인데, 내가 어떻게 모은 재산인데...' 이런 마음이 있기 때문입니다. 당연히 그런 마음이 생길 수밖에 없습니다. 얼마나 고생을 많이 했겠습니까? 그런데 요셉이 지금 어떤 유언을 남겼습니까? '내 재산 잘 관리해라, 애굽에서 대대손손 부자로 살아라' 이런 말 하고 있습니까? 그렇지 않습니다. 오히려 풍족한 애굽을 떠나라고 말합니다. 요셉의 소망이 풍요롭고 부귀영화를 누리는 애굽 땅에 있는 것이 아니라 하나님께서 주신 약속의 땅, 가나안에 있기에 할 수 있는 말입니다.

우리의 평생의 소망이 무엇입니까? 우리의 소망은 이 세상이 되어

서는 안 됩니다. 그런데 이게 참 헷갈립니다. 성도들이 세상을 향한 욕심을 가져놓고는 하나님이 주신 '비전과 소망'이라고 착각할 때가 있습니다. '비전'과 '탐욕'은 다릅니다. '비전'을 가진 사람은 하나님이 내려놓으라고 하면 바로 내려놓습니다. 요셉처럼 미련이 없습니다. 그 시선이 영원한 본향을 향해 있기 때문입니다. 그런데 탐욕을 가진 사람은 하나님이 내려놓으라고 하면 원망합니다. 우리의 소망, 우리의 비전은 이 세상에 있는 것이 아니라 언젠가 이 세상을 떠나 우리가 도착할 약속의 땅 천국에 있음을 기억해야 합니다. 요셉은 약속의 말씀 붙들고 믿었기에 애굽에 미련을 두지 않았고 오직 약속의 땅에 소망을 둘 수 있었습니다. 우리도 우리를 복되게 하시겠다는 하나님의 말씀을 붙들고 천국 소망의 믿음으로 살아가기를 바랍니다.

셋째, 믿음의 유산을 남기는 사람입니다.

(22) 믿음으로 요셉은 임종시에 이스라엘 자손들이 떠날 것을 말하고 **또 자기 뼈를 위하여 명하였으며**

요셉이 후손에게 마지막으로 명한 유언은 애굽에서 떠날 때에 자기의 뼈를 약속의 땅으로 가지고 올라가라는 것이었습니다. 사람이 죽어 그 뼈가 어디에 있든지 무엇이 문제 되겠습니까? 한줌 흙으로 돌아가는 육신, 뼈가 뭐가 중요하겠습니까? 창세기 마지막을 보십시오.

(창 50:25-26) (25) 요셉이 또 이스라엘 자손에게 맹세시켜 이르기를 하나님이 반드시 당신들을 돌보시리니 **당신들은 여기서 내 해골을 메**

고 올라가겠다 하라** 하였더라 (26) 요셉이 백십 세에 죽으매 그들이 그의 몸에 향 재료를 넣고 애굽에서 입관하였더라

창세기는 요셉이 '내 해골을 메고 올라가겠다 하라' 맹세를 시킨 후에 장례를 치루는 장면으로 막을 내립니다. 창세기는 왜 요셉의 이런 유언으로 마무리를 하고 히브리서는 왜 이런 유언을 가장 중요한 믿음의 모습이라고 평가하고 있습니까? 출애굽기 13장에 이런 말씀이 나옵니다.

(출 13:18-19) (18) 그러므로 하나님이 홍해의 광야 길로 돌려 백성을 인도하시매 이스라엘 자손이 애굽 땅에서 대열을 지어 나올 때에 (19) 모세가 요셉의 유골을 가졌으니 이는 **요셉이 이스라엘 자손으로 단단히 맹세하게 하여** 이르기를 하나님이 반드시 너희를 찾아오시리니 **너희는 내 유골을 여기서 가지고 나가라** 하였음이더라

이스라엘 자손이 출애굽을 할 때 요셉을 유골을 가지고 나옵니다. 요셉이 죽은 지 400년이 지났지만 요셉이 단단히 맹세를 시켰기에 유언을 잊지 않은 것입니다. 그리고 요셉의 유골에 대하여 모세오경에 더 이상 언급되지 않다가 여호수아서를 마무리 지으며 다시 등장합니다.

(수 24:32) 또 이스라엘 자손이 애굽에서 가져 온 **요셉의 뼈를 세겜에 장사하였으니** 이곳은 야곱이 백 크시타를 주고 세겜의 아버지 하몰의 자손들에게서 산 밭이라 **그것이 요셉 자손의 기업이 되었더라**

광야 40년을 포함하여 가나안 정복 전쟁을 치루는 동안에 잘 보존

하다가 요셉의 유언대로 가나안 땅에 묻었다는 것입니다. 여기에 중요한 말씀이 하나 있습니다. 이스라엘 자손이 요셉의 뼈를 장사하는데 그 땅이 누구의 기업이 되었다고 합니까? 요셉 자손의 기업이 됩니다. 그러니까, 지금 요셉의 뼈를 세겜에 장사한 이스라엘 자손들은 바로 요셉의 후손들입니다. 이들이 요셉의 유언을 지킨 것이 자기들의 기업의 축복을 얻는 중요한 사명이 된 것입니다. 이것이 요셉이 남긴 믿음의 유산입니다. 요셉은 자기의 유골을 통하여 후손들에게 약속의 땅, 영원한 본향을 꿈꾸게 했습니다. 요셉의 후손들은 광야에서 요셉의 유골을 볼 때마다 그가 남긴 마지막 유언 '하나님께서 너희들을 돌보아서 맹세하신 땅에 이르게 할 것이다' 이 말씀이 생각났을 것입니다. 그 믿음의 유산을 붙들고 가나안 전쟁을 이끌었던 여호수아가 바로 요셉의 후손입니다. 약속의 땅으로 들어가기 직전, 하나님께서는 믿음의 유산을 남기라고 강조했습니다. 신명기서에 기록된 쉐마의 말씀입니다. 그런데 가나안 땅을 정복한 후에 이스라엘 백성들은 다음 세대에게 믿음의 유산을 남기지 못합니다. 구약의 암흑기인 사사시대가 본격적으로 시작되는 시점을 보십시오.

> (삿 2:10) 그 세대의 사람도 다 그 조상들에게로 돌아갔고 그 후에 일어난 **다른 세대는 여호와를 알지 못하며** 여호와께서 이스라엘을 위하여 행하신 일도 알지 못하였더라

그 세대의 사람들이 다 죽고 난 후에 일어난 다른 세대는 여호와를 알지 못하였다고 말씀합니다. '그 세대의 사람'은 하나님께서 이스라엘에게 행하신 일을 모두 본 세대입니다.

(삿 2:7) 백성이 여호수아가 사는 날 동안과 여호수아 뒤에 생존한 장로들 곧 **여호와께서 이스라엘을 위하여 행하신 모든 큰 일을 본 자들이 사는 날 동안에 여호와를 섬겼더라**

하나님께서 이스라엘을 위하여 행하신 모든 큰 일을 분명히 보았고 경험하여, 사는 날 동안에 여호와를 섬겼는데 다음 세대에 믿음의 유산을 넘기지는 못했다는 것입니다. 그 결과가 무엇이었습니까? 정복해야 할 세상에게 도리어 정복을 당해서 고통을 당해야 했습니다.

(시 102:18, 새번역) **다음 세대가 읽도록** 주님께서 하신 일을 기록하여라. 아직 창조되지 않은 백성이, 그것을 읽고 주님을 찬양하도록 하여라.

쉐마의 말씀과 비슷한 말씀이 나옵니다. 다음 세대에게 말씀을 전하고 찬양하도록 믿음의 유산을 전달하라는 것입니다. 그러면 어떤 결과가 있습니까?

(시 102:19,28) (19) 여호와께서 그의 높은 성소에서 **굽어보시며 하늘에서 땅을 살펴 보셨으니 (28) 주의 종들의 자손은 항상 안전히 거주하고 그의 후손은 주 앞에 굳게 서리이다** 하였도다

하나님께서 굽어보시고 살펴주셔서 그들의 자손은 항상 안전히 거주하고 주 앞에 굳게 서게 됩니다. 사사 시대와는 정 반대의 결과입니다. 여호수아 시대의 사람들은 가나안 땅을 점령하여 풍족한 물질을 유산으로 남겼지만 믿음의 유산을 남기지 못하여 결국 그 후손들은 무너지고 말았습니다. 사랑하는 성도 여러분, 한결 같은 믿음, 약속을 붙

들고 소망하는 믿음으로 믿음의 유산을 남겨, 우리의 후손들을 항상 안전히 거주하고 주 앞에 굳게 서는 복 있는 세대 하나님을 알고 찬양하는 다음 세대로 만들기를 예수님의 이름으로 축원합니다.

결단과 소망의 기도

한결 같은 믿음이 있게 하옵소서.
세상 나라가 아니라 하나님 나라에 소망을 두고 살며
다음 세대에게 믿음의 유산을 남길 수 있게 하옵소서.

믿음, 하나님 나라의 기초가 되다
(히브리서 11:23)

(23) 믿음으로 모세가 났을 때에 그 부모가 아름다운 아이임을 보고 석 달 동안 숨겨 왕의 명령을 무서워하지 아니하였으며

신화나 역사의 전설 이야기들 중에 왕족이나 신의 아들이 버려져서 하층민의 가정에서 자라다가 영웅으로 부상하는 이야기들이 많이 있습니다. 유다의 바벨론 포로기를 끝내주고 성전을 짓도록 허락한 '바사 왕 고레스'가 대표적입니다. 세계사에서는 '페르시아 제국의 키루스'라고 부릅니다. 메디아의 왕 '아스티아게스'가 외손자에 의해 자기 나라가 지배당한다는 이야기를 듣고 신하를 통해 죽이게 하는데 여러 가지 사건을 통해서 하층민의 집에서 자라납니다. 그리스 신화에 나오는 메두사를 죽인 페르세우스도 비슷합니다. 제우스와 아르고스의 공주 다나에의 아들인데 외손자에 의해 죽게 된다는 예언을 들은 아르고스의 왕이 나무 상자에 넣어 바다에 집어 던집니다. 이 상자를 어부가 발견해서 키웁니다. 아카드 왕조를 세운 사르곤도 이와 비슷합니다. 유프라테스 강가에 역청이 발라진 갈대상자에 담겨서 버려지고 왕실 정원사가 이를 발견하여 키웁니다.

성경에 나오는 모세의 이야기와 상당히 비슷한 부분들이 많이 있지만 사실 정반대의 이야기입니다. 모세는 왕족이나 신의 아들이 버려져서 하층민이 키우는 이야기가 아니라 하층민의 아들이 버려져서 왕족이 키우는 이야기입니다. 세상의 일반적인 전설이나 신화와는 정반대입니다. 오늘 본문은 '모세의 부모' 이야기입니다. 이들은 신화나 전설 속에 등장하는 위대한 부모가 아닙니다. 아주 평범합니다. 아니, '노예'니 평범 이하입니다. 히브리서의 흐름 가운데에도 어떻게 보면 굉장히 의외의 인물입니다. 지금까지 살펴 본 사람들 이름을 생각해보십시오. '아벨, 에녹, 노아, 아브라함과 사라, 이삭, 야곱, 요셉'인데 다들 굵직한 인물들입니다. 구약성경에서 꽤 비중 있게 다루는 인물들입니다. 그런데 모세의 부모는 어떻습니까? 모세의 부모에 대해 아는 것 있습니까? 모세의 부모 이름도 잘 모릅니다. 모세의 부모 이름은 출애굽기 6장과 민수기 26장에 나오는 레위 족보에서 짧게 소개됩니다. 아버지는 아므람, 어머니는 요게벳입니다. 구약에서 비중 있는 인물들이 아닌데 히브리서에서는 구약의 대표적인 믿음의 인물로 모세의 부모가 당당하게 등장하고 있습니다. 모세가 위대한 지도자로 세워진 이유가 그의 부모의 믿음 때문이라고 말씀하고 있는 것입니다. 사실 그렇습니다. 열매를 보면 그 나무를 알 수 있는데 아므람과 요게벳의 자녀들이 누구입니까? 모세의 부모도 오늘 처음 알았는데 그 자녀들까지 어떻게 아느냐고 생각하는 분들이 있는 것 같은데 모세의 형과 누이가 누구입니까? 아론과 미리암입니다. 그들이 모세의 부모의 자녀입니다. 미리암, 아론, 모세, 세 자녀는 모두 중요한 믿음의 인물들입니다. 미리암은 선지자로 여성리더의 역할을 감당했고 아론은 모세의 대언 사역부터 시작하여 최초의 대제사장이 됩니다. 모세는 말할 것도 없습니다. 세 자녀가 모두 훌륭한 믿음의 사람들이었고 하나님의 나라를 세우는 위대한 사명을 감당하였습니다. 하나님의 뜻 안에서 그들을 믿음으로 키운 부모가 있었기 때문입니다. 결국, 모세의 부모가 가진 믿음이 하나님 나라의 기초가 된 것입니다. 오늘 말씀을 통하여 모세의 부모가 가진 믿음을 함께 상고하며 그 믿음을 본받아 삶의 자리를 하나님의 나라로 변화시키는 능력 있는 성도가 되기를 바랍니다.

첫째, 언약의 성취를 믿고 기다리는 믿음입니다.
애굽에서 종살이 하던 이스라엘 백성들에게는 구전되어 내려오는 하나님의 언약이 있었습니다. 하나님께서 아브라함에게 주셨던 언약입니다.

(창 15:13-14) (13) 여호와께서 아브람에게 이르시되 너는 반드시 알라 네 자손이 이방에서 객이 되어 그들을 섬기겠고 **그들은 사백 년 동안 네 자손을 괴롭히리니** (14) 그들이 섬기는 나라를 내가 징벌할지며 **그 후에 네 자손이 큰 재물을 이끌고 나오리라**

모세가 태어날 즈음은 이스라엘 백성이 400년 가까이 노예 생활을 하던 때입니다. 하나님의 언약을 믿고 있던 사람들은 고통 중에서도 말씀을 붙들고 소망 중에 살았을 것입니다. 마치 메시아를 간절히 기다리던, 예수님 오시기 직전 시대와 비슷했을 것입니다. 모세의 부모도 하나님의 언약을 간절히 기다리던 사람이었습니다.

(23) **믿음으로 모세가 났을 때**에 그 부모가 아름다운 아이임을 보고 석 달 동안 숨겨 왕의 명령을 무서워하지 아니하였으며

'믿음으로 모세가 났을 때' 라는 말씀으로 시작합니다. 모세의 출생부터 믿음으로 출산을 하였습니다. 그리고 모세를 보고 아름다운 아이임을 보고 왕의 명령을 무서워하지 않고 석 달 동안 숨겨 키웠다고 말씀합니다. 이 말씀을 '모세가 아름답게 태어나서 다행이지 못생겼으면 죽었겠다' 이렇게 생각하면 안 됩니다. 이 장면을 출애굽기에서는 이렇게 말씀합니다.

(출 2:2) 그 여자가 임신하여 아들을 낳으니 **그가 잘 생긴 것을 보고 석 달 동안 그를 숨겼으나**

'잘 생긴 것을 보고 석 달 동안 숨겼다'고 말씀하고 있습니다. 여기

에서 '잘 생긴 것'으로 번역된 단어가 '토브' 입니다. '토브'는 '하나님 보시기에 좋았더라'에 쓰인 익숙한 단어입니다. 사도행전 7장에서는 스데반이 설교하며 이렇게 해석을 합니다.

> (행 7:20) 그 때에 모세가 났는데 **하나님 보시기에 아름다운지라** 그의 아버지의 집에서 석 달 동안 길리더니

사람의 눈이 아니라 하나님 보시기에 아름다웠다는 것입니다. '하나님 보시기에 좋은 것, 하나님 보시기에 아름다운 것'은 하나님의 계획대로 지어졌다는 의미 입니다. 그러니까 모세의 부모는 모세가 태어나자마자 모세를 통하여 하나님의 계획하심을 보았다는 것입니다. '모세가 잘 생긴 것을 보고 석 달 동안 숨겨 키운 것을 너무 확대 해석 하는 것은 아닌가' 이런 생각이 들 수도 있는데, 출애굽기의 말씀은 분명히 그 의미를 전달합니다. 이어지는 단어 '보고'로 번역된 단어 '라아'에도 중요한 의미가 있습니다. '바라보다' '조사하다'의 뜻이 있는데 사전은 이 단어를 다섯 가지로 나누어서 길게 설명합니다. 그냥 첫 줄만 그대로 보여 드리겠습니다.

(1) 하나님의 보낸 사자들에 의해 전달된 하나님의 말씀을 받고 이해하고 믿음으로 수용하는 것을 가리킨다.
(2) 특히 하나님 쪽에서 받아들이는 행위를 나타낸다.
(3) '준비하다' 를 의미하는데 대체로 하나님께서 예비하시는 것을 가리킨다
(4) …에 관심을 가지다' 를 의미하는데, 특히 하나님의 자비롭게 행하시는 것에 대해 사용된다.

(5) 특별히 중요한 것은, 하나님의 신탁을 받는 참된 선지자의 행동을 나타내는데 있어서 다른 어떤 단어보다 훨씬 빈번히 사용된다.

분명한 의미가 보입니다. 믿음으로 모세가 태어났을 때 모세의 부모는 모세의 외모를 본 것이 아니라 하나님의 뜻을 보고 마치 선지자처럼 믿음으로 수용했다는 것입니다. 이와 비슷한 일이 누가복음 2장에 기록되어 있습니다. 예루살렘에서 메시아를 간절히 기다리던 시므온과 안나가 아기 예수를 보자마자 하나님께서 언약하신 구원이 성취되었음을 깨닫고 찬양합니다. 하나님의 언약이 이루어질 것을 믿음으로 기다렸던 믿음의 사람 아므람과 요게벳은 모세가 태어났을 때 마치 시므온과 안나처럼 하나님의 언약이 드디어 성취되고 있음을 본 것입니다. 작은 아이 하나가 태어났을 뿐인데 이스라엘 백성들의 출애굽을 믿음으로 이미 보고 있다는 것입니다.

하나님의 언약을 붙들고 믿음으로 기다리는 사람은 아주 사소한 일을 통해서도 하나님의 언약의 성취를 미리 볼 수 있습니다. 엘리야를 생각해보십시오. 갈멜산 꼭대기에서 손바닥만 한 작은 구름 하나 뜨는 것을 보고 3년 6개월의 가뭄을 해갈할 큰 비가 내릴 것을 미리 보았습니다. 하나님의 말씀을 믿고 붙들고 기도하는 사람은 작은 사건, 작은 일들을 통해서도 하나님의 응답하심을 미리 볼 수가 있습니다. 우리도 이러한 믿음이 있어야 합니다. 모세의 부모와 같은 믿음으로 하나님이 주시는 축복의 언약이 이루어질 것을 미리 볼 줄 아는 믿음의 눈이 열리기를 바랍니다.

둘째, 사명에 최선을 다하는 믿음입니다.

모세가 태어났던 시대는 아들이면 나일 강에 던져 죽여야 하는 시대였습니다. 모세의 부모는 애굽의 평시민도 아니고 노예로 살아가던 이스라엘 백성입니다. 바로의 명령을 어기는 것을 쉽게 결정할 수 있는 일이 아니었습니다. 그럼에도 불구하고 모세를 숨기고 석 달을 키웁니다. 석 달의 시간은 결코 짧은 시간이 아닙니다. 아이는 시도 때도 없이 웁니다. 언제 발각될지 모릅니다. 하지만 최선을 다해 아이를 양육합니다. 부모가 감당할 수 있는 최선을 다하고 더 이상 감당 할 수 없을 때 나일 강 갈대 밭 사이에 두기로 결정합니다.

> (출 2:3) **더 숨길 수 없게 되매** 그를 위하여 갈대 상자를 가져다가 역청과 나무 진을 칠하고 아기를 거기 담아 나일 강 가 갈대 사이에 두고

바로 왕은 사내아이는 나일강에 던지라고 했는데 모세의 부모는 갈대 상자를 준비합니다. 역청과 나무진을 칠하여서 방수 작업을 한 후 나일 강가에 갖다 두었습니다. 모세의 부모는 '더 숨길 수 없을 정도로' 사람이 할 수 있는 최선을 다한 후에 이후의 일은 하나님께 맡긴 것입니다. 바로 다음 절을 보십시오.

> (출 2:4) **그의 누이가 어떻게 되는지를** 알려고 멀리 섰더니

그의 누이가 어떻게 되는지를 알려고 멀리서 지켜보고 있습니다. 여기에서 '되는지를' 로 번역된 단어가 '야사' 입니다. 이 단어 역시 사전을 보면 아주 길게 설명이 되어 있는데 간략하게 요약하면 이와 같

습니다.

아사(עשׂה) 일하다, 행하다, 만들다, 형성하다, 이루다

창세기의 창조 기사에서 매우 자주 나타나며, 구약성경의 여러 곳에서 하나님의 창조 사역의 측면들을 묘사하는데 사용된다. 이 단어는 '항상 하나님만이 행하실 수 있는 것'이라는 의미를 갖고 있다.

이 단어도 분명한 의미가 있습니다. 그냥 단순히 사람의 생각으로 '어떻게 되려나' 하고 지켜보고 있는 것이 아니라 하나님께서 어떻게 일하시고 행하시려는지 지켜보고 있었다는 것입니다. 상상을 해보자면 아마도 미리암에게 지켜보게 하고 모세의 부모는 골방에서 기도했을 것 같습니다. 모세가 태어났을 때부터 하나님께서 언약을 성취할 것을 보았기 때문에 모세가 나일 강가에서 죽지 않을 것을 확신했습니다. 다만 어떻게 역사하시는지 알지 못하니 지켜보는 마음으로 기도하며 기다렸을 것입니다. 그 결과 어떻게 됩니까? 바로의 딸을 통해 강물에서 건짐을 받습니다. 그리고 이어지는 말씀을 보십시오.

> (출 2:7-9) (7) 그의 누이가 바로의 딸에게 이르되 내가 가서 당신을 위하여 히브리 여인 중에서 **유모를 불러다가 이 아기에게 젖을 먹이게 하리이까** (8) 바로의 딸이 그에게 이르되 가라 하매 그 소녀가 가서 **그 아기의 어머니를 불러오니** (9) 바로의 딸이 그에게 이르되 이 아기를 데려다가 나를 위하여 젖을 먹이라 **내가 그 삯을 주리라 여인이 아기를 데려다가 젖을 먹이더니**

이 장면, 너무 짜릿하지 않습니까? 아들이 태어나면 강가에 던져 죽

여야 하는 애굽의 세상에서 애굽의 노예로 지내던 사람이 자기 자녀를 공주에게 삯을 받아가며 자기 집에서 키운다? 상상도 할 수 없는 일이 일어난 것입니다. 하나님께서 맡겨주신 사명은 언약의 성취를 기다리는 믿음으로 우리가 할 바 최선을 다하면 나머지는 하나님께서 다 행해 주십니다. 책임져 주십니다. 하나님께서 맡겨주신 사명 최선을 다해 잘 감당해서 모세의 부모와 같은 축복을 누리기를 축원합니다.

셋째, 세상을 두려워하지 않는 믿음입니다.

인도 우화에 이런 이야기가 있습니다. 한 생쥐가 고양이를 너무 무서워해 마술사를 찾아갔습니다. "마술사님, 저는 고양이가 너무 무섭습니다. 어떡하면 좋겠습니까?" 마술사가 생쥐를 불쌍히 여겨 고양이로 바꾸어 줍니다. 그런데 고양이가 된 이 생쥐는 다음날 또 마술사를 찾아옵니다. "마술사님, 내가 고양이가 되고 나니 개가 너무 무섭습니다." 그러자 이 마술사는 고양이를 다시 개로 바꾸어 줍니다. 그런데 다음날 또 찾아옵니다. "마술사님, 개가 되고 보니 이제는 사자가 너무 무섭습니다. 어떡하면 좋을 까요?" 그러자 마술사는 이번에는 사자로 바꾸어 줍니다. 이렇게 생쥐는 가장 강한 동물 사자가 될 수 있었습니다. 그런데 사자가 된 생쥐가 다음날 또 찾아옵니다. "사냥꾼이 너무나 무섭습니다. 어떻게 하면 좋을까요?" 그러자 마술사가 가만히 쳐다보다가 이렇게 말합니다. "너의 몸은 사자가 됐지만 마음은 여전히 생쥐구나. 그러니 너는 다시 생쥐로 돌아가는 것이 좋겠다." 그래서 사자가 다시 생쥐로 변했다는 우화입니다.

환경이 변하고 내 모습이 달라지고, 가진 게 달라진다고 두려움이 사라지는 것은 아닙니다. 마음이 변하지 않으면 생쥐가 사자가 되도 늘 불안과 염려 가운데 삽니다. 사람은 믿음이 들어오지 않으면 염려와 불안 가운데 살 수 밖에 없습니다.

(23) **믿음으로** 모세가 났을 때에 그 부모가 아름다운 아이임을 보고 석 달 동안 숨겨 왕의 **명령을 무서워하지 아니하였으며**

'믿음으로' 모세의 부모는 '왕의 명령을 무서워하지 아니하였다'고 말씀합니다. 두려움이 없습니다. 노예로 살던 사람들이었는데 어떻게 왕을 두려워하지 않았을까요? 믿음으로 하나님을 바라보았기 때문입니다. 이스라엘 백성들이 출애굽 한 후에 약 2년 만에 약속의 땅 앞에 도착합니다. 그 때 열두 정탐꾼을 보내는데 이들이 와서 보고 하기를 '그 땅은 좋은 땅이지만 거주하는 아낙 자손이 너무 강력하여 우리는 들어가면 죽는다.' 이런 보고를 합니다. 모든 백성들이 밤새도록 통곡을 하고는 애굽으로 돌아가자고 합니다. 그 때에 여호수아와 갈렙이 '하나님께서 그 땅을 주실 것이니 두려워하지 말라. 하나님이 우리와 함께 하시면 그 땅은 우리의 밥이다' 말합니다. 그러자 회중들이 오히려 돌로 쳐 죽이려고 합니다. 그 때에 하나님의 영광이 임하여 말씀합니다.

(민 14:11) 여호와께서 모세에게 이르시되 **이 백성이 어느 때까지 나를 멸시하겠느냐** 내가 그들 중에 많은 이적을 행하였으나 **어느 때까지 나를 믿지 않겠느냐**

"이 백성이 어느 때까지 나를 멸시하겠느냐" 이스라엘 백성들이 강력한 대적을 두려워하는 것은 하나님을 멸시하기 때문이라는 것입니다. 하나님을 믿는 성도들이 이 세상을 두려워한다면 그것은 하나님을 멸시하는 것입니다. 단순히 믿음의 연약함이 아니라 '죄'입니다. 어떻게 하면 세상을 향한 염려와 불안 두려움이 극복될 수 있겠습니까? 엉덩이에 주사 맞을 때 생각해보십시오. 주사 놀 때 손바닥으로 탁 칩니다. 따끔한 통증을 느끼지 못하게 하려고 그런 것입니다. 그와 비슷합니다. 정말 두려워해야 할 대상이 누구인지 알면 세상이 두렵지 않습니다.

오늘 본문은 믿음으로 모세의 부모는 왕의 명령을 두려워하지 않았다고 말씀하였습니다. 출애굽기를 보면 왕의 명령을 두려워하지 않았던 또 다른 사람이 등장합니다. 히브리 산파 '십브라' 와 '부아'입니다. 출애굽기가 시작하자마자 바로는 산파들에게 아들이거든 죽이고 딸이거든 살려두라고 명령합니다. 원래 바로의 명령이 절대적이기도 하지만 히브리인들이 학대를 받고 있던 시기라 바로의 이 명령은 굉장히 두렵고 엄중한 명령입니다. 그런데 두 산파의 반응을 보십시오.

(출 1:17) 그러나 산파들이 하나님을 두려워하여 애굽 왕의 명령을 어기고 남자 아기들을 살린지라

'그러나 산파들이 하나님을 두려워하여 애굽 왕의 명령을 어겼다' 산파들이 그 두려운 애굽 왕 바로의 권력을 어길 수 있었던 이유가 무엇입니까? '하나님을 두려워하여' 하나님을 두려워하면 세상이 두렵지 않습니다. 우리가 하나님을 두려워하면 어떻게 되는지 이사야 66장의 말씀을 보십시오.

(사 66:2) 나 여호와가 말하노라 내 손이 이 모든 것을 지었으므로 그들이 생겼느니라 무릇 마음이 가난하고 심령에 통회하며 **내 말을 듣고 떠는 자 그 사람은 내가 돌보려니와**

하나님의 말씀을 듣고 떠는 자를 하나님께서는 돌보신다고 말씀하십니다. 하나님의 말씀을 듣고 두려워하는 자, 즉, 하나님을 경외하는 자를 돌보신다는 것입니다. 애굽 왕 바로의 명을 어겼던 히브리 산파들의 인생에 어떤 결과가 찾아 왔는지 보십시오.

(출 1:20-21) (20) **하나님이 그 산파들에게 은혜를 베푸시니** 그 백성은 번성하고 매우 강해지니라 (21) 그 산파들은 하나님을 경외하였으므로 하나님이 **그들의 집안을 흥왕하게 하신지라**

하나님께서 산파들을 돌보시고 은혜를 베푸시니 순조롭게 출산이 이루어져서 이스라엘 백성은 번성하고 매우 강해졌습니다. 직업에 복을 주었다는 것입니다. 그리고 산파들이 하나님을 경외하였기 때문에 그들의 집안을 흥왕하도록 축복하여 주십니다. 우리도 하나님을 두려워하는 믿음을 가져야 합니다. 하나님을 두려워하는 믿음이 무엇입니까? '하나님' 하면 벌벌 떠는 것입니까? 그렇지 않습니다. 하나님을 두려워하는 믿음은 하나님을 의식하고 사는 것입니다. 하나님께서 싫어하는 죄의 자리에는 가지 않습니다. 삶의 자리에서 어떻게든 하나님의 말씀을 붙들고 그 말씀대로 살아가려고 애를 씁니다. 그 때에 세상에 대한 두려움이 사라집니다. 모세가 여호수아에게 마지막으로 한 말씀입니다.

(수 1:8-9) (8) **이 율법책을 네 입에서 떠나지 말게 하며 주야로 그것**

을 묵상하여 그 안에 기록된 대로 다 지켜 행하라 그리하면 네 길이 평탄하게 될 것이며 네가 형통하리라 (9) 내가 네게 명령한 것이 아니냐 강하고 담대하라 두려워하지 말며 놀라지 말라 네가 어디로 가든지 **네 하나님 여호와가 너와 함께 하느니라** 하시니라

하나님의 말씀을 주야로 묵상하고 순종해야 할 때 길이 평탄하고 형통하게 됩니다. 두려움이 사라지고 강하고 담대하게 됩니다. 예전에 '후탁 교인'이라는 말이 있었습니다. 주일에 한 번 성경책 위에 쌓인 먼지를 '후' 불고 '탁탁' 털어서 성경을 들고 오는 분들을 '후탁 교인'이라고 했습니다. 후탁 교인 되지 말고 주야로 말씀을 묵상하는 신앙인이 되길 바랍니다. 그리할 때 '네가 어디로 가든지 네 하나님 여호와가 너와 함께 하느니라' 이 말씀이 우리의 삶에 그대로 이루어져서 삶의 자리에 하나님의 나라가 임하게 될 줄로 믿습니다. 사랑하는 성도 여러분, 모세의 부모처럼 하나님의 말씀을 믿고 기다리며 맡겨주신 사명에 최선을 다하여 세상을 두려워하지 않고 하나님을 경외하며 삶의 자리에 하나님의 나라, 천국을 이루어 가는 복된 성도가 되기를 축원합니다.

결단과 소망의 기도

모세의 부모처럼 말씀을 붙들게 하옵소서.
하나님 맡겨주신 사명 최선을 다해 감당하게 하시고,
모든 상황 속에서 담대함으로
하나님의 나라를 세워가게 하옵소서.

믿음, 하나님만 바라보다
(히브리서 11:24-26)

(24) 믿음으로 모세는 장성하여 바로의 공주의 아들이라 칭함 받기를 거절하고 (25) 도리어 하나님의 백성과 함께 고난 받기를 잠시 죄악의 낙을 누리는 것보다 더 좋아하고 (26) 그리스도를 위하여 받는 수모를 애굽의 모든 보화보다 더 큰 재물로 여겼으니 이는 상 주심을 바라봄이라

드라마 시청자 중 여성의 비율이 70% 정도 된다고 합니다. 특히 로맨스 드라마나 영화는 여성 시청자가 압도적으로 많답니다. 그러다 보니 로맨스 멜로는 여성의 심리를 만족시키는 스토리로 진행을 합니다. 그래서 드라마만 잘 분석해도 시대별로 여성들이 좋아하는 남성상을 알 수 있습니다. 90년대 드라마부터 검색을 해보았습니다. 90년대부터 2000년 초반까지는 츤데레 성향의 남성들이 인기가 많았습니다. 대표적인 예로 '미안하다, 사랑한다' 라는 드라마에서 "밥 먹을래, 나랑 죽을래", '내 머릿속의 지우개' 라는 영화에서 "이거 마시면 나랑 사귀는거다" 둘 다 안 본 것이긴 한데, 대사는 많이 들어봤습니다. 물론 이 대사를 한 사람은 '소지섭, 정우성' 입니다. 아무나 이런 말 하면 한 대 맞을 수 있습니다. 2000년 중후반부터 2010년 초반까지는 귀공자 성향의 남성들이 인기가 많았습니다. 재력과 지력 모든 것을 다 갖춘 사람들입니다. 대표적인 인물이 '꽃보다 남자' 라는 드라마의 '구준표' 입니다. 2010년 중반부터는 상남자가 인기를 얻습니다. 강인하고 냉철하지만 내 여자에게는 따뜻한 남자. '태양의 후예'에 나오는 송중기가 맡았던 '유시진 대위' 입니다. 최근에는 어떤 성향이 인기가 많은 것 같습니까? 요즘은 '직진남'이 대세라고 합니다. '직진남'이 무엇인지 아십니까? 밀당이나, 썸 이런 과정이 없습니다. 무조건 사랑하는 것입니다. 사랑하는 여자를 위해서라면 모든 것을 다 내려놓을 수 있는 사람입니다. 물론 잘생겨야 직진남이고, 못생기면 스토커라고 한답니다.

직진남의 특징이 세 가지가 있습니다. '첫째는 아무리 예쁘고 조건 좋은 다른 여자가 들이대도 칼같이 거절을 한다. 둘째는 자기가 손해를 봐도 사랑하는 사람을 위한 선택을 한다. 셋째는 오직 한 여자만 바라본다.' 오늘 본문에서 소개하는 모세의 특징을 한 마디로 하면 '직진남' 입니다. 세상을 거절하고 믿음의 선택을 하며 오직 하나님만 바라봅니다. 하나님께서는 믿음의 직진남 모세를 통하여 하나님의 나라를 세우셨고 모세를 통하여 율법을 주셨습니다. 오늘 말씀을 상고하며 하나님을 향한 직진 믿음으로 모세와 같이 크게 쓰임 받기를 바랍니다.

첫째, 믿음으로 거절하였습니다.

모세의 부모는 모세를 나일 강에 두고 하나님께서 어떻게 하시는지 지켜보았습니다. 그 때에 바로의 딸이 나일강가에서 모세를 발견했습니다. 그 장면을 다시 한 번 보십시오.

> (출 2:5-6) (5) **바로의 딸이 목욕하러 나일 강으로 내려오고** 시녀들은 나일 강 가를 거닐 때에 그가 갈대 사이의 상자를 보고 시녀를 보내어 가져다가 (6) 열고 그 아기를 보니 아기가 우는지라 그가 그를 불쌍히 여겨 이르되 이는 히브리 사람의 아기로다

바로의 딸이 목욕하러 나일 강으로 내려왔다는 말씀으로 시작합니다. 바로의 공주가 궁전 안에서 목욕을 하지 않고 굳이 위험하게 나일 강까지 내려 왔을까요? 애굽인들에게 나일강은 그냥 강이 아니고 풍요와 생산의 신입니다. 그래서 자녀가 없는 사람들이 나일강에 가서 목욕을 하면 아이가 생길 수 있다는 믿음이 있었다고 합니다. 그러니까 바로의 공주가 자녀를 얻고 싶어했다는 것을 알 수 있습니다. 그 때 갈대 상자의 아기, 모세를 발견하게 된 것입니다. 6절 끝을 보면, 모세

가 히브리인의 아기인 것을 알았습니다. 그런데도 자기의 아들로 삼습니다. 정식 입양을 한 것입니다. 사도행전 7장에 나오는 스데반의 설교에 모세의 성장 과정이 짧게 소개 됩니다.

(행 7:21-22) (21) 버려진 후에 **바로의 딸이** 그를 데려다가 **자기 아들로 기르매** (22) 모세가 애굽 사람의 모든 지혜를 배워 그의 말과 하는 일들이 능하더라

바로의 딸이 히브리 노예의 아기인 것을 알고 데리고 왔지만 노예로 삼은 게 아니고 자기 아들로 길렀다고 말씀합니다. 모세가 애굽 사람의 모든 지혜를 배웠다는 것을 보면 애굽의 왕족으로 교육을 받았다는 것을 알 수 있습니다. 모세는 가만히 있기만 해도 공주의 아들로서 얼마든지 부귀와 영화와 권세를 누릴 수 있는 사람이었습니다. 그런데 모세가 어떻게 하였는지 보십시오.

(24) 믿음으로 모세는 장성하여 **바로의 공주의 아들이라 칭함 받기를 거절하고**

모세는 장성하여 '바로의 공주의 아들이라 칭함 받기를 거절' 합니다. 일순간에 그 모든 것을 다 포기합니다. 그 이유가 무엇입니까? '믿음으로' 오직 믿음 때문이었습니다. 모세가 가진 믿음은 그의 부모로부터 내려오는 믿음입니다. 모세의 부모에 대한 말씀을 나눌 때 모세의 부모가 모세를 숨겨서 석 달 동안 키운 이유에 대해 살펴보았습니다. 모세가 태어나자마자 모세의 부모는 하나님의 언약의 성취가 이루어질 것을 보았습니다. 그러니 모세의 유모가 되어 모세를 양육할 때

당연히 믿음의 교육을 했을 것입니다. 특히, 모세를 통해서 하나님께서 이 백성을 구원하실 것이라 교육했으리라 추측할 수 있습니다. 그것을 알 수 있는 말씀이 스데반의 설교 가운데 나옵니다.

> (행 7:23-25) (23) 나이가 사십이 되매 그 형제 **이스라엘 자손을 돌볼 생각이 나더니** (24) 한 사람이 원통한 일 당함을 보고 보호하여 압제 받는 자를 위하여 원수를 갚아 애굽 사람을 쳐 죽이니라 (25) 그는 그의 형제들이 **하나님께서 자기의 손을 통하여 구원해 주시는 것을 깨달으리라고 생각하였으나** 그들이 깨닫지 못하였더라

모세가 나이 40이 되었을 때 그 형제 이스라엘 자손을 돌볼 생각이 났다고 말씀합니다. 때마침 한 사람이 애굽 사람에게 원통한 일 당함을 보고는 애굽 사람을 쳐 죽입니다. 그러면서 그의 마음에 어떤 생각이 있었다고 말씀합니까? '그의 형제들이 하나님께서 자기의 손을 통하여 구원해 주시는 것을 깨달으리라고 생각하였다'고 말씀합니다. 공주의 아들로 애굽에서 모든 교육을 받으면서도, 마음 속 깊이 항상 이 사명을 생각하고 있었다는 것입니다. 이 믿음이 있었기에, 공주의 아들로 칭함 받기를 거절할 수 있었습니다.

이 세상을 살다보면 신앙인들에게 참 많은 유혹이 있습니다. 세상의 유혹에 눈 한 번 딱 감으면 소유가 많아지고, 인생도 편해진다고 생각해 보십시오. 그런 미혹에 거절하기가 쉽겠습니까? 어렵습니다. 그럼에도 불구하고 믿음으로 거절하는 자가 하나님 나라를 위해 쓰임 받는 사람이 되는 것입니다. 다니엘과 세 친구는 왕의 음식을 거절했습니다. 요셉은 보디발의 아내가 유혹할 때 거절했습니다. 예수님은 사탄이 광

야에서 세 번 유혹할 때 모두 거절하였습니다. 성도는 믿음으로 거절해야 할 때를 잘 알아야 합니다. 정치인들 가운데 뇌물의 유혹을 거절하지 못해 넘어지는 사람들이 많습니다. 운동 하는 사람들은 약물의 유혹에 넘어집니다. 목사들도 명예의 유혹이나 물질의 유혹을 거절하지 못해 넘어지는 경우를 많이 봅니다. 이 세상 속에서 치열하게 살면서 세상의 유익을 주는 달콤한 유혹들을 거절하기 쉽지 않겠지만, 모세처럼 하나님께서 나를 택하시고 사명 주셨음을 기억하여 항상 믿음으로 결단하고 거절할 수 있는 성숙한 신앙인들이 되기를 바랍니다.

둘째, 믿음으로 선택하였습니다.

제가 중고등학교 때 듣던 고전 유머를 하나 소개해드리겠습니다. 놀부와 흥부가 죽어서 천국에 갔습니다. 심판대 앞에 섰는데 앞에 꿀통과 똥통이 놓여있었습니다. 심판관 왈 "너희들이 하나씩 선택하라" 놀부가 얼른 꿀통을 선택합니다. 하는 수없이 흥부는 똥통을 선택합니다. 심판관은 그 둘에게 자신이 선택한 통에 들어가라고 말합니다. 놀부는 신이 나서 꿀통에 들어가고 흥부는 똥통에 들어갔습니다. 그런데 들어가자마자 다시 나오라고 말하더니 "너희는 형제니 서로 깨끗하게 핥아 주어라" 명령합니다. 놀부는 죽을상이 되어 명령대로 행합니다. 한참 후에 흥부와 놀부의 아내들이 도착하여 남편들이 한 것처럼 두 통 앞에 섰습니다. 역시 선택하라고 말합니다. 놀부가 앞 쪽에 서 있다가 아내에게 눈짓을 하며 똥통을 선택하게 합니다. 두 아내도 통 안에 들어갔다가 나옵니다. 놀부의 아내는 똥통, 흥부의 아내는 꿀통이었습니다. 심판관이 이들에게 각자 남편 앞에 서라고 하더니 "남편들은 아내와 한 몸이니 아내의 몸을 핥아 주어라" 명하더랍니다.

아담과 하와가 에덴동산에서 실패했던 이유는 눈으로 보고, 눈으로 보이는 대로 판단했기 때문입니다. 우리도 사람의 눈, 사람의 생각으로 판단하고 선택하면 반드시 실패하게 됩니다. 창세기 13장에서 아브라함과 롯이 서로 헤어지는 장면이 있는데 롯은 소돔과 고모라를 선택하고 아브라함은 약속의 땅을 선택합니다. 그 때 공통적으로 나오는 말씀이 있습니다.

> (창 13:10) 이에 **롯이 눈을 들어** 요단 지역을 바라본즉 소알까지 온 땅에 물이 넉넉하니 여호와께서 소돔과 고모라를 멸하시기 전이었으므로 여호와의 동산 같고 애굽 땅과 같았더라
> (창 13:14) 롯이 아브람을 떠난 후에 여호와께서 아브람에게 이르시되 **너는 눈을 들어** 너 있는 곳에서 북쪽과 남쪽 그리고 동쪽과 서쪽을 바라보라

똑같이 눈을 들어 땅을 선택합니다. 그런데 롯은 사람의 마음으로, 탐욕의 마음으로 눈을 든 것이고 아브라함은 하나님의 명에 따라, 즉 하나님의 마음으로 눈을 든 것입니다. 결국 롯은 멸망의 길을 걷게 됩니다. 롯에 대한 말씀을 잘 보십시오. 사람의 눈으로 보고 선택을 할 때 심판 당할 땅인데 여호와의 동산처럼 보입니다. 우리가 자신의 탐욕으로 선택을 하면서도 하나님 주시는 축복으로 착각할 수도 있습니다. 그러니 늘 깨어 기도하며 자신의 신앙을 점검해야 합니다. 모세는 두 가지 중에 한 가지를 선택할 수 있었습니다

> (25) 도리어 **하나님의 백성과 함께 고난 받기를 잠시 죄악의 낙을 누리는 것**보다 더 좋아하고

하나는 '하나님의 백성과 함께 고난 받는 것'이고, 둘은, '죄악의 낙을 누리는 것'입니다. 모세는 이 두 가지 중에서 어느 것을 선택했습니까? 믿음으로 '하나님의 백성과 함께 고난 받는 길'을 선택합니다. 그 이유가 무엇입니까? 그 길이 영원한 낙을 누리는 길이라는 것을 알았기 때문입니다. 본문을 잘 보십시오. '죄악의 낙'이라는 말 앞에 '잠시'라는 말이 붙어 있습니다. 이 세상에서 누리는 '죄악의 낙'은 아무리 좋아도 '잠시'입니다. '잠시 죄악을 낙을 누리고' 나면 영원한 고통과 심판이 대가로 따라 옵니다.

우리도 살다보면 선택의 기로에 서 있을 때가 많습니다. 사실 우리의 삶은 매 순간, 선택을 해야 합니다. '짜장이냐, 짬뽕이냐' 이런 선택 말고, 인생의 중요한 결단을 해야 하는 순간이 있습니다. 그럴 때면, 사람의 눈이 아니라 하나님의 눈으로 선택을 해야 합니다. 아브라함이 하나님의 눈으로 더 어려운 길을 선택했을 때 하나님께서 함께 하시고 책임져 주셨습니다. 모세 역시 '하나님의 백성과 함께 고난 받기를 잠시 죄악의 낙을 누리는 것보다 더 좋아했을 때' 하나님께서 책임져 주셨습니다. 우리가 하나님을 사랑하면 '믿음의 선택'을 할 수 있습니다. 처음에 말씀드린 직진남들은 자기가 큰 손해를 봐도 사랑하는 사람을 위해서라면 과감하게 포기합니다. 심지어 죽음까지 선택을 합니다. 사랑 때문입니다. 하나님을 사랑하는 사람은 세상에서 얻는 잠시의 낙을 손해 볼지라도 하나님을 위한 선택을 합니다.

(요 12:42-43) (42) 그러나 관리 중에도 그를 믿는 자가 많되 바리새인들 때문에 **드러나게 말하지 못하니 이는 출교를 당할까 두려워함**이라 (43) 그들은 **사람의 영광을 하나님의 영광보다 더 사랑**하였더라

예수님께서 죽은 나사로를 살리신 후에, 관리 중에도 예수님을 믿는 자들이 많아졌습니다. 그런데, 바리새인들 때문에 드러나게 말하지를 못합니다. 혹시나 출교 당할까 걱정이 된 것입니다. 그런데 진짜 이유가 43절에 나옵니다. '그들은 사람의 영광을 하나님의 영광보다 더 사랑하였다' 하나님을 사랑하고, 예수님을 사랑해야 믿음의 선택을 할 수 있습니다. 역으로 생각해보면, 우리가 삶의 자리에서 믿음의 선택을 못하고 있다면 하나님을 사랑하지 않기 때문입니다. 모세처럼 하나님을 사랑하여 이 세상 잠시의 즐거움보다 하나님의 백성으로 함께 고난 받고 헌신하는 길을 택하여 하나님께서 주시는 영원하고 참된 즐거움을 맛보아 누리기를 바랍니다.

셋째, 믿음으로 바라보았습니다.

(26) 그리스도를 위하여 받는 수모를 애굽의 모든 보화보다 더 큰 재물로 여겼으니 **이는 상 주심을 바라봄**이라

모세는 그리스도를 위하여 받는 수모를 애굽의 모든 보화보다 더 큰 재물로 여겼다고 말씀합니다. 하나님의 구원 사역에 동참하는 것을 세상의 모든 소유와 권력보다 더 큰 복으로 여겼다는 것입니다. 어떻게 그렇게 할 수 있었습니까? '이는 상 주심을 바라봄이라' 모세는 애굽에 엄청난 보화들보다 더 큰 상이 하나님께 있음을 알았습니다.
1960년대에 미국 스탠버드 대학의 심리학자 월터미셸이 대학부설 유치원생들을 대상으로 한 유명한 실험이 있습니다. 일명 '마시멜로 실험' 입니다. 4~6세 아이들을 대상으로 마시멜로 한 개가 놓여 있는 접

시를 보여주고 "선생님이 잠깐 나갔다가 돌아올 건데, 그 때까지 이걸 먹지 않고 기다리면 한 개 더 줄게" 말하고 나가서 15분 만에 돌아오는 것입니다. 이 연구가 유명해진 것은 60년대 후반에 했던 연구 때문이 아니라 1988년과 1990년 후속연구가 발표되었기 때문입니다. 선생님을 기다렸다가 상을 받은 아이들이 청소년기에 학업성적이 우수했고 스트레스를 견디는 힘도 강했다는 결과였습니다. 상을 바라보는 사람은 인내할 수 있습니다. 상을 바라본다는 다른 말은 소망을 갖고 있다는 말과 같기 때문입니다. 세상에서도 인내하는 사람이 성공합니다. 영적으로도 소망을 갖고 인내하는 사람이 성공하는 사람이 됩니다.

그렇다면 모세가 바라본 '상'이 무엇입니까? 애굽의 모든 보화보다 더 귀하게 여겼다고 하니 세상의 부귀영화는 아닙니다. 두 가지로 생각해 볼 수 있습니다. 첫 번째는 하나님 나라에서 받을 의의 면류관, 영원한 상급입니다. 이 상급이 무엇인지 확실히 알기에 하나님의 구원 사역에 동참한 것입니다. 사도바울의 고백을 보십시오.

(딤후 4:7-8) (7) 나는 선한 싸움을 싸우고 나의 달려갈 길을 마치고 믿음을 지켰으니 (8) 이제 후로는 **나를 위하여 의의 면류관이 예비**되었으므로 주 곧 의로우신 재판장이 그 날에 내게 주실 것이며 내게만 아니라 **주의 나타나심을 사모하는 모든 자에게도니라**

사도바울은 하나님께 받을 의의 면류관을 미리 보았습니다. 그래서 이 세상을 사는 동안 선한 싸움을 싸우고 달려갈 길을 다 가며 믿음을 지킬 수 있었던 것입니다. '의의 면류관'은 사도바울을 위해서만 예비 된 것이 아닙니다. 주의 나타나심을 사모하는 모든 자, 즉 우리를 위하여도 의의 면류관이 예비 되어 있습니다. 두 번째는 더 근원적인 상급입니다.

> (창 15:1) 이 후에 여호와의 말씀이 환상 중에 아브람에게 임하여 이르시되 아브람아 두려워하지 말라 **나는 네 방패요 너의 지극히 큰 상급이니라**

하나님께서 아브라함에게 말씀하십니다. "내가 너의 지극히 큰 상급이니라." 우리가 바라볼 가장 큰 상은 바로 '하나님' 자체입니다. 하나님이 함께 하시고 하나님이 동행하시는 것이 가장 큰 상급입니다.

모세가 처음부터 '믿음의 사람'은 아니었습니다. 사십이 되던 해에 호기롭게 사명을 감당해보겠다고 히브리인을 괴롭히는 애굽인을 죽였습니다. 그런데 다음 날 어떤 일이 일어났습니까?

> (출 2:13-14) (13) 이튿날 다시 나가니 두 히브리 사람이 서로 싸우는 지라 그 잘못한 사람에게 이르되 네가 어찌하여 동포를 치느냐 하매 (14) 그가 이르되 **누가 너를 우리를 다스리는 자와 재판관으로 삼았느냐** 네가 애굽 사람을 죽인 것처럼 나도 죽이려느냐 모세가 두려워하여 이르되 일이 탄로되었도다

히브리인들끼리 싸우기에 '왜 싸우냐'고 묻자 '누가 너를 우리를 다스리는 자와 재판관으로 삼았느냐? 애굽 사람 죽인 것처럼 나도 죽이려고?' 말합니다. 동족들에게 인정받지 못했습니다. 이 일이 탄로가 나서 바로가 죽이려고 찾자 광야로 도망을 칩니다. 애굽 왕자의 권력과 애굽의 보화들을 갖고 있었고 이스라엘을 구원하고자 하는 열정이 있던 젊은 시절에도 이스라엘 백성들이 지도자로 받아들이지 않았습니다. 그런데 도망쳤다가 팔십이 되어서 지팡이 하나 들고 돌아왔는데 누

가 받아주겠습니까? 그러니 하나님께서 사명을 맡기실 때 몇 번이나 거절을 한 것입니다. 그 때에 하나님께서 무엇이라고 말씀하십니까?

(출 3:11-12) (11) 모세가 하나님께 아뢰되 내가 누구이기에 바로에게 가며 이스라엘 자손을 애굽에서 인도하여 내리이까 (12) 하나님이 이르시되 **내가 반드시 너와 함께 있으리라** 네가 그 백성을 애굽에서 인도하여 낸 후에 너희가 이 산에서 하나님을 섬기리니 이것이 내가 너를 보낸 증거니라

"내가 반드시 너와 함께 있으리라" 모세는 결국 이 말씀을 받아들입니다. 그리고 그 때부터는 하나님만 바라봅니다. 오늘 본문에서 '바라봄이라' 번역된 단어가 '아포블레포($\alpha\pi o\beta\lambda\epsilon\pi\omega$)'입니다. '모든 다른 것에서 눈을 돌려 한 대상만 보다' 의 뜻입니다. 모세는 세상 바라보지 않았습니다. 애굽에서 얻을 수 있는 권력, 명예, 소유, 쾌락, 그 어느 것 하나도 돌아보지 않았습니다. 세상의 모든 다른 것에서 눈을 돌려 가장 큰 상급인 하나님만 바라보았습니다.

(요 3:16) 하나님이 **세상을 이처럼 사랑하사 독생자를 주셨으니** 이는 그를 믿는 자마다 멸망하지 않고 영생을 얻게 하려 하심이라

하나님이 세상을 이처럼 사랑하사 가장 귀한 상급인 '독생자 예수'를 우리에게 주셨습니다. 모세가 하나님만 바라본 것처럼 우리도 가장 귀한 상급인 예수님만 바라보아야 합니다. 오직 하나님만 바라보던 모세는 믿음으로 거절했습니다. 믿음으로 선택했습니다. 믿음으로 바라보았습니다. 우리도 모세와 같이 세상 유혹에 믿음으로 거절해야 합

니다. 선택의 기로에서 사람의 눈이 아니라 하나님의 눈으로 믿음으로 택할 수 있어야 합니다. 사랑하는 성도 여러분, 믿음으로 사명 감당하고 하나님이 주실 영원한 의의 면류관과 가장 귀한 상급인 예수님만 바라보며, 모세와 같이 삶의 자리에 하나님의 나라를 이루어 가기를 예수님의 이름으로 축원합니다.

결단과 소망의 기도

세상 미혹에 거절하는 믿음이 있게 하옵소서.
하나님의 눈으로 선택하는 지혜가 있게 하시고,
우리에게 상주시는 하나님만 바라보게 하옵소서.

믿음, 하나님 나라에 속하다
(히브리서 11:31)

(31) 믿음으로 기생 라합은 정탐꾼을 평안히 영접하였으므로 순종하지 아니한 자와 함께 멸망하지 아니하였도다

우리나라 역사에서 드라마를 통해 많이 나오는 나라는 고려시대와 조선시대입니다. 특히 개국 당시의 상황이 드라마로 많이 나왔습니다. 고려의 개국은 '태조 왕건'이라는 드라마가 유명합니다. "누구인가? 지금 누가 기침 소리를 내었어?" 라는 궁예의 짧은 대사 컷은 지금도 인터넷에 많이 돌아다닙니다. 조선 개국은 검색해보니 '정도전, 육룡이 나르샤, 태종 이방원' 여러 개가 있었습니다. 드라마로 자주 나오는 이유는 흥미로운 스토리가 있기 때문입니다. 고려와 조선의 개국에는 한 가지 공통점이 있습니다. '배신'입니다. 태조 왕건은 후고구려를 세운 궁예를 배신하여 몰아내고 고려를 건국했습니다. 태조 이성계는 위화도 회군을 통해서 고려를 배신하고 조선을 세웠습니다. 이 나라를 일본에 팔아 일제강점기를 만들었던 매국노들의 악한 배신도 있지만 역사는 왕건과 이성계의 배신을 '위대한 배신'이라고 평가합니다. 망해가던 나라를 무너뜨리고 새로운 나라를 세웠기 때문입니다.

오늘은 히브리서 11장에 나오는 믿음의 사람 중, 개인으로 설명한 사람 중에는 마지막으로 등장하는 라합에 대한 말씀입니다. 라합은 여호수아가 여리고성을 점령하는 과정에서 여리고를 배신하고 하나님 나라에 합류하는 인물로 등장합니다. 구약에는 여호수아서에서 짧게 등장하고 사라지는 인물인데 신약에서는 비중있게 소개 됩니다. 히브리서에서는 여호수아서에 등장하는 수많은 인물들 중 라합을 대표적인 믿음의 사람으로 소개합니다. 마태복음에서는 예수님의 계보 가운데 당당하게 이름이 들어가 있습니다. 야고보서에서는 믿음의 조상 아브라함이 이삭을 바치는 믿음의 행함과 같은 레벨로 라합의 믿음을 소개하고 있습니다. 오늘 말씀을 상고하며 라합처럼 세상 나라를 떠나 하나님의 나라에 합류하는 복된 믿음을 얻기를 바랍니다.

첫째, 구원하시는 하나님의 은혜를 볼 수 있습니다.

(31) 믿음으로 **기생 라합**은 정탐꾼을 평안히 영접하였으므로 순종하지 아니한 자와 함께 멸망하지 아니하였도다

'라합'이라는 이름 앞에 '기생' 이라는 수식어가 붙어 있습니다. 그동안 살펴본 믿음의 사람들을 생각해보십시오. 수식어가 붙어 있었던 사람이 있었습니까? 전혀 없습니다. 예를 들어 '믿음의 조상 아브라함은' 이렇게 소개하지 않았습니다. 요셉도 생각해 보십시오. 요셉은, 세계 최강의 나라 애굽의 총리가 된 사람입니다. 얼마나 영광스러운 일입니까? '믿음으로 애굽의 총리된 요셉은' 이렇게 소개할 법도 한데 그냥 이름만 소개했습니다. 그런데 유독 라합 만큼은 수식어를 붙이고 있다는 것입니다. 더군다나, 그 수식어는 결코 영광스러운 수식어가 아닙니다. '기생'입니다. 예수님의 족보에도 올라간 여인이 '기생' 이라고 나오니 어떤 신학자는 라합이 요즘으로 말하면, '호텔 오너'였다고 해석하기도 합니다. 그런데 '기생'으로 번역된 단어를 보십시오.

조나(זָנָה) 간음하다, 매춘하다, 창녀
포르네(πόρνη) 매춘부, 창녀

구약에서는 히브리어 '조나', 신약에서는 헬라어 '포르네' 인데, 둘 다 '매춘부'를 뜻합니다. 이 시대의 가나안은 온갖 우상숭배와 혼합종

교, 성적 문란이 극에 달했던 시대입니다. 하나님께서 가나안 원주민들을 쫓아내시고 이스라엘 백성에게 그 땅을 주신 것은 평화롭게 살던 사람들을 쫓아내고 이스라엘 백성을 정착시키는 사건이 아닙니다. 죄악의 도시, 가나안에 대한 심판과 하나님 나라의 임재를 상징적으로 보여주는 사건입니다. 모세가 가나안 땅을 눈앞에 두고 마지막 설교를 할 때 이렇게 말씀했습니다.

(신 9:4) 네 하나님 여호와께서 그들을 네 앞에서 쫓아내신 후에 네가 심중에 이르기를 내 공의로움으로 말미암아 여호와께서 나를 이 땅으로 인도하여 들어서 그것을 차지하게 하셨다 하지 말라 이 **민족들이 악함으로 말미암아 여호와께서 그들을 네 앞에서 쫓아내심이니라**

가나안의 악함으로 말미암아 하나님께서 그들을 쫓아내시니 너희도 똑같아지지 말라는 것입니다. 결국, 여리고성의 멸망은 죄악이 가득한 세상에 대한 하나님의 심판입니다.

창세기 6장에서도 세상이 죄악으로 가득 찼을 때 심판하시는 하나님의 모습이 나옵니다. 그 때 구원 받는 사람이 하나 등장하는데 그의 이름이 '노아'입니다. 노아에게는 어떤 수식어가 붙어 있는지 보십시오.

(창 6:8-9) (8) 그러나 노아는 여호와께 은혜를 입었더라 (9) 이것이 노아의 족보니라 **노아는 의인이요 당대에 완전한 자라** 그는 하나님과 동행하였으며

'노아는 의인이요, 당대에 완전한 자' 라고 소개합니다. 죄악이 가득한 세상에서 의인 노아가 방주를 짓고 구원을 받는 것은 당연한 모습

처럼 보입니다. 그런데 오늘 라합은 다른 상황입니다. 그 죄악이 관영한 세상, 심판 당할 수밖에 없는 그 세상 속에서도 가장 타락한 자의 자리, 가장 죄인 된 자리에 서 있는 여인이 바로 '라합'입니다. 그런데 그가 심판 가운데 구원을 받았고 그 이름이 예수님의 계보에 당당히 들어가는 영광스러운 이름이 되었습니다. 어떻게 그렇게 되었을까요? 노아가 의인이라는 말씀 앞에 '노아는 여호와께 은혜를 입었다' 라는 말씀이 먼저 나옵니다. 그와 마찬가지입니다. 라합이 하나님께 은혜를 입었기 때문입니다. 여호수아서를 보면 라합은 하나님에 대한 소문을 듣고 그 하나님을 믿기로 결단하였습니다. 하나님께서는 라합의 과거를 묻지 않으셨습니다. 지금 현재 어떻게 살아가고 있는지도 묻지 않으셨습니다. 죄인 중의 죄인인 라합을 있는 그대로 받아주시고 구원해 주셨습니다. 하나님께서 라합을 통해 이 세상이 심판 당하고 하나님의 나라가 임할 때 어떤 사람도 구원 받을 수 있음을 보여주시는 것입니다. 우리 역시, 특별한 사람 경건한 사람이라 예배하는 자가 된 것이 아닙니다. 우리도 사도바울처럼 죄인중의 괴수였지만 하나님의 은혜로 복된 자리에 앉아 있을 수 있는 것입니다. 찬송가 310장 가사를 보십시오.

> 아 하나님의 은혜로 이 쓸데없는 자 왜 구속하여 주는지 난 알 수 없도다. 내가 믿고 또 의지함은 내 모든 형편 아시는 주님, 늘 보호해주실 것을 나는 확실히 아네

이 찬양의 가사처럼 아무 이유 없이 나를 사랑하시고 구속하여 주신 하나님께서 기생 라합에게 베풀어주신 은혜처럼 내 모든 형편을 아시고 늘 보호하여 주실 것을 확신하기를 바랍니다.

둘째, 행동하는 믿음이 복된 믿음임을 보여 줍니다.

(31) 믿음으로 기생 라합은 **정탐꾼을 평안히 영접하였으므로** 순종하지 아니한 자와 함께 멸망하지 아니하였도다

히브리서는 각 믿음의 사람들의 가장 중요한 믿음의 특징을 보여주었습니다. 라합의 믿음의 특징은 '정탐꾼을 평안히 영접하였다'입니다. 여호수아서 2장을 보면 여호수아가 보낸 정탐꾼이 기생 라합의 집에 들어가 유숙을 합니다. 그런데, 이 소식이 여리고 왕에게 전달이 되어서 여리고 정보원들이 라합의 집으로 들이닥칩니다. 여리고의 입장에서 정탐꾼은 '간첩'입니다. 우리나라 역사를 생각해 보면 간첩으로 누명만 써도 무서운 일인데 간첩을 숨기거나 돕다가 걸리면 그건 사형입니다. 더군다나 지금 상황은 여리고 정부가 이미 간첩이 라합의 집에 들어와 있다는 것을 알고 있는 상황입니다. 그런데 라합이 어떻게 반응했는지 보십시오.

(수 2:4-5) (4) 그 여인이 **그 두 사람을 이미 숨긴지라** 이르되 과연 그 사람들이 **내게 왔었으나 그들이 어디에서 왔는지 나는 알지 못하였고** (5) 그 사람들이 어두워 성문을 닫을 때쯤 되어 나갔으니 어디로 갔는지 내가 알지 못하나 **급히 따라가라 그리하면 그들을 따라잡으리라** 하였으나

정보부원들이 오는 것을 보고 미리 정탐꾼들을 지붕에 숨겨놓고는 '내게 오긴 왔었는데, 그들이 어디서 왔는지 모르기 때문에 별 관심이 없었고, 어두울 때 즈음 나갔는데 어디로 갔는지 모른다'고 대답합니다. 정보원들은 반신반의하였을 것입니다. 이때 라합은 '급히 따라가

라 그리하면 그들을 따라잡으리라'고 말합니다. 생각할 여지를 주지 않는 것입니다. 여리고 성은 전쟁의 위기감이 잔뜩 고조되어 있었기 때문에 정탐꾼을 잡아 신고하면 큰 상을 받을 수 있었을 것입니다. 그런데 라합은 자신의 목숨을 건 위험한 선택을 하였습니다. 왜 이런 선택을 하였을까요? 라합이 목숨을 건 선택을 한 이유는 정탐꾼들과의 대화에서 알 수 있습니다. 여리고 정보원들이 떠난 후에 두 정탐꾼에게 말을 합니다.

(수 2:9-11) (9) 말하되 **여호와께서 이 땅을 너희에게 주신 줄을 내가 아노라** 우리가 너희를 심히 두려워하고 이 땅 주민들이 다 너희 앞에서 간담이 녹나니 (10) 이는 **너희가 애굽에서 나올 때** 여호와께서 너희 앞에서 홍해 물을 마르게 하신 일과 너희가 요단 저쪽에 있는 아모리 사람의 두 왕 시혼과 옥에게 행한 일 곧 그들을 전멸시킨 일을 **우리가 들었음이니라** (11) 우리가 듣자 곧 마음이 녹았고 너희로 말미암아 사람이 정신을 잃었나니 너희의 하나님 **여호와는 위로는 하늘에서도 아래로는 땅에서도 하나님**이시니라

여리고 성 사람들이 하나님께서 이스라엘 백성들을 어떻게 애굽에서 건져주셨고 요단 동편에서 전쟁을 치룰 때 어떻게 역사하셨는지를 다 들었다는 것입니다. 이로 말미암아 여리고 백성들의 간담이 녹았고 정신을 잃었습니다. 그런데 다들 두려움에 떨기만 할 때 라합은 두 가지 큰 깨달음을 얻었습니다. 첫째는 하나님께서 가나안 땅을 이스라엘 백성에게 주셨다는 것입니다. 이제 여리고 성이 멸망할 것을 알았다는 것입니다. 둘째는 이스라엘의 하나님이 단지 이스라엘 민족의 신이 아니라 온 천하를 다스리는 하나님이라는 것입니다. 이 시대는 신을 지

역적인 개념으로 이해했습니다. 나라마다 다스리는 신이 있다고 생각했습니다. 심지어 하나님의 역사를 직접 경험하여 이곳까지 온 이스라엘 백성도 여호와 하나님을 자기들 민족만을 위한 신으로 이해했습니다. 그런데 하나님에 대한 소문만 들은 라합이 하나님이 온 세상의 하나님이시라는 것을 알게 되었다는 것입니다. 자기가 살던 세상이 멸망할 것을 알고 하나님이 어떤 분인지 깨달은 라합은 세상을 버리고 하나님의 나라 편에 서기로 결단합니다. 이것이 믿음입니다.

2002년에 개봉한 '2009 로스트 메모리즈' 라는 영화가 있습니다. 일본이 타임슬립을 통하여 안중근 의사의 저격을 막으면서 역사를 바꿉니다. 2009년 우리나라는 일본제국에 속해 있습니다. 일본을 위해 살아가던 주인공이 이 사실을 깨닫고 역사를 다시 바꾸기 위해서 고군분투하는 내용입니다. 일본 입장에서는 배신이지만 엄밀히 말하면 배신이 아니라 원래의 자리로 돌아간 것입니다. 라합의 믿음이 이와 비슷합니다. 우리도 우리가 원래 하나님의 형상이요, 이 세상이 심판을 통해 다시 하나님께서 창조하신 본연의 모습으로 돌아갈 것을 깨닫게 되면 이 세상을 위해서 목숨 거는 것이 아니라 영원한 하나님 나라를 위해 목숨 거는 자가 될 수 있습니다. 이런 라합의 믿음을 야고보서는 이렇게 설명합니다.

> (약 2:23-26) (23) 이에 성경에 이른 바 아브라함이 하나님을 믿으니 이것을 의로 여기셨다는 말씀이 이루어졌고 그는 하나님의 벗이라 칭함을 받았나니 (24) 이로 보건대 사람이 행함으로 의롭다 하심을 받고 믿음으로만은 아니니라 (25) 또 이와 같이 기생 라합이 사자들을 접대하여 다른 길로 나가게 할 때에 **행함으로 의롭다 하심을 받은 것이 아니냐** (26) 영혼 없는 몸이 죽은 것 같이 행함이 없는 믿음은 죽은 것이니라

'라합이 사자들을 접대하는 행함으로 의롭다 하심을 받았다는 것'입니다. 24절 끝을 보면 아브라함을 이야기하며 '사람이 행함으로 의롭다하심을 받고 믿음으로만은 아니다' 말씀합니다. 이 때문에 야고보서가 오해를 많이 받았습니다. 하지만 이 말씀은 잘 보아야 합니다. 23절을 보면, 아브라함이 하나님을 믿으니 의로 여기셨다는 말씀이 먼저 나옵니다. 그리고 그것을 확인할 수 있는 방법이 '행함'이라는 것입니다. 행함으로 입증되지 않으면 그 믿음은 참 믿음이라는 것을 확인할 수 없다는 것입니다.

마태복음 21장에서, 예수님께서 두 아들의 비유를 해 주셨습니다. 어떤 사람에게 두 아들이 있었는데 맏아들에게 가서 "오늘 포도원에 가서 일하라" 하니 "가겠나이다" 하더니 가지 않았고, 둘째에게 가라고 하니 "싫습니다" 대답하더니 나중에 뉘우치고 가서 일했다는 것입니다. 그 둘 중 누가 아버지의 뜻대로 한 사람입니까? 간단한 문제입니다. 아버지의 말씀대로 행한 사람이 아버지의 뜻대로 한 사람입니다. 그가 아버지의 말씀을 들은 사람이죠. 이 이야기를 예수님께서는 이렇게 마무리 하십니다.

(마 21:31) 그 둘 중의 **누가 아버지의 뜻대로 하였느냐** 이르되 둘째 아들이니이다 예수께서 그들에게 이르시되 내가 진실로 너희에게 이르노니 **세리들과 창녀들이 너희보다 먼저 하나님의 나라에 들어가리라**

여기에서 '창녀'로 번역된 단어가 '기생 라합' 할 때의 '기생'과 같은 단어입니다. 라합은 비록 죄악 가운데 살아가던 사람이었지만 하나님을 알게 되고 하나님의 나라에 속하기로 결단한 후에는 목숨을 걸고 정탐꾼을 영접하는 행함을 하였습니다. 우리도 이러한 행함이 있어야 복된 삶을 누릴 수 있게 됩니다. 요즘은 인터넷이나 케이블 TV를 통해서 온갖 좋은 설교와 강의를 다 들을 수가 있습니다. 귀한 은혜의 기회입니다. 그런데 어떤 성도들은 이러한 좋은 말씀을 듣고 영이 자라나고 신앙이 성장 하는 것이 아니라 귀만 자라나고 교만한 마음만 성장을 합니다. 말씀을 듣고 행하려 하는 것이 아니라, 말씀을 듣고 판단하려고만 하기 때문입니다. 그렇게 해서는 믿음이 결코 자라나지 않습니다.

(약 2:22) 네가 보거니와 **믿음이 그의 행함과 함께 일하고** 행함으로 믿음이 온전하게 되었느니라

믿음이 행함과 함께 일하고 행함으로 믿음이 온전하게 됩니다. 라합의 행함은 목숨을 건 행함이었습니다. 지금 이 시대 우리는 목숨 걸 일 없습니다. 기껏해야 자존심 거는 행함입니다. 가장 죄악 된 자리에서 비참하게 살던 여인도 목숨을 걸고 행하였는데 우리처럼 좋은 상황에 있는 사람들이 자존심 하나 걸거나 물질 조금 손해 보는 행함을 못해서야 되겠습니까? 우리의 믿음이 행함이 따르는 믿음, 행함으로 입증되는 믿음이 되기를 바랍니다.

셋째, 하나님 나라에 속하게 되는 믿음을 보여줍니다.

(31) 믿음으로 기생 라합은 정탐꾼을 평안히 영접하였으므로 **순종하지 아니한 자와 함께 멸망하지 아니하였도다**

라합이 순종하지 아니한 자와 함께 멸망하지 않았다고 말씀합니다. 라합이 하나님에 대한 소문을 듣고 순종하여 하나님의 나라로 들어왔기 때문입니다. 여리고성 사람 중에서 하나님에 대한 소문을 들었고, 정탐꾼이 여리고 성으로 잠입했다는 것을 알게 된 사람은 라합 뿐이 아니었습니다.

(수 2:2) 어떤 사람이 여리고 왕에게 말하여 이르되 보소서 이 밤에 이스라엘 자손 중의 몇 사람이 **이 땅을 정탐하러 이리로 들어왔나이다**

정탐꾼이 들어온 상황을 여리고 왕에게 보고하는 '어떤 사람'이 등장합니다. 똑같이 하나님에 대한 소문을 들었고 똑같이 정탐꾼을 발견하였습니다. 이 사람도 구원 받을 기회가 있었던 것입니다. 그런데 고발을 하고 대적합니다. 여호수아 9장에 이와 비슷한 이야기가 있습니다.

(수 9:1-2) (1) 이 일 후에 요단 서쪽 산지와 평지와 레바논 앞 대해 연안에 있는 헷 사람과 아모리 사람과 가나안 사람과 브리스 사람과 히위 사람과 여부스 사람의 모든 왕들이 **이 일을 듣고** (2) 모여서 **일심으로 여호수아와 이스라엘에 맞서서 싸우려 하더라**

여호수아 9장은 가나안 땅의 족속들이 연합하여서 일심으로 여호수아와 이스라엘에 맞서서 싸우려 하였다는 말씀으로 시작합니다. 이스라엘 백성들이 요단 강을 건너올 때만 해도 가나안 일곱 족속들의 상태는 '마음이 녹았고, 정신을 잃었다'였습니다. 그런데 지금 이스라엘과 싸우겠다고 일심으로 모였다는 것입니다. 1절을 보면, '이 일 후에' 라는 말씀으로 시작합니다. 여기에서 '이 일'은 아이성 전투에서 패배했던 사건을 말합니다. 가나안 족속들은 단 한 번도 패배 없이 승리의 길을 걸어오는 이스라엘 백성에 대한 소문을 듣고 마음이 녹고 정신을 잃었습니다. 그런데 이번에 들려온 소식은 이스라엘이 아이성과의 전투에서 패배했다는 것입니다. 비록 며칠 지나지 않아서 아이성이 함락되었다는 소식이 들려오긴 했지만 이스라엘도 질 수 있다는 소식은 가나안 족속이 힘을 내기에 충분한 소식이었습니다. 그래서 일심으로 모인 것입니다. 그런데 일곱 족속이 다 모인 게 아니라 여섯 족속만 모였습니다. 똑같은 소식을 듣고 다르게 반응한 족속이 있었기 때문입니다.

(수 9:3) **기브온 주민들이** 여호수아가 여리고와 **아이에 행한 일을 듣고**

기브온 주민들이 여호수아가 여리고와 아이에 행한 일을 들었다고 말씀하고 있습니다. 똑같이 들었는데 그들은 연합해서 하나님과 대적하려 하고 있고 기브온 족속은 그 연합에서 빠져 나와서 하나님의 백성이 되겠다고 하는 것입니다. 이와 비슷한 일이 사도행전에도 일어납니다. 똑같이 복음을 듣는데 어떤 이들은 이를 갈고 핍박을 하며 성도를 죽이고 어떤 이들은 회개를 하며 예수님을 영접합니다. 지금도 마찬가지입니다. 똑같이 예배드리고 똑같이 말씀을 듣지만 어떤 사람은 말씀을 흘려듣거나 실족하고 어떤 사람은 그 말씀에 결단을 합니다. 결과는 어떠합니까? 믿음으로 순종한 기브온은 온 족속이 구원을 받았고, 라합은 온 가족이 구원을 받았습니다.

(수 2:12-13) (12) 그러므로 이제 청하노니 **내가 너희를 선대하였은즉 너희도 내 아버지의 집을 선대하도록** 여호와로 내게 맹세하고 내게 증

표를 내라 (13) 그리고 **나의 부모와 나의 남녀 형제와 그들에게 속한 모든 사람을 살려 주어** 우리 목숨을 죽음에서 건져내라

　라합은 내 아버지의 집을 선대하라고 말하며 '나의 부모, 나의 남녀 형제, 그들에게 속한 모든 사람의 목숨을 건져내라' 요구하였습니다. 라합의 요구대로 라합의 온 가족이 구원을 받게 됩니다. 라합은 심판 당할 나라에 살다가 생명의 나라, 하나님의 나라로 그 본적을 옮기기 위해 무서운 결단을 내렸습니다. 우리가 살아가는 세상도 심판 당할 나라입니다. 사탄의 원리대로 살아가는 세상입니다. 그러므로 우리는 예수님을 믿는 순간부터 이 사탄의 원리를 거스르며 영적인 전투를 하고 살아야 합니다. 결단하고 행동해야 합니다. 사랑하는 성도 여러분, 라합처럼 하나님의 말씀을 듣고 세상이 아니라 하나님 나라에 속하여 자신이 살고, 가족이 살고, 주변에 있는 모든 사람들에게 구원과 축복의 길을 전달하는 복된 성도가 되기를 예수님의 이름으로 축원합니다.

결단과 소망의 기도

말씀을 들을 때마다 라합처럼 행동하는 믿음,
결단하는 믿음이 있게 하옵소서.
나로 인해 우리의 가족과 이웃에게
구원과 축복이 전달되게 하옵소서.

믿음, 세상을 이기다

(히브리서 11:32-40)

(32) 내가 무슨 말을 더 하리요 기드온, 바락, 삼손, 입다, 다윗 및 사무엘과 선지자들의 일을 말하려면 내게 시간이 부족하리로다 (33) 그들은 믿음으로 나라들을 이기기도 하며 의를 행하기도 하며 약속을 받기도 하며 사자들의 입을 막기도 하며 (34) 불의 세력을 멸하기도 하며 칼날을 피하기도 하며 연약한 가운데서 강하게 되기도 하며 전쟁에 용감하게 되어 이방 사람들의 진을 물리치기도 하며 (35) 여자들은 자기의 죽은 자들을 부활로 받아들이기도 하며 또 어떤 이들은 더 좋은 부활을 얻고자 하여 심한 고문을 받되 구차히 풀려나기를 원하지 아니하였으며 (36) 또 어떤 이들은 조롱과 채찍질뿐 아니라 결박과 옥에 갇히는 시련도 받았으며 (37) 돌로 치는 것과 톱으로 켜는 것과 시험과 칼로 죽임을 당하고 양과 염소의 가죽을 입고 유리하여 궁핍과 환난과 학대를 받았으니 (38) (이런 사람은 세상이 감당하지 못하느니라) 그들이 광야와 산과 동굴과 토굴에 유리하였느니라 (39) 이 사람들은 다 믿음으로 말미암아 증거를 받았으나 약속된 것을 받지 못하였으니 (40) 이는 하나님이 우리를 위하여 더 좋은 것을 예비하셨은즉 우리가 아니면 그들로 온전함을 이루지 못하게 하려 하심이라

요즘은 좀 시들해졌지만 한 동안 마블 영화가 엄청 흥행했습니다. 마블 영화의 마지막 황금기로 불리는 영화가 2019년에 개봉한 '어벤져스 엔드게임'입니다. 2019년 개봉당시에 극장에 가면 '뽀로로 보물섬 대모험'과 '어벤져스 엔드게임' 두 편만 상영하였습니다. 지금은 여러 가지 이슈로 인해서 마블 영화가 인기가 시들해졌지만 예나 지금이나 사람들은 초월적인 힘을 가진 히어로, 영웅들을 좋아합니다.

그동안 히브리서 11장에 나오는 믿음의 사람들을 살펴보았습니다. 아벨, 에녹, 노아, 아브라함과 사라, 이삭, 야곱, 요셉, 모세의 부모, 모세, 기생 라합, 이 사람들은 우리 신앙인에게는 '히어로'들입니다. 믿음의 영웅입니다. 히브리서는 믿음의 영웅들에 대해 가장 중요한 믿음의 특징들을 하나하나 언급하다가 오늘 본문 32절부터는 사사시대 이후의 믿음의 영웅들의 이름을 한 번에 나열한 후 이름 없는 영웅들에 대해서도 함께 소개를 합니다. 이들은 모두 믿음으로 세상을 이기고 하나님의 나라를 전파한 '믿음의 어벤져스'들입니다. 오늘 말씀을 통해 믿음의 영웅들의 삶을 함께 상고하며 그들이 세상을 이길 수 있었던 신앙의 비결을 배워 세상을 이기고 변화시키는 능력 있는 신앙인들이 되기를 바랍니다.

첫째, 연약함을 극복하는 믿음을 소유하였습니다.

(32) 내가 무슨 말을 더 하리요 **기드온, 바락, 삼손, 입다, 다윗 및 사무엘과 선지자들**의 일을 말하려면 내게 시간이 부족하리로다

히브리서 기자는 시간이 부족했지만 우리는 시간이 많으니 32절에

기록된 믿음의 영웅들의 특징을 한 번씩 생각해 보면 좋겠습니다. 기드온은 이스라엘의 다섯 번째 사사로 300명의 군사와 함께 엄청난 미디안 군대를 무찌른 믿음의 용사였습니다. 바락은 여사사 드보라와 함께 가나안 왕 야빈의 군대장관 시스라와 겨루어 적군을 완전히 진멸한 용사입니다. 삼손은 엄청난 힘의 소유자로서 방탕함에 빠지기도 하였지만 블레셋에 큰 타격을 입히고 죽은 용사입니다. 입다는 사생아로서 방랑 생활을 하다가 암몬 족속의 위협을 받던 이스라엘의 부름을 받고 큰 전과를 거둔 용사입니다. 다윗은 사무엘로부터 기름부음을 받고 이스라엘의 두 번째 왕이 된 인물로 훌륭한 믿음의 소유자였습니다. 다윗에게 기름을 부은 사무엘은 어머니 한나의 기도로 어린 시절부터 성전에서 자라나며 기도의 사람으로 성장하였습니다. 엘리 대제사장이 죽은 후에는 이스라엘을 신앙의 길로 인도한 믿음의 사사이자 제사장이자 선지자로 특히 미스바 금식 부흥운동을 통해 민족을 변화 시킨 중요한 인물입니다. 이 명단에서 다윗을 제외하고 모두 사사시대의 사람들입니다. 사사시대는 하나님을 왕으로 여기지 않고 자기 소견에 옳은 대로 살아가던 영적 암흑의 시대였습니다. 이런 시대에 하나님께서 사사를 세우시고 그들을 통하여 믿음이 무엇인가를 보여 주며 나라를 구원하였습니다. 그런데 사사기를 생각해보면 사사들은 보통사람보다 뛰어난 사람이라기보다 오히려 약한 사람들이었습니다. 연약한 자들을 통해 하나님의 역사를 보여주는 책이 사사기입니다. 히브리서에서는 그 가운데에서도 더 보잘 것 없고 더 부족한 사람들을 소개하고 있습니다. 본문에 나오는 인물들을 다시 한 번 생각해 보십시오.

기드온은 얼마나 의심이 많았던 사람입니까? 하나님께서 함께 하신다고 몇 번을 말씀했는데도 양털뭉치를 가지고 하나님을 두 번이나 시험했습니다. 그리고도 계속 확신을 못하니까 하나님께서 적진에 보내서 적의 말을 듣게 하여 담대함을 얻게 하셨습니다. 바락은 믿음이 연약한 사람입니다. 드보라가 하나님의 명령이라고 하면서 전쟁터로 가라하니 "드보라 당신이 함께 가지 아니하면 나도 가지 아니하겠다"고 했던 사람입니다. 그런데 드보라가 아니라 바락을 믿음의 사람으로 소개하고 있습니다. 삼손은 말할 것도 없습니다. 여자 쫓아다니다가 사악한 여자 들릴라를 만나 거짓 사랑에 속아 두 눈이 뽑히고 블레셋 사람들에게 조롱을 당하고 말았습니다. 입다는 하나님과 거래한 사람입니다. 젊은 날 건달로 살다가 사사가 되어 전쟁에 나가면서 하나님의 방법이 아닌 우상 섬기던 방식대로 기도합니다. 전쟁에서 이기게 해주면 승리하여 돌아올 때 자신을 반기는 첫 번째 사람을 제물로 바치겠다고 했다가 딸을 잃게 됩니다. 사무엘은 하나님과 교통하는 사람이었지만 하나님의 눈으로 보지 않고 사람의 눈으로 보아서 다윗이 아니라 다윗의 형, 또 다른 사울과 같은 자에게 기름을 부으려고 했습니다. 말년에는 아들들의 타락도 알아보지 못했던 사람입니다. 다윗은 밧세바 사건으로 인간적으로 너무 추한 죄를 저지른 죄인이었습니다. 모두 이런 연약함이 있었지만 믿음으로 연약함을 극복하고 믿음의 영웅으로 쓰임을 받았습니다. 우리도 연약한 사람들입니다. 이들의 약점들이 작게나 크게나 우리 모두에게 있습니다. 더한 약점도 있습니다. 그런데 우리도 연약함만 있는 것이 아닙니다. 우리에게 강력한 능력이 있는데 그것은 예수님을 알고, 예수님을 믿는 것입니다.

(고후 4:6-7) (6) 어두운 데에 빛이 비치라 말씀하셨던 그 하나님께서

예수 그리스도의 얼굴에 있는 **하나님의 영광을 아는 빛을 우리 마음에 비추셨느니라** (7) 우리가 이 보배를 질그릇에 가졌으니 이는 **심히 큰 능력은 하나님께 있고** 우리에게 있지 아니함을 알게 하려 함이라

예수님을 통해 하나님의 영광을 아는 빛, 그것이 우리의 보배이고 그것이 심히 큰 능력이라고 말씀합니다. 우리의 능력은 내 안에서 나오는 것이 아니고 하나님에게서 나오는 것입니다. 이 능력을 질그릇과 같은 연약한 우리의 몸에 가지면 어떻게 살아가는지 이어지는 말씀을 보십시오.

(고후 4:8-10) (8) 우리가 사방으로 우겨쌈을 당하여도 싸이지 아니하며 답답한 일을 당하여도 **낙심하지 아니하며** (9) 박해를 받아도 버린 바 되지 아니하며 거꾸러뜨림을 당하여도 망하지 아니하고 (10) 우리가 항상 **예수의 죽음을 몸에 짊어짐은 예수의 생명이 또한 우리 몸에 나타나게 하려 함**이라

어떠한 일을 당해도 싸이거나 낙심하거나 버린바 되거나 망하지 않고 예수의 생명이 우리를 통해 나타난다고 말씀합니다. 하나님께서는 연약하고 약점 많은 사람들을 믿음의 영웅들로 선택하시고 함께 하심으로 그들을 통해 역사하셨습니다. 우리도 깨지기 쉬운 질그릇과 같은 존재이지만 능력의 예수님과 함께 할 때 놀라운 능력의 역사가 나타납니다. 믿음으로 인간적인 연약함을 극복하고 세상을 변화시키는 능력 있는 신앙인들이 되기를 바랍니다.

둘째, 참된 가치를 발견한 믿음을 가졌습니다.

33절부터는 구약의 많은 선지자들에 대하여 말씀합니다. 믿음의 모습을 이야기 하고 있는데 승리와 영광된 모습과 고난과 핍박의 모습들이 함께 나옵니다.

> (33) 그들은 **믿음으로 나라들을 이기기도 하며** 의를 행하기도 하며 약속을 받기도 하며 사자들의 입을 막기도 하며 (34) 불의 세력을 멸하기도 하며 칼날을 피하기도 하며 연약한 가운데서 강하게 되기도 하며 전쟁에 용감하게 되어 이방 사람들의 진을 물리치기도 하며

먼저, '믿음으로 나라들을 이겼다'는 것은 역사서 시작인 여호수아 초기부터 나오고 있습니다. 믿음으로 여리고성을 이긴 내용이 나옵니다. 사무엘서에서 사무엘은 미스바에서 금식할 때 어린양의 번제를 드리고 믿음으로 나가 싸워 수많은 블레셋을 물리치고 에벤에셀의 기념비를 세웠습니다. 사자들의 입을 막은 것과 불의 세력을 멸한 것은 다니엘 이야기와 다니엘의 세 친구 이야기임을 알 수 있습니다. 이들의 믿음은 세상의 권력이 아니라 오직 하나님을 바라보고 믿었다는 특징이 있습니다. 특히 다니엘의 친구들의 신앙고백 '그리 아니하실라도'의 믿음은 믿음의 중요한 특징을 보여줍니다. 죽든지 살든지, 어떤 상황 속에서도 하나님만 의지하는 것이 승리의 믿음임을 가르쳐주고 있습니다.

> (35) 여자들은 자기의 **죽은 자들을 부활로 받아들이기도 하며** 또 어떤 이들은 **더 좋은 부활을 얻고자 하여** 심한 고문을 받되 구차히 풀려나기를 원하지 아니하였으며

'여자들은 자기의 죽은 자들을 부활로 받아들이기도 하며'라는 말씀은 엘리야 시대 사르밧 과부와 엘리사 시대 수넴 여인의 이야기가 대표적입니다. 두 여인 모두 아들이 죽었다가 살아나는 것을 경험했습니다. 아들이 다시 살아났지만 그들은 나이 들면 다시 죽습니다. 그런 의미에서 완전한 부활은 아닙니다. 하지만 그 일을 통하여 부활을 믿게 되었음을 말씀하는 것입니다. 35절 후반부터는 그 외의 수많은 선지자들이 당했던 고난과 핍박을 말씀합니다.

> (35b) 또 어떤 이들은 더 좋은 부활을 얻고자 하여 심한 고문을 받되 구차히 풀려나기를 원하지 아니하였으며 (36) 또 어떤 이들은 조롱과 채찍질뿐 아니라 결박과 옥에 갇히는 시련도 받았으며 (37) 돌로 치는 것과 톱으로 켜는 것과 시험과 칼로 죽임을 당하고 양과 염소의 가죽을 입고 유리하여 궁핍과 환난과 학대를 받았으니 (38) (이런 사람은 세상이 감당하지 못하느니라) 그들이 광야와 산과 동굴과 토굴에 유리하였느니라

처음 시작할 때 믿음의 히어로들이라고 했는데 세상의 히어로들과는 정반대입니다. 세상의 히어로들은 강한 힘으로 영웅이 되는데 믿음의 영웅들은 고난을 통해서 영웅이 됩니다. 심한 고문을 받아도 풀려나기를 원하지 않았고 조롱과 채찍을 맞고 돌로 치고 톱으로 켬을 당하고 궁핍과 학대를 받았다는 것입니다. 사탄은 세상의 영광과 세상의 박해라는 두 가지 무기로 성도들을 넘어뜨리려고 합니다. 우리가 바르게 믿으면 믿을수록 세상은 믿음이 드러나길 원하지 않기 때문에 항상 박해합니다. 이러한 박해를 견뎌낸 사람은 38절에서 세상이 감당하지 못한다고 말씀하고 있습니다. 우리말 성경은 이 말씀을 원어의 의미와

조금 더 가깝게 번역하였습니다.

(38, 우리말) **세상은 그들에게 가치가 없었습니다.** 그래서 그들은 광야와 산과 동굴과 땅굴 등에서 떠돌며 살았습니다.

'세상은 그들에게 가치가 없었습니다' 믿음의 사람들은 세상에 가치를 두지 않았습니다. 그래서 광야와 산과 동굴로 피해 다니면서 신앙을 이어갔습니다. 세상의 헛된 가치를 누리는 것보다는 신앙의 참된 가치를 지키는 것을 더 중요하게 여겼기 때문입니다. 이 사람들은 도대체 무엇을 발견했기에 심한 고문을 받고, 조롱과 채찍질을 당하고, 옥에 갇히고, 돌에 맞고, 톱으로 켬을 당하고, 칼로 죽임을 당하고, 궁핍과 환난과 학대를 받으면서도 기쁨으로 신앙을 지킬 수 있었습니까? 초대교회 성도들이 발견하고 믿었던 예수가 어떤 분이기에, 그 모진 박해를 견뎌내면서도 예수님을 포기하지 않았습니까? 반대로, 지금 우리가 믿는 예수님은 어떤 분이기에 세상의 가치를 얻기 위해서 너무도 쉽게 포기하고 있습니까? 내가 정말 예수님을 믿고 있는 것인지 점검해 보아야 합니다. 마태복음 13장 예수님의 말씀을 보십시오.

(마 13:44) **천국은 마치 밭에 감추인 보화와 같으니** 사람이 이를 발견한 후 숨겨 두고 기뻐하며 돌아가서 **자기의 소유를 다 팔아 그 밭을 사느니라**

천국은 밭에 감추인 보화를 발견한 사람이 자기의 소유를 다 팔아 그 밭을 사는 것과 같다고 말씀합니다. 이스라엘의 역사를 보면 약탈과 전쟁이 많다보니 자기의 재산을 밭에 감추어 둔 사람들이 많았습니다. 그런데 갑자기 보물의 주인이 죽으면 아무도 모르게 됩니다. 세월이 지나서 밭에 감추인 보물이 발견되면 그 밭의 주인의 것이 됩니다. 가난하게 소작농을 살다가 이 보화를 발견하였으니 얼마나 기쁨이 넘치겠습니까? 예수님의 이 비유를 우리는 깊이 묵상해야 합니다. 보화를 발견한 사람이 밭을 산 이유가 무엇입니까? 밭이 목적입니까, 보화가 목적입니까? 당연히 보화가 목적입니다. 밭은 관심의 대상이 아닙니다. 비유 바로 앞서 38절에서는 밭은 세상이라고 말씀하였습니다. 보화를 발견한 사람은 세상이 관심의 대상이 아니라 오직 보화, 즉 하나님 나라와 예수님이 관심의 대상입니다. 예수님을 믿는 사람들은 모두 그 밭을 산 사람들입니다. 그런데 가끔 보면 기껏 밭을 사놓고는 보화에는 관심 없고 밭만 일구는 사람들이 있습니다. 하나님의 뜻에는 관심 없고 세상에서 잘 먹고 잘 사는 것에만 관심이 있는 것입니다. 이제는 밭에 가치를 두던 삶에서 보화에 가치를 두는 삶으로 변해야 합니다. 물론, 밭을 통해 나오는 소출도 하나님께서 주시는 축복입니다. 그런데 사탄은 그것만 바라보게 하고 보화를 잊어버리게 합니다. 참된 가치를 잊고 헛된 가치에 매몰되게 하는 것입니다. 이제 성숙한 믿음으로 이 세상의 가치가 아니라 하나님 나라의 참된 가치를 발견하고 하나님 나라를 추구하는 복된 인생이 되기를 바랍니다.

셋째, 더 좋은 소망으로 사는 믿음입니다.

창세기부터 시작하여 성경 속 믿음의 영웅들을 다 소개한 후 마지막이 어떻게 정리 되는지 보십시오.

(39) 이 사람들은 다 믿음으로 말미암아 **증거를 받았으나 약속된 것을 받지 못하였으니** (40) 이는 하나님이 우리를 위하여 더 좋은 것을 예비하셨은즉 우리가 아니면 그들로 온전함을 이루지 못하게 하려 하심이라

이 사람들은 다 믿음으로 말미암아 증거를 받았으나 약속된 것을 받지 못하였다고 말씀합니다. 믿음으로 분명한 증거를 받았습니다. 그런데 약속된 것을 받지는 못했다는 것입니다. 여기에서 약속된 것은 무엇일까요? 40절을 보면 '하나님이 우리를 위하여 더 좋은 것을 예비하셨다'고 말씀하고 있습니다. '더 좋은 것'이란 약속의 실체이신 예수 그리스도를 말씀합니다.

(마 11:11) 내가 진실로 너희에게 말하노니 **여자가 낳은 자 중에 세례 요한보다 큰 이가 일어남이 없도다** 그러나 **천국에서는 극히 작은 자라도 그보다 크니라**

예수님께서 여자가 낳은 자 중에 세례요한보다 큰 이가 없다고 말씀하십니다. 구약의 모든 선지자들보다 세례요한이 더 큰 자라는 것입니다. 그 이유가 무엇입니까? 구약의 모든 선지자들이 예수님의 그림자를 예언했다면 세례요한은 예수님을 직접 보고 예수님을 직접 증거했기 때문입니다. 그래서 세례요한은 구약부터 시작된 선지자의 정점이 됩니다. 그런데, 세례요한은 예수님을 보긴 했지만 더 중요한 예수님의 십자가와 부활은 보지 못했습니다. 그래서 세례요한이 가장 큰 자이지만 천국에서는 지극히 작은 자라도 세례요한보다 크다는 것입니다.

우리는 믿음의 장이라고 불리는 히브리서 11장을 통해 많은 믿음

의 사람들을 함께 살펴보았습니다. 그들은 믿음으로 견뎌냈고, 믿음으로 승리했고, 믿음으로 큰 복을 받았습니다. 그런데 히브리서 11장의 결론은 우리가 믿음의 영웅들보다 더 크고 더 온전한 복을 받았다는 것입니다. 그렇다면 우리의 신앙이 어떠해야하겠습니까? 구약의 성도들은 완성된 그림을 보지 못하고 한 조각의 퍼즐만 보면서도 목숨을 내놓았습니다. 예수님이 오신다는 약속만으로도 하늘의 본향, 장차 완성될 하나님의 나라를 소망하며 살아갔습니다. 그런데 완성된 그림, 약속대로 오신 예수님을 보고 믿는다는 우리가 손에 잡히는 것 이 세상에서 누리는 것만을 갈망하며 살아가서는 안 되는 것입니다.

'칵테일 파티 효과'라는 말이 있습니다. 소음이 많은 환경에서도 특정한 소리에 집중할 수 있는 능력을 설명하는 심리적인 현상입니다. 예를 들어, 시끄러운 파티 장소나 사람들로 가득 찬 식당에서 대화할 때 주변의 다른 소리나 대화 소리가 들려도 바로 앞 사람과 대화에 집중할 수 있는 것을 말합니다. 세상이 아무리 다양한 방법으로 성도를 유혹해도 우리의 마음이 하나님께 집중되어 있으면 흔들리지 않습니다. 세상의 잡다한 소리들이 아니라 오직 하나님의 말씀만 들을 수 있기 때문입니다. 그것이 믿음의 능력입니다. 그러니까 우리가 무엇을 보고 무엇에 소망을 두고 살아가느냐가 우리 믿음의 척도가 됩니다. 하나님의 나라가 보이지 않고 세상 나라만 보인다면 이미 썩어질 것에 마음을 빼앗긴 것입니다. 그 빼앗긴 마음을 믿음으로 찾아와야 합니다. 이제는 하나님 나라의 참된 가치를 발견하고 하나님 나라에만 소망을 두어서 거하는 모든 곳을 하나님의 나라로 변화 시켜가는 믿음의 영웅들이 되기를 예수님의 이름으로 축원합니다.

결단과 소망의 기도

믿음으로 연약함을 이기는 자가 되게 하옵소서.
세상 나라가 아니라 하나님 나라에
가치와 소망을 두고 살아가게 하옵소서.

믿음의 경주
(히브리서 12:1-5)

(1) 이러므로 우리에게 구름 같이 둘러싼 허다한 증인들이 있으니 모든 무거운 것과 얽매이기 쉬운 죄를 벗어 버리고 인내로써 우리 앞에 당한 경주를 하며 (2) 믿음의 주요 또 온전하게 하시는 이인 예수를 바라보자 그는 그 앞에 있는 기쁨을 위하여 십자가를 참으사 부끄러움을 개의치 아니하시더니 하나님 보좌 우편에 앉으셨느니라 (3) 너희가 피곤하여 낙심하지 않기 위 하여 죄인들이 이같이 자기에게 거역한 일을 참으신 이를 생각하라 (4) 너희가 죄와 싸우되 아직 피흘리기까지는 대항하지 아니하고 (5) 또 아들들에게 권하는 것 같이 너희에게 권면하신 말씀도 잊었도다 일렀으되 내 아들아 주의 징계하심을 경히 여기지 말며 그에게 꾸지람을 받을 때에 낙심하지 말라

2024년 여름, 프랑스리그에서 활약 중인 이강인 선수를 사우디 리그에서 관심을 갖고 있다는 기사가 실렸습니다. 사우디는 워낙 돈이 많으니 돈으로 좋은 선수들을 많이 영입했습니다. 우리나라 돈으로 호날두는 삼천억 정도, 네이마르는 천오백억 정도입니다. 이강인 선수는 천억 이적설이 떴습니다. 연봉이 천억이면, 한 시간에 1,140만원씩 수입이 생기는 것입니다. 반나절만 열심히 운동하면 우리나라 평균 연봉이 넘는 금액을 버는 것입니다. 각 스포츠별 연간 수익을 검색해보았더니 NFL 미식축구가 1년에 23조, 메이저리그와 NBA가 13조였습니다. 축구는 프리미어리그만 8조에 가까웠습니다. NFL, MLB, NBA는 모두 미국 내에서만 이루어집니다. 그런데 축구는 영국의 프리미어리그 뿐 아니라 전 세계에 다 퍼져있습니다. 전 세계 리그들 수익을 합하면 60조 정도가 된다고 합니다. 스포츠의 수익은 관중 수에 비례합니다. 관중수가 많을수록 수익이 커지고, 수익이 커지면 선수들의 연봉이 올라갑니다. 똑같은 축구 경기를 해도 평균 관중 수가 몇 만 명에 해당하는 유럽 리그는 선수들 연봉이 수십억, 수백억입니다. 프리미어리그 평균 연봉이 52억이라고 합니다. 그런데 몇 백 명에서 몇 천 명 모이는 K리그는 평균 연봉 2억입니다. 관중의 숫자가 곧, 그 경기를 뛰는 선수의 가치가 됩니다.

 사도바울은 바울서신에서 종종 성도의 삶을 '믿음의 경주'에 비유합니다. 오늘 본문도 우리의 삶을 믿음의 경주로 비유하고 있습니다.

　(1) 이러므로 우리에게 **구름 같이 둘러싼 허다한 증인들이 있으니** 모든 무거운 것과 얽매이기 쉬운 죄를 벗어 버리고 인내로써 우리 앞에 당한 경주를 하며

우리가 믿음의 경주를 하고 있는데, 그 경주를 보는 '구름 같이 둘러싼 허다한 증인' 들이 있다는 것입니다. 사람이 많이 몰려오면 '구름 떼같이 몰려온다'고 표현을 합니다. 우리가 믿음의 경주를 하는 동안 천국에서 구름 떼 같은 관중들이 우리를 응원 하고 있다는 것입니다. 오늘 말씀을 함께 상고하며, 우리 앞에 당한 믿음의 경주가 얼마나 귀하고 가치 있는지 깨닫고 전심으로 참여하여 승리와 축복의 열매를 맺기를 바랍니다.

첫째, 믿음의 경주에 참여하고 있음을 알아야 합니다.

(1) 이러므로 우리에게 구름 같이 둘러싼 허다한 증인들이 있으니 모든 무거운 것과 얽매이기 쉬운 죄를 벗어 버리고 인내로써 **우리 앞에 당한 경주를 하며**

'우리 앞에 당한 경주를 하며' 라고 말씀하고 있는데, '앞에 당한' 이라고 번역된 헬라어가 '프로케이마이(προκεῖμαι)'는 '앞에 놓여 있다, 드러나게 되다'의 의미가 있습니다. 앞으로 믿음의 경주에 참여하자고 독려하는 말씀이 아니고, 이미 우리가 믿음의 경주에 참여하고 있음을 알라는 것입니다.

사실, 세상 모든 사람들은 각자의 경주에 참여하고 있습니다. 각자 목표와 지향점이 달라 보이기는 하지만 크게 나누면 결국은 두 가지 경주입니다. 하나는 오직 땅의 것만을 위하여 달려가는 경주로, 그 마침은 심판입니다. 세상의 것을 아무리 많이 소유한다 하더라도 결국은 그 영혼이 이 세상을 떠나 하나님 앞에 서게 되어 있습니다. 또 하나는 하나님의 나라를 바라보고 달려가는 믿음의 경주로 그 마침은 영원입니다. 세상의 경주와 믿음의 경주, 어느 것이 쉬울까요? 세상의 경주에 참여한 사람들은 돈이나 명예, 권력 등 눈에 보이는 분명한 목표와 보상이 있습니다. 그러니 목표를 향하여 열심히 달려갈 수 있습니다. 그런데, 믿음의 경주 참여한 사람들은 경주의 목표가 무엇인지 보상이 무엇인지 모르는 경우가 많습니다. 아니, 심지어 자신이 지금 경주에 참여중인 것도 모를 때가 있습니다. 왜 그럴까요? 세상 경주처럼 눈에 보이는 분명한 보상이 없으니, 믿음의 경주에 가치를 두지 않기 때문입니다. 달리기 시합을 하고 있는데 자기가 경주중인 것을 잊어버리거나 뛰어야 할 방향을 모르면 어떻게 되겠습니까? 결코 승리할 수가 없습니다. 완주할 수도 없습니다.

오늘 본문을 기억하십시오. 우리가 참여하는 믿음의 경주는 세상 어느 경주보다 가치가 있습니다. 우리를 응원하는 구름 같이 둘러싼 허다한 증인들이 있기 때문입니다. '허다한 증인들'은 우리가 히브리서 11장을 통해 살펴본 믿음의 선조들입니다. 그들이 천국에서 우리를 응원하며 함께 기뻐하고 함께 울고 있습니다. 올림픽을 생각해 보십시오. 관중들이 선수들이 이길 때 함께 기뻐하고 선수들이 울 때 함께 웁니다. 스포츠 선수들의 인터뷰를 보면 '관중들의 응원의 함성소리'가 큰 힘이 되었다고 이야기 하는 경우가 종종 있습니다. 그런데, 선수들이 열심히 하지 않거나 무기력하게 행동하면 도리어 관중의 야유소리가 나옵니다. 제일 욕을 많이 먹는 스포츠 감독이 야구 감독이라고 합니다. 제가 응원하던 팀이 2023년에 1위를 했는데 경기 중 댓글을 보면 감독 욕하는 사람이 엄청 많았습니다. 욕하는 이유는 '저 타자 빼라, 저 투수 빼라' 이런 것입니다. '빼야 할 타자를 안 빼서 점수를 못 냈다. 빼야할 투수를 안 빼서, 점수를 빼앗겼다' 이런 불만입니다. 천국에서 응원하는 믿음의 선조들이 우리가 하고 있는 믿음의 경주를 보면서, 실망해서 "하나님, 쟤 좀 빼면 안 돼요?" 이런 말 하면 안 되지 않겠습니까? 우리가 믿음으로 살려고 애를 쓸 때 성경 속 인물들이 우리를 응원합니다. 그 격려의 음성들을 성경을 통해 들을 수 있어야 합니다. 우리는 홀로 믿음의 길을 달려가는 것이 아닙니다. 성경 속 수많은 믿음의 영웅들, 믿음의 어벤져스들이 우리와 함께 달려가며 응원하고 있음을 기억하고 최선을 다해 가장 가치 있는 경주, 믿음의 경주에 참여하기를 바랍니다.

둘째, 경주에서 승리할 비결을 알아야 합니다.

(1) 이러므로 우리에게 구름 같이 둘러싼 허다한 증인들이 있으니 모 든 **무거운 것과 얽매이기 쉬운 죄를 벗어 버리고** 인내로써 우리 앞에 당한 경주를 하며

오늘 본문은 믿음의 경주에서 승리할 수 있는 비결을 몇 가지 말씀해 줍니다. 첫 번째 승리의 비결은 무거운 것과 얽매이기 쉬운 죄를 벗어 버리는 것입니다. 사람들마다 짊어지고 있는 인생의 짐이 있습니다. 여러분에게는 어떤 것이 가장 무거운 짐입니까? 다른 사람은 알지 못하는 심지어 가족들도 알지 못하는 무거운 짐을 내려놓아야 합니다. '얽매이기 쉬운 죄'는 '내가 가장 쉽게 넘어지는 죄' 또는 '내 신앙생활을 가장 많이 방해하는 것'이라고 생각하면 됩니다. 어떤 사람은 돈이 될 수도 있고 어떤 사람은 취미 어떤 사람은 가족이나 건강이 될 수도

있습니다. 각 사람마다 쉽게 넘어가는 것, 신앙성장을 방해하는 것들이 있습니다. 그러한 것들에서 벗어나야 합니다. 문제는, 내려놓고 벗어나야 하는 것은 잘 알고 있는데 이게 쉽지가 않다는 것입니다. 무거운 짐, 드는 것도 어렵지만 내려놓는 것도 쉽지 않습니다. 다칠 수 있습니다. 얽매이기 쉬운 죄는 말 그대로 얽매이기가 쉽습니다. 그냥 벗어날 수가 없습니다. 몸에 꼭 맞는 옷을 입었는데 운동을 하거나 일을 하다가 땀으로 흠뻑 젖어보십시오. 몸에 착 달라붙어서 잘 안 벗겨집니다. 누가 도와줘야 합니다. 우리도 모든 무거운 짐을 내려놓고, 얽매이기 쉬운 죄를 벗으려면 누가 도와줘야 합니다. 누가 도와줄까요? 성령께서 도우십니다. 예수님께서 도와주십니다.

(마 11:28) 수고하고 무거운 짐 진 자들아 다 내게로 오라 **내가 너희를 쉬게 하리라**

'쉬게 하리라'로 번역된 단어는 '아나파우오(ἀναπαύω)'인데 '쉼을 주다, 안식하다, 계속 머물다, 기대어 있다'의 의미가 있습니다. 무거운 짐을 진 자들이 예수님께 가면 예수님께서 쉼을 주십니다. 잠깐 쉬는 것이 아니라 계속 머물게 하십니다. 머물면서 안식을 얻는 것입니다. 그렇다면 예수님께 머물면서 쉬는 방법이 무엇일까요? 바로 뒤에 이어서 하시는 말씀을 들어야 합니다.

(마 11:29-30) (29) 나는 마음이 온유하고 겸손하니 **나의 멍에를 메고 내게 배우라** 그리하면 너희 마음이 쉼을 얻으리니 (30) 이는 내 멍에는 쉽고 내 짐은 가벼움이라 하시니라

예수님의 멍에를 메고 예수님께 배워야 합니다. 그리하면 쉼을 얻습니다. 오늘 말씀과 연결하여 생각해보면 우리가 모든 무거운 것과 얽매이기 쉬운 죄를 벗어 버리는 방법은 예수님의 멍에를 메고 예수님께 배우는 것입니다. 예수님이 걸어가신 그 길을 함께 걸어가는 것입니다.

둘째, 인내로써 경주에 참여하는 것입니다.
이것도 참 어렵습니다. 믿음의 영웅들이 당했던 고난의 말씀을 생각해 보십시오.

> (11:35b-37) (35b) 또 어떤 이들은 더 좋은 부활을 얻고자 하여 심한 고문을 받되 구차히 풀려나기를 원하지 아니하였으며 (36) 또 어떤 이들은 조롱과 채찍질뿐 아니라 결박과 옥에 갇히는 시련도 받았으며 (37) 돌로 치는 것과 톱으로 켜는 것과 시험과 칼로 죽임을 당하고 양과 염소의 가죽을 입고 유리하여 궁핍과 환난과 학대를 받았으니

심한 고문을 받고, 조롱과 채찍질을 당하고, 결박과 옥에 갇히고, 돌로 치고, 톱으로 켬을 당하고, 궁핍과 학대를 받았습니다. 내가 예수 믿는 것 때문에 이런 일을 당한다면 인내할 수 있겠습니까? 교회에서 봉사하다가 누가 싫은 소리 조금만 해도 당장 시험에 드는데 이런 일들을 견뎌낼 수 있겠습니까? 우리는 어떻게 해야 인내할 수 있습니까?

> (2) 믿음의 주요 또 온전하게 하시는 이인 **예수를 바라보자** 그는 그 앞에 있는 기쁨을 위하여 십자가를 참으사 부끄러움을 개의치 아니하시더니 하나님 보좌 우편에 앉으셨느니라

믿음의 주요, 온전하게 하시는 이인 예수를 바라보아야 인내할 수 있습니다. 예수님은 우리를 완전하게 하시기 위하여 십자가를 참으시고 부끄러움을 개의치 않으셨습니다. 그 인내를 배워야 합니다. 우리의 신앙 성장은 얼마나 예수를 닮아 가느냐에 달려 있습니다. 다르게 말하면, 우리 신앙의 목표가 '예수님'입니다. 달리기를 잘하려면 목적지를 바라보고 달려야 합니다. 믿음의 경주에 승리하려면 예수님을 바라보고 달려야 합니다. '바라보자'로 번역된 단어는 '아포라오(αφοράω)'는 사전을 보면 '다른 것들로부터 눈을 돌려 또 다른 어떤 것을 주목하다'라고 설명합니다. 우리의 눈은 한 가지에만 초점을 맞출 수가 있습니다. 제 모습과 옆에 PPT 화면을 동시에 볼 수 있지만, 동시에 초점을 맞출 수는 없습니다. 저를 보든 PPT 화면을 보든 둘 중의 하나에만 초점이 맞추어집니다. 마찬가지입니다. 우리는 세상과 예수님에게 동시에 초점을 맞출 수 없습니다. 예수님을 바라보려면 세상에서 눈을 돌려 예수님을 주목해야 합니다. 둘 다 보려고 하면 화면 위의 말씀을 읽을 수 없듯이, 세상과 예수님 둘 다 보려고 하면 하나님의 말씀이 들리지 않습니다. 교회에서 봉사를 하거나 세상에서 말씀대로 살려고 할 때에도 사람 보면 예수님께 초점이 맞추어지지 않아서 실족하게 됩니다. 사람보지 말고 예수님만 바라보아야 합니다.

(3) **너희가 피곤하여 낙심하지 않기 위하여** 죄인들이 이같이 자기에게 **거역한 일을 참으신 이를 생각하라**

'너희가 피곤하여 낙심하지 않기 위하여' '자기에게 거역한 일을 참으신 이를 생각하라'는 것입니다. 역으로 말하면, 예수님을 생각해야 피곤하여 낙심하지 않을 수 있습니다. 히브리서 2장 마지막 절과 3장 1절은 이렇게 연결이 됩니다.

> (히 2:18-3:1) (2:18) 그가 시험을 받아 고난을 당하셨은즉 **시험 받는 자들을 능히 도우실 수 있느니라** (3:1) 그러므로 함께 하늘의 부르심을 받은 거룩한 형제들아 우리가 믿는 도리의 사도이시며 대제사장이신 **예수를 깊이 생각하라**

시험 받는 자들을 능히 도우실 수 있는 예수님을 깊이 생각하라는 것입니다. 예수님께 초점을 맞추고 예수님을 깊이 생각하는 것이 결국 승리의 비결입니다. 그렇다면, 어떻게 하는 것이 예수님을 깊이 생각하는 것입니까?

오래전에 인터넷에서 "아내와 귤"이라는 제목의 글을 하나 보았습니다. 결혼 8년차에 접어든 사람이 심각한 이혼의 위기를 겪다가 극복하게 된 이야기였습니다. 결혼 후 5년차에 서로 관계가 소홀해지면서 아내 입에서 이혼하자는 말이 자꾸 나왔습니다. 자기도 회사생활로 지쳐있는데 자꾸 그러니까 다툼이 점점 거세지다가 각방을 쓰기 시작했습니다. 그러다 보니 대화는 완전히 단절이 되고 어린 아들은 부모 눈치만 보다가 울기만 하니 아내는 더 화를 내고 점점 더 파국으로 치닫게 되었습니다. 그렇게 3년을 단절된 채로 보내던 어느 날 야근을 하고 늦게 퇴근을 하는데 지하철 입구에서 과일 파는 아주머니가 마지막 남은 귤 좀 사달라고 자꾸 붙들고 늘어져서 그냥 사서 가지고 들어갔다고 합니다. 식탁에 올려두고 씻고 나오는데 아내가 귤을 먹고 있다가 "귤, 맛있네" 이러더니 방으로 들어가더랍니다. 그 순간에 이 남자는 망치로 머리를 맞은 듯 생각이 하나 떠올랐습니다. 아내가 결혼 전부터 귤을 무척 좋아했다는 것,

연애시절에 귤 좌판만 보이면 꼭 천원어치 사서 핸드백에 넣고 다니면서 함께 사이좋게 먹던 것이 생각이 난 것입니다. 그리고 결혼 후 8년 동안 단 한 번도 귤을 사가지고 들어온 적이 없다는 것도 깨달았습니다. 그리고는 마음이 울컥해서 방에 들어가서 한참 울었습니다. 며칠 후 퇴근길에 과일 파는 아주머니를 보고 자기도 모르게 귤을 또 사서 들어갑니다. 그리고 주방탁자에 올려두고 씻고 나오는데 3년째 말도 꺼내지 않던 아내가 '이 귤 어디서 샀느냐?' 고 묻더랍니다. 그래서 전철 입구에서 샀다고 대답하니, "귤 참 맛있네" 그러더니 아이에게도 하나 까주고 조금 후에는 하나 까서 아이한테 시켜서 이 남자에게 전해주더랍니다. 그리고 다음 날 아침에 일어났더니 아내가 주방에 나와 아침을 준비하고 있었습니다. 3년 만에 처음 아침 준비를 하고 있는 모습이었습니다. 남자가 출근하려고 하니 아침 먹고 가라고 잡더란다. 그래서 식탁에 앉아 한 술 뜨다가 갑자기 목이 메어서 눈물을 흘렸습니다. 그 모습을 보고 아내도 함께 울었습니다. 남편은 "미안했다"고 한 마디 하고 나왔다고 합니다. 아내가 사소한 일에 상처 받는 것처럼 사소한 일에 감동 받는다는 것을 생각하지 못했다고 그 동안의 일이 너무 후회스러웠다고 합니다. 그리고 이후 부부 관계가 회복이 되었다는 내용의 글이었습니다.

예수님만 바라보고, 예수님을 깊이 생각한다는 것이 삶을 팽개치고 종교생활만 하는 것을 의미하지 않습니다. 남편이 아내가 귤을 좋아했다는 것을 떠올리는 것, 그것이 깊이 생각하는 것입니다. 우리가 삶의 자리에서 내가 만나는 모든 상황 속에서 예수님께서 내게 원하시는 것이 무엇인지 한 번 더 생각하는 것, 그것이 예수님을 바라보고 깊이 생각하는 것입니다. 삶의 모든 자리에서 예수님께서 초점을 맞추고 예수님을 깊이 생각하여 믿음의 경주에서 승리하기를 바랍니다.

셋째, 죄와 끝까지 싸워야 합니다.

(4) 너희가 죄와 싸우되 **아직 피흘리기까지는 대항하지 아니하고**

'너희가 죄와 싸우되 아직 피흘리기까지는 대항하지 않았다'고 말씀합니다. 쉽게 말하면 목숨 걸고 끝까지 싸우지 않았다는 말씀입니다. 블랙박스에 기록된 사고영상들을 소개하는 '한문철 TV'라는 채널이 있습니다. 얼마 전에 한 영상을 보았는데, 끼어들기 할 때 양보 안 해줬다고 위협 운전을 하다가 사고가 나는 장면이었습니다. 이 영상을 보며 '사소한 일에 목숨 거네'라는 생각이 들었습니다. 성도는 세상의 것들에는 온유한 마음으로 양보하고 포기할 줄도 알아야 합니다. 하지만 죄의 문제에서는 절대 양보해서는 안 되고, 피 흘리기까지 대항해야 합니다. 그런데 이걸 반대로 하는 사람들이 있습니다. 싸워야할 것과는 싸우지 않고, 싸우지 말아야 할 것과 열심히 싸웁니다. 구약의 이스라엘 백성들이 죄와 싸우지 않고 타협할 때 그들을 회복시켜 승리케 하기 위하여 쓰신 방법이 '징계'였습니다.

(5) 또 아들들에게 권하는 것 같이 너희에게 권면하신 말씀도 잊었도다 일렀으되 내 아들아 **주의 징계하심을 경히 여기지 말며** 그에게 **꾸지람을 받을 때에 낙심하지 말라** (6) 주께서 그 **사랑하시는 자를 징계하시고** 그가 받아들이시는 아들마다 채찍질하심이라 하였으니

하나님께서 주신 말씀을 잊지 말라고 하시며, 하나님 주시는 고난

이나 징계를 경히 여기지 말고 낙심하지 말라고 말씀하십니다. 징계가 하나님 사랑이기 때문입니다. 잠언 3장도 말씀합니다.

(잠 3:11-12) (11) 내 아들아 **여호와의 징계를 경히 여기지 말라** 그 꾸지람을 싫어하지 말라 (12) 대저 여호와께서 그 사랑하시는 자를 징계하시기를 마치 **아비가 그 기뻐하는 아들을 징계함 같이 하시느니라**

하나님께서 우리를 자녀로 인정하시고 기뻐하시기에 징계를 주신다는 것입니다. 그렇습니다. 남의 집 아이가 공부하지 않고 놀기만 한다고 잔소리하지 않습니다. 사랑하는 내 자녀에게만 잔소리합니다. 왜요? 잘 되라고. 마찬가지입니다.

(10) 그들은 잠시 자기의 뜻대로 우리를 징계하였거니와 오직 하나님은 **우리의 유익을 위하여** 그의 거룩하심에 참여하게 하시느니라

하나님께서 우리를 유익하게 하고 하나님의 거룩하심에 참여하게 하시려고 징계하는 것입니다. 하나님의 징계는 우리가 죄와 싸울 수 있게 하고 승리하게 합니다.

(11) 무릇 징계가 **당시에는 즐거워 보이지 않고 슬퍼 보이나** 후에 그로 말미암아 연단 받은 자들은 의와 평강의 열매를 맺느니라

징계는 힘들고 어렵습니다. 즐겁지 않고 슬퍼 보입니다. 하지만, 그로 말미암아 연단 받은 자들이 의와 평강의 열매를 맺게 됩니다. 훈련을 견뎌낸 선수들이 승리의 메달을 얻는 것과 마찬가지입니다. 그러므

로 우리는 끝까지 인내하고 견뎌내며 죄와 싸워야 합니다.

　2023년 가을 항저우아시안게임 롤러브레이드 결승 때, 우리나라 선수가 금메달을 확정지을 수 있었던 순간에 조금 일찍 승리의 세레머니를 하다가 대만선수에게 승리를 빼앗긴 적이 있습니다. 아시안게임은 금메달만 군대가 면제 됩니다. 더군다나 롤러스케이트 종목은 항저우를 끝으로 사라진다고 합니다. 마지막 선수의 안일한 세레머니로 동료 선수는 군입대를 해야 했고, 연금 보상도 사라졌다고 합니다. 지금 우리는 믿음의 경주에 참여하고 있습니다. 구름 같은 허다한 믿음의 증인들이 우리를 응원하고 있습니다. 방심하지 말고 끝까지 인내하며 마지막까지 싸우시기 바랍니다. 우리도 언제 넘어질지 사탄이 언제 뒤에서 치고 들어올지 모릅니다. 사랑하는 성도 여러분, 우리가 뛰고 있는 믿음의 경주, 세상 어느 경주보다 가치 있습니다. 모든 무거운 것과 얽매이기 쉬운 것들을 벗어 버리고 오직 예수를 바라보며 인내하여 세상의 금메달과는 비교할 수 없는 하나님께서 주시는 의의 면류관을 받는 인생이 되기를 예수님의 이름으로 축원합니다.

결단과 소망의 기도

내려놓을 것을 내려놓고, 벗어내야 할 것을 벗어내며,
오직 예수님만 바라보게 하옵소서.
믿음의 경주에 승리하여, 하나님 나라의 큰 상급을 받게 하옵소서.

흔들리지 않는 나라
(히브리서 12:25-29)

(25) 너희는 삼가 말씀하신 이를 거역하지 말라 땅에서 경고하신 이를 거역한 그들이 피하지 못하였거든 하물며 하늘로부터 경고하신 이를 배반하는 우리일까보냐 (26) 그 때에는 그 소리가 땅을 진동하였거니와 이제는 약속하여 이르시되 내가 또 한 번 땅만 아니라 하늘도 진동하리라 하셨느니라 (27) 이 또 한 번이라 하심은 진동하지 아니하는 것을 영존하게 하기 위하여 진동할 것들 곧 만드신 것들이 변동될 것을 나타내심이라 (28) 그러므로 우리가 흔들리지 않는 나라를 받았은즉 은혜를 받자 이로 말미암아 경건함과 두려움으로 하나님을 기쁘시게 섬길지니 (29) 우리 하나님은 소멸하는 불이심이라

화폐가치가 하락하면서 물가가 지속적으로 상승하는 현상을 '인플레이션'이라고 합니다. 요즘 우리나라도 인플레이션을 겪고 있습니다. 교회 근처 식당들 점심 식사 평균 가격이 6천원이었는데 몇 년 사이에 9천원으로 올랐습니다. 짧은 시간동안 많이 오른 편입니다. 그래도 이 정도는 약한 편인데 그야말로 급상승하는 인플레이션이 있습니다. '하이퍼인플레이션'이라고 합니다. '베네수엘라'의 경우 2018년 한 해에만 물가 상승률이 6만 5천%였다고 합니다. 좀 체감되게 말씀드리면 2018년 새 해 첫날에 치킨 한 마리에 만원이었다면 그해 성탄절에는 치킨 한 마리가 650만원이 되었다는 것입니다. 2008년 짐바브웨의 인플레이션도 상당히 유명했습니다. 2008년 한 해에만 6억%의 물가상승이 있었다고 합니다. 100원짜리 사탕 한 알이 1년 만에 6억이 되는 것입니다. 화폐의 가치가 너무 하락하다보니 나중에는 1천억 짐바브웨 달러가 나와서 계란 3개를 1천억 짐바브웨 달러로 샀다고 합니다. 2015년에 자국 화폐 포기 선언을 했습니다. 값을 올려서 새로 화폐를 찍어도 저녁이 되면 가치가 없어지니 의미가 없는 것입니다. 한 동안 금화를 화폐로 사용하다가 올해 4월에 그 동안 사용하던 달러가 아닌 새로운 화폐를 출시했다고 합니다. 이런 현상을 보면, 어떤 생각이 듭니까? 이 세상의 가치는 영원할 수가 없습니다. 평생 열심히 일해서 10억을 모았는데 며칠 사이에 치킨 한 마리가 10억이 되었다고 상상을 해보십시오. 그만큼 허탈한 것이 어디 있겠습니까. 짐바브웨나, 베나수엘라나 정치인들의 잘못으로 나라가 흔들리면서 하이퍼인플레이션이 발생했습니다. 이와 마찬가지로 이 세상은 인간의 죄와 타락으로 인해서 나라가 흔들리게 되고 세상 모든 것의 가치가 사라지게 될 날이 올 것입니다. 그것이 '종말'입니다.

(27, 새번역) 이 '한 번 더'라는 말은 **흔들리는 것들 곧 피조물들을 없애버리는 것**을 뜻합니다. 그렇게 하는 것은 **흔들리지 않는 것들이 남아 있게** 하시려는 것입니다.

마지막 때에 하나님께서 이 세상을 '한 번 더' 흔들어서 심판을 하실 것인데 그 때에는 흔들리는 것들은 다 사라지고 흔들리지 않는 것들만 남아있게 된다고 말씀합니다. 그러면 어느 것이 더 가치가 있을까요? 당연히 흔들리지 않고 남아 있는 것에 가치가 있습니다. 우리가 기업에 투자를 한다고 생각해보십시오. 경제 상황이 조금만 흔들려도 폭락하는 기업과 세상이 아무리 흔들려도 굳건하게 서 있는 기업, 어느 것에 투자하겠습니까? 당연히 후자입니다.

(28) 그러므로 **우리가 흔들리지 않는 나라를 받았은즉** 은혜를 받자 이로 말미암아 경건함과 두려움으로 하나님을 기쁘시게 섬길지니

'그러므로 우리가 흔들리지 않는 나라를 받았은즉 하나님을 기쁘시게 섬기자' 우리가 무엇을 바라보고 살아야 할지를 분명하게 말씀해 주고 있습니다. 오늘 말씀을 상고하며 흔들리지 않는 영원한 나라를 누리기 위하여 어떻게 살아야 할지 깨닫고 그 말씀대로 살아가기를 바랍니다.

첫째, 거룩함을 추구해야 합니다.

(14) **모든 사람과 더불어 화평함과 거룩함을 따르라** 이것이 없이는 아무도 주를 보지 못하리라

'모든 사람과 더불어 화평함과 거룩함을 따르라, 이것이 없이는 아무도 주를 보지 못하리라' 말씀하고 있습니다. 하나님의 백성에게 반드시 있어야 할 성품이 있다는 것입니다. '화평과 거룩함' 입니다. 그런데 생각해보면, '화평함'과 '거룩함'은 서로 반대입니다. 화평은 다른 사람을 용납하고 포용하는 것입니다. 거룩은 죄를 거부하여서 죄와 분리되는 것을 의미합니다. 그런데 오늘 본문은 이 두 가지를 추구하지 않으면 아무도 주를 보지 못할 것이라고 경고하고 있습니다. 서로 반대되는 이 두 가지를 올바르게 추구하려면 순서를 잘 지켜야 합니다. 반드시 거룩함을 먼저 추구해야 합니다. 거룩함이 없이 화평함을 추구하면 참된 화평을 이루는 것이 아니고 거짓된 화평에 오염되기 때문입니다. 그래서 하나님은 항상, 우리에게 먼저 '성결'을 요구하십니다. 이스라엘 백성들을 출애굽 시키시고 시내산에서 언약을 맺을 때 이스라엘 백성에게 먼저 요구하신 것이 있습니다.

(출 19:10, 22) (10) 여호와께서 모세에게 이르시되 너는 백성에게로 가서 오늘과 내일 **그들을 성결하게 하며** 그들에게 옷을 빨게 하고 (22) 또 여호와에게 가까이 하는 제사장들에게 **그 몸을 성결히 하게 하라 나 여호와가 그들을 칠까** 하노라

10절에서 이스라엘 백성들을 성결하게 하라고 말씀하십니다. 22절에서는 제사장들에게도 그 몸을 성결하게 하라고 요구하십니다. 훗날, 여호수아가 이스라엘 백성들을 가나안 땅으로 인도하여 들어가는 첫 관문, 요단강을 건너갈 때에도 성결을 먼저 요구합니다.

(수 3:5) 여호수아가 또 백성에게 이르되 **너희는 자신을 성결하게 하라** 여호와께서 내일 너희 가운데 기이한 일들을 행하시리라

여호수아는 '너희는 자신을 성결하게 하라' 말씀합니다. 먼저 '거룩'을 추구해야 하나님께서 기이한 일들을 행하신다는 것입니다. 세상적인 준비를 아무리 많이 해도 영적인 준비가 없으면 결코 약속의 땅으로 들어갈 수 없음을 알았기 때문입니다. 구약에서만 거룩을 강조하는 것이 아닙니다. 예수님께서 공생애 사역을 처음 시작하시면 선포했던 말씀이 "회개하라 천국이 가까이 왔느니라" 입니다. 회개하라는 말씀을 다르게 표현하면 '죄와 분리되어, 거룩을 추구하라'는 것입니다.

예수님의 첫 번째 이적은 가나의 혼인잔치입니다. 이 말씀의 중요한 포인트가 6~7절입니다.

(요 2:6-7) (6) 거기에 유대인의 **정결 예식을 따라 두세 통 드는 돌항아리 여섯**이 놓였는지라 (7) 예수께서 그들에게 이르시되 **항아리에 물을 채우라** 하신즉 아귀까지 채우니

정결 예식을 위한 돌 항아리 여섯이 놓여 있었는데 그 항아리에 물을 채우라고 말씀하십니다. 정결례 항아리는 율법에 따라 유대인들이 식사 전이나 외출하고 들어올 때마다 손을 씻는 항아리입니다. 손을 씻는 행위를 통해서 밖에서 지은 죄나 더러워진 마음을 씻고 거룩을 회복하는 예식입니다. 그런데 이 잔칫집에는 정결 예식을 행해야 하는 항아리가 비어 있었다는 것입니다. 예수님은 그 항아리를 먼저 채우라고 명령하셨습니다. 지금 당장 필요한 것은 포도주입니다. 그런데 예

수님은 정결례 항아리를 채우는 게 먼저라는 것입니다. 예수님의 말씀에 하인들이 순종했을 때 물이 변하여 포도주가 되는 역사가 일어납니다. 이와 마찬가지입니다. 하나님께서 우리에게 응답하실 때 항상 먼저 요구하십니다. '네 영적 정결의 항아리에 물을 채우라' 예수님께서는 첫 번째 표적을 통해서 우리가 가장 먼저 추구해야 할 것이 '거룩'임을 가르쳐 주신 것입니다. 주의 말씀처럼 삶의 자리에서 먼저 거룩함을 추구하여 흔들리지 않는 나라 영원한 하나님의 나라를 누리기를 바랍니다.

둘째, 두려워해야 할 것을 두려워해야 합니다.

(28) 그러므로 우리가 흔들리지 않는 나라를 받았은즉 은혜를 받자 이로 말미암아 **경건함과 두려움으로 하나님을 기쁘시게 섬길지니**

우리가 흔들리지 않는 나라를 받았은즉 '경건함과 두려움'으로 하나님을 기쁘시게 섬겨야 한다고 말씀합니다. '경건함과 두려움'으로 하나님을 섬긴다는 것은 전제군주를 두려워하듯 하나님이 무서워서 벌벌 떠는 것을 의미하지 않습니다. 하나님을 사랑해서 두려워하는 것입니다. 인간관계에서 갈등이 생기면 더 사랑하는 사람이 집니다. '자식 이기는 부모' 없다는 말이 그래서 나온 것입니다. 구약성경을 차분히 읽다보면 하나님께서 사람을 대하실 때 전전긍긍하시는 것 같은 모습을 보일 때가 많습니다. 그냥 다 심판하셔도 되는데 사랑하시기 때문에 어쩔 줄 몰라 하는 것입니다.

호세아서는 호세아의 인생을 통해서 하나님의 마음이 어떤 마음인지를 잘 보여줍니다. 어느 날 하나님께서 호세아에게 음녀 고멜과 결혼을 하라고 합니다. 호세아가 순종하여 고멜과 결혼하고 전심으로 사랑을 합니다. 그런데 계속 바람피우다가 나중에는 사기꾼 같은 놈한테 걸려서 노예가 됩니다. 그 때에 하나님께서 호세아에게 이렇게 말씀하십니다.

(호 3:1) 여호와께서 내게 이르시되 **이스라엘 자손이 다른 신을 섬기고 건포도 과자를 즐길지라도 여호와가 그들을 사랑하나니** 너는 또 가서 **타인의 사랑을 받아 음녀가 된 그 여자를 사랑하라** 하시기로

'이스라엘 자손이 다른 신을 섬기고 건포도 과자를 즐길지라도 여호와가 그들을 사랑한다.' 이스라엘이 바람피우고 있어도 계속 사랑한다는 말씀입니다. 그리고 호세아에게 '너도 가서 바람피우다가 노예가 된 그 여자를 사랑하라'고 말씀하십니다. 하나님의 마음을 이해하고 하나님의 사랑이 어떤 사랑인지 세상에 보여주라는 것입니다. 그런데 고멜은 지금 남의 노예가 되었습니다. 고멜이 호세아를 다시 사랑하겠다고 다짐해봐야 스스로 돌아올 수가 없습니다. 호세아가 고멜을 다시 아내로 맞이할 할 수 있는 방법은 몸값을 주고 다시 사오는 것이었습니다. 노예 한 사람의 값은 은 30세겔이었습니다. 당시 노동자가 3년 정도 쓰지 않고 모아야 만질 수 있는 큰 돈이었습니다. 호세아 선지자가 고멜을 건지기 위해 돈을 모아봤는데 은 열다섯 세겔뿐이었습니다. 그래서 어떻게 하는지 2절을 보십시오.

(호 3:2) 내가 은 열다섯 개와 보리 한 호멜 반으로 **나를 위하여 그를 사고**

호세아가 은 열다섯 개와 보리 한 호멜 반으로 고멜을 삽니다. 당장 먹고 살아야 할 곡식까지 다 긁어모은 것입니다. 그런데 이 말씀에 중요한 표현이 하나 있습니다. '고멜을 위하여'가 아니고 '나를 위하여 그를 사고' 입니다. 하나님께서 시켜서 억지로 고멜을 사랑하는 것이 아니라 호세아가 전심으로 고멜을 사랑하고 있음을 보여줍니다. 고멜을 대속하여 집으로 데리고 온 호세아가 고멜에게 두 가지를 요청합니다.

(호 3:3) 그에게 이르기를 너는 **많은 날 동안 나와 함께 지내고 음행하지 말며 다른 남자를 따르지 말라** 나도 네게 그리하리라 하였노라

첫째는 '많은 날 동안 나와 함께 지내고', 둘째는 '음행하지 말며 다른 남자를 따르지 말라' 입니다. 호세아와 고멜의 관계를 냉정하게 생각해보십시오. 고멜은 노예의 신분이었습니다. 그를 호세아가 샀습니다. 그러면 고멜의 주인은 누구입니까? 호세아가 주인입니다. 고멜이 양심이 있다면, 호세아의 사랑을 조금이라도 깨달았다면 이제 호세아의 요청에 순종하며 살아야 합니다. 호세아의 사랑의 엄중함을 알아야 한다는 것입니다. 호세아서는 총 14장까지 있습니다. 그런데 주된 인물인 고멜은 3장까지만 등장하고 이후에는 전혀 나오지 않습니다. 다시 호세아의 사랑을 받은 고멜이 어떻게 살아갔는지는 성경에 기록되어 있지 않기에 아무도 모릅니다. 호세아와 고멜의 관계는 하나님과 우리들의 관계입니다. 그러니까 우리의 삶이 곧 고멜의 뒷이야기가 됩니다. 우리는 어떤 고멜로 살고 있습니까?

(15-16, 개역) (15) 너희는 돌아보아 **하나님 은혜에 이르지 못하는 자가 있는가** 두려워하고 또 **쓴 뿌리가 나서 괴롭게 하고 많은 사람이 이로 말미암아 더러움을 입을까** 두려워하고 (16) 음행하는 자와 혹 한 그릇 식물을 위하여 **장자의 명분을 판 에서와 같이 망령된 자가 있을까** 두려워하라

15~16절을 개역성경으로 보면 '두려워하라' 라는 말씀이 세 번 반복이 됩니다. 하나님의 사랑과 은혜의 엄중함을 깨달았다면 마땅히 두려워하고 피해야 할 것이 있다는 것입니다. 첫째는 '하나님의 은혜에 이르지 못할까 두려워하라' 말씀합니다. 둘째는 '쓴 뿌리가 나서 자신을 괴롭히고, 다른 사람까지 괴롭게 하는 것을 두려워하라' 고 말씀합니다. '쓴 뿌리가 나서 괴롭게 하며' 라는 말씀은 직역하면 '쓴맛의 뿌리가 위로 나서 괴롭게 하고' 입니다. 이해가 쉽게 풀면 뿌리가 쓴 것이 아니고 그 뿌리를 통해 나온 열매가 쓴 것입니다. 심리학에서 쓴 뿌리 때문에 자신이 괴롭고 다른 사람까지 괴롭힌다고 말합니다. 이 문제를 해결하려면 과거의 상처 때문에 자신도 괴롭고 남도 괴롭게 하는 것이 아니고, 지금 현재의 자신이 만들어내는 '쓴 맛 나는 열매' 때문이라는 것을 알아야 합니다. 그것이 쓴 뿌리를 두려워하는 것입니다. 셋째는 에서처럼 자신의 탐욕을 위하여 장자의 명분, 즉, 하나님의 자녀의 명분을 팔아버리는 망령된 모습이 나타날까 두려워하라고 말씀합니다.

이 세 가지를 두려워하라는 것은 죄를 범함으로 징계를 받을까 무서워하라는 것이 아니고 하나님과 멀어질까봐 또는 나를 사랑하시는 하나님의 마음을 아프게 할까봐 두려워하라는 것입니다. 그런데 우리는 이런 두려움이 아니라 전혀 다른 것을 두려워할 때가 많습니다. 여

러분은 무엇이 두렵습니까? 대부분은 자신의 소유를 잃어버리는 것을 두려워합니다. 우리가 소유하고 있는 것들, '돈, 건강, 관계, 명예, 학력, 권력, 비전' 여러 가지가 있습니다. 이런 것들을 잃어버릴까 두려워합니다. 우리의 기도를 생각해 보십시오. 우리는 하나님께서 나를 얼마나 사랑하시는지 내가 하나님을 얼마큼 사랑하고 있는지 관심이 없습니다. '하나님, 하나님이 어떤 분인지 별로 관심은 없고요, 돈 많이 벌게 해주세요, 건강하게 해주세요, 우리 아이 좋은 대학가게 해주세요, 좋은 직장 가게 해주세요' 이게 전부입니다. 이루어지지 않으면 하나님을 원망하고 이루어지면 하나님을 잊어버립니다. 그러니 하나님이 얼마나 속상하시겠습니까?

> (호 11:7-8) (7) 내 백성이 끝끝내 내게서 물러가나니 비록 그들을 불러 위에 계신 이에게로 **돌아오라 할지라도 일어나는 자가 하나도 없도다** (8) 에브라임이여 내가 어찌 너를 놓겠느냐 이스라엘이여 **내가 어찌 너를 버리겠느냐** 내가 어찌 너를 아드마 같이 놓겠느냐 어찌 너를 스보임 같이 두겠느냐 내 마음이 내 속에서 돌이키어 **나의 긍휼이 온전히 불붙듯 하도다**

아무리 사랑하고 아무리 품어주어도 끝끝내 물러가고 돌아올 생각이 없는 이스라엘 백성들을 향해서 '내가 어찌 너를 버리겠느냐, 내가 어찌 너를 놓겠느냐, 내 마음이 나의 긍휼이 불붙듯 하는구나' 하나님의 속상한 마음이 느껴지십니까? 믿음의 경주에 대한 말씀을 나눌 때, 목표를 분명히 바라보아야 한다고 했습니다. 이제, 하나님의 사랑을 깨닫고 하나님만 바라보시기 바랍니다. 세상의 것들 잃어버릴까 두려워하지 마시고 하나님과의 관계가 멀어지는 것을 두려워하시기를 바랍니다. 사랑하는 배우자, 사랑하는 자녀를 위해서 기도할 때에도 세상의 것들이 아니라 하나님과의 관계를 위해서 가장 먼저 기도하기를 바랍니다.

셋째, 은혜를 소유해야 합니다.

(28) 그러므로 우리가 흔들리지 않는 나라를 받았은즉 **은혜를 받자** 이로 말미암아 경건함과 두려움으로 하나님을 기쁘시게 섬길지니

'우리가 흔들리지 않는 나라를 받았은즉, 은혜를 받자' 말씀합니다. '은혜를 받자'라는 말씀을 직역하면 '은혜를 소유하자' 입니다. 하나님께서 우리에게 흔들리지 않는 나라를 이미 주셨습니다. 은혜입니다. 그 은혜를 잃어버리지 말고 꼭 소유하고 있으라는 말씀입니다. 고린도후서 6장에 이와 비슷한 말씀이 있습니다.

(고후 6:1) 우리가 하나님과 함께 일하는 자로서 너희를 권하노니 **하나님의 은혜를 헛되이 받지 말라**

'하나님의 은혜를 헛되이 받지 말라' 하나님께 받은 은혜를 잃어버리지 말고 은혜를 소유한 자답게 살아가라는 뜻입니다. 그러면 받은 은혜를 어떻게 지키고 소유할 수 있습니까? 굉장히 단순한 대답이 될 수 있는데 자기가 받은 은혜가 무엇인지 알면 지키고 소유할 수 있습니다.

(26) **그 때에는 그 소리가 땅을 진동하였거니와** 이제는 약속하여 이르

시되 내가 또 한 번 땅만 아니라 하늘도 진동하리라 하셨느니라 (27) 이 또 한 번이라 하심은 진동하지 아니하는 것을 영존하게 하기 위하여 진동할 것들 곧 만드신 것들이 변동될 것을 나타내심이라 (28a) 그러므로 우리가 **흔들리지 않는** 나라를 받았은즉 은혜를 받자

과거에 있었던 심판을 '땅을 진동하였거니와' 라고 표현합니다. 최근에 난케이 대지진이 우려된다는 기사가 많이 나왔습니다. 진도가 8을 넘어서면 건물들이 무너지기 시작합니다. 11이 되면 남아있는 건축물이 없습니다. 예전에 일본에서 나온 영화 중 '일본 침몰' 이라는 영화가 있습니다. 지진과 화산 폭발로 인해 일본이 침몰당하는 것입니다. 만약에 영화가 아닌 현실이고 일주일 뒤 이런 일이 일어난다고 생각해보십시오. 내가 사는 이 땅이 흔들려 사라질 것이 확실하고 갈 곳이 없어 막막한데, 누군가 와서 안전한 땅에 새로운 집을 줄 테니 이사하라고 하면 거절하겠습니까? 당연히 이사 가야 합니다. 얼마나 고맙고 감사한 일입니까!

오늘 본문은 마지막 때에 땅과 하늘이 진동한다고 말씀합니다. 상상할 수 없는 일이 일어납니다. 그런데, 예수님을 믿는 성도들은 '흔들리지 않는 나라'를 이미 받았다는 것입니다. 얼마나 감사합니까? 그것을 깨달은 사람들이 진짜 은혜를 받은 사람입니다. 우리는 이미 하나님의 은혜를 받은 사람들입니다. 그렇다면 '지금 그 은혜가 내 마음에 간직되어 있는가? 내가 그 은혜를 소유하고 이 세상을 살아가고 있는가?' 이것을 점검해야 합니다. 은혜를 소유하고 있는 사람은 삶의 모습이 다릅니다.

(고후 6:9-10) (9) 무명한 자 같으나 유명한 자요 죽은 자 같으나 보라 우리가 살아 있고 징계를 받는 자 같으나 죽임을 당하지 아니하고 (10) 근심하는 자 같으나 항상 기뻐하고 가난한 자 같으나 많은 사람을 부요하게 하고 아무 것도 없는 자 같으나 **모든 것을 가진 자로다**

이것이 은혜를 간직하고, 세상을 살아가는 성도의 모습입니다. 이 모습은, 세상이 볼 때는 아무 것도 아닙니다. 무명한 것 같고, 징계를 받는 것 같고, 죽은 자 같고, 가난하고 아무 것도 없는 자인 것처럼 보입니다. 그런데 실제로는 유명하고, 죽임 당하지 않고, 항상 기뻐하고, 많은 사람을 부요하게 하는, 모든 것을 가진 자로서 살아갑니다. 이렇게 살아가고 계십니까? 그렇지 못하다면 받은 은혜를 지키지 못한 것입니다.

(고후 6:2) 이르시되 내가 은혜 베풀 때에 너에게 듣고 구원의 날에 너를 도왔다 하셨으니 보라 **지금은 은혜 받을 만한 때요 보라 지금은 구원의 날이로다**

'지금은 은혜 받을 만한 때요, 보라 지금은 구원의 날이로다' 이 말씀은 은혜 받기에 좋은 시기라는 뜻이 아니라 시대의 긴박함을 말씀하는 것입니다. 지금의 세대는 세상의 것이 필요한 때가 아니라 주님의 은혜가 필요한 때라는 것입니다. 사랑하는 성도 여러분, 지금 이 세대를 살아가기 위해 꼭 필요한 은혜를 하나님께서 이미 주셨습니다. 거룩함을 추구하고 두려워해야 할 것을 두려워하며 하나님 주신 은혜를 간직하여 흔들리지 않는 하나님의 나라를, 이 흔들리는 세상 속에서도 찾고 누리기를 예수님의 이름으로 축원합니다.

결단과 소망의 기도

영원히 흔들리지 않는 나라를 우리에게 주셨으니,

우리의 믿음도 흔들리지 않게 하옵소서.

날마다 거룩함을 추구하며 은혜 안에 거하여

삶의 자리가 견고하게 하옵소서.

그들의 믿음을 본받으라
(히브리서 13:7-9)

(7) 하나님의 말씀을 너희에게 일러 주고 너희를 인도하던 자들을 생각하며 그들의 행실의 결말을 주의하여 보고 그들의 믿음을 본받으라 (8) 예수 그리스도는 어제나 오늘이나 영원토록 동일하시니라 (9) 여러 가지 다른 교훈에 끌리지 말라 마음은 은혜로써 굳게 함이 아름답고 음식으로써 할 것이 아니니 음식으로 말미암아 행한 자는 유익을 얻지 못하였느니라

'프리드리히 니체' 하면 떠오르는 말이 있습니다. '신은 죽었다' 니체가 1882년에 저술한 '즐거운 학문' 이라는 책에서 했던 말입니다. 이 말 때문에 니체를 반기독교의 철학적 수장처럼 보기도 하지만 사실 니체는 굉장히 독실한 기독교 가정에서 태어났고 본인도 어릴 때는 '작은 예수' 라는 별명을 갖고 있을 정도로 독실한 신앙인이었습니다. '신은 죽었다'는 표현도 신앙인들의 실망스러운 모습을 보며 했던 말입니다. 원본의 내용입니다.

> 그대들은 밝은 아침에 등불을 켜고 시장으로 달려가 쉴 새 없이 이렇게 외치는 미치광이에 대해 들어본 적이 있는가. "나는 신을 찾는다! 나는 신을 찾는다!" … "신은 어디에 있지?" 그는 부르짖었다, "내가 가르쳐주리라. 우리가 신을 죽여 버렸다, 너희와 내가! 우리 모두는 신을 죽인 자들이다!" - 즐거운 학문, 프리드리히 니체

니체는 사실 신을 굉장히 찾고 싶어 했습니다. '미지의 신에게' 라는 시를 통해서도 알 수가 있습니다. 결과적으로 니체는 하나님을 떠납니다. 하지만 그가 남긴 글들은 굉장히 신학적이고 신앙적인 의미들이 참 많이 있습니다. 이 책을 쓰고 6년 뒤에는 '안티크리스트' 라는 책을 씁니다. 더욱 노골적으로 반기독교적인 색채를 드러냅니다. 이 책에서는 기독교를 '인류의 영원한 오점' 이라는 표현까지 합니다. 그런데 내용을 잘 살펴보면 신앙자체를 비난하는 것이 아니고 종교화된 신앙을 비난하는 것임을 알 수 있습니다. 이 책에서 나온 유명한 말이 있습니다.

근본적으로는 오직 한 사람의 그리스도교인이 존재했고, 그는 십자가에서 죽었다. **- 안티크리스트, 프리드리히 니체**

예수님을 인정하고 있는 것을 볼 수 있습니다. 간절히 신을 찾고 싶어 했었던 니체였지만 신앙인들의 삶을 보면서 도리어 하나님과 멀어지고 말았습니다. 다윗이 밧세바를 범하여 죄를 지었을 때 나단 선지자가 다윗을 책망했던 말이 있습니다.

(삼하 12:14, 우리말) 하지만 이 일로 인해 왕이 여호와의 원수들에게 **여호와를 모독할 거리를 주었으니 왕이 낳은 아이가 죽을 것입니다.**

다윗의 죄가, 여호와를 모독할 거리를 준 것이라고 말씀합니다. '모독할 거리'로 번역된 단어 '나아츠(נאץ)'는 '거부하다, 경멸하다, 업신여기다'의 뜻을 갖고 있습니다. 다윗의 죄악 된 행위가 세상 사람들로 하여금 하나님을 거부하게 만들고 하나님을 경멸하고 업신여기게 만들었다는 것입니다. 그동안 함께 살펴본 히브리서의 중요한 주제는 '믿음'입니다. 이제 마지막 13장에서는 그동안 설명했던 참된 믿음을 가진 자라면 어떻게 살아야 할지를 말씀해 주고 있습니다. 하나님의 백성이라면, 예수님을 믿는 성도라면 이렇게 살아야 한다는 것입니다. 우리가 이렇게 살지 못하면 우리도 세상으로 하여금 하나님을 거부하고 경멸하며 업신여기게 만드는 죄를 범하게 되는 것입니다. 오늘 말씀을 상고하며 성도다운 모습을 찾고 회복하여 세상으로 하여금 하나님을 알게 하고 예수님을 알게 하는 복된 신앙인들이 되기를 바랍니다.

첫째, 사랑해야 할 대상을 사랑해야 합니다.

(1) **형제 사랑**하기를 계속하고 (2) **손님 대접**하기를 잊지 말라 이로써 부지중에 천사들을 대접한 이들이 있었느니라 (3) 너희도 함께 갇힌 것 같이 **갇힌 자를 생각**하고 너희도 몸을 가졌은즉 **학대 받는 자를 생각**하라

제일 먼저 나오는 것이 '형제 사랑' 입니다. 이 세상에서 믿음의 사람답게 살기 위한 첫 번째 모습은 '형제 사랑'이라는 것입니다. 이어서 나오는 '손님 대접', '갇힌 자와 학대 받는 자를 생각하라' 모두 '형제 사랑'과 관련이 있습니다. 여기에서 중요한 것은 '형제'가 누구냐는 것입니다. 하나님께서 우리에게 주신 율법을 요약하면 '하나님 사랑, 이웃 사랑'입니다. '형제'는 우리가 사랑해야 할 '이웃'이기는 한데, 조금 더 의미가 집중되어 있습니다. 바로 '믿음의 형제'를 의미합니다. 이어서 나온 '손님 대접'도 우리가 생각하는 의미하고는 좀 다릅니다. 우리가 생각하는 손님이 아니고 '낯선 사람, 나그네'를 대접하는 것을 의미하는데 초대교회의 상황에서는 박해를 피해서 이동 중인 믿음의 사람들이나 순례 선교사들을 의미합니다. '갇힌 자, 학대 받는 자', 역시 마찬가지로 믿음으로 인해 갇히거나 박해당하는 사람들을 뜻합니다.

(벧전 1:1-2) (1) 예수 그리스도의 사도 베드로는 본도, 갈라디아, 갑바도기아, 아시아와 비두니아에 **흩어진 나그네** (2) 곧 하나님 아버지의 미리 아심을 따라 성령이 거룩하게 하심으로 순종함과 예수 그리스도의 피 뿌림을 얻기 위하여 택하심을 받은 자들에게 편지하노니 은혜와 평강이 너희에게 더욱 많을지어다

하나님께 택함 받은 모든 믿음의 형제들을 '흩어진 나그네' 라고 부릅니다. 그러니까 신앙인들에게 제일 먼저 요구한 것이 믿음의 형제들을 사랑하라는 것입니다. 이것은 굉장히 중요한 요구사항입니다. 생각해보십시오. 직장에서 사람들에게 사랑을 베풀고, 나누고, 잘 섬겨서 인정받는 사람이 있는데 알고 보니 그의 가정에서는 사랑이 전혀 없고 아주 냉랭합니다. 그러면 어떻게 보입니까? 위선적으로 보이거나 심하면 사이코패스처럼 보일 수 있습니다. 성도들은 먼저 믿음의 형제들을 사랑해야 합니다. 교회 안에서 형제 사랑을 훈련하고 세상에 나가 그 사랑을 보여주는 것입니다. 우리는 교회 공동체 안에서 형제를 사랑하고 있습니까? 이름도 잘 모르는 경우가 있지는 않습니까?

지금 이 시대에는 교회 자체에 실망도 많이 하고 상처를 많이 받기도해서 '믿음의 형제 공동체' 이루기를 주저하는 경우가 많습니다. 예수님은 분명히 믿지만 공동체는 싫다는 것입니다. 그 마음, 인간적으로는 충분히 이해하지만 하나님께서 우리에게 교회를 주셨을 때는 우리가 한 지체로 믿음의 공동체를 이루고 서로 사랑하기를 원하셨다는 것을 잊지 말아야 합니다. 지난 시간 나눈 말씀처럼 우리의 초점이 사람에게 가 있으면 안 됩니다. 그러면 실족합니다. 우리 신앙의 목표인 예수님에게 초점이 있어야 합니다. 그러면 믿음의 형제들이 예수님의 마음으로 사랑스럽게 보입니다. 같은 교회 공동체만 사랑스러운 게 아닙니다. 이 세상에 있는 모든 교회 공동체들이 다 사랑스러워 보입니다. 낯선 해외로 여행을 가서 말도 안통하고 답답한데 한국말이 들리면 어떻습니까? 굉장히 반갑습니다. 우리에게 그런 반가움이 있어야 합니다. 직장에서 함께 일하던 사람이 신앙인이었다는 것을 나중에 알게 되면 반가움이 있습니까? 별로 관심이 없거나 '너도 교회 다녔냐?' 이 정도일 경우가 많습니다. 왜 그럴까요? '믿음의 형제 의식'이 없기 때문입니다. 오늘 본문은 우리에게 분명히 말씀합니다. '형제 사랑하기를 계속하라' 멈추지 말아야 합니다. 또한 이어서 주신 말씀처럼 선교사님들을 비롯하여 믿음을 위해서 애쓰고 수고하는 사람들을 대접하고 섬겨야 합니다. 2절에 나오는 '부지중에 천사를 대접한 이들'은 아브라함의 이야기입니다. 창세기 18장을 보면, 아브라함이 날이 뜨거울 때에 장막 문에서 쉬고 있다가 지나가는 세 사람을 보고 극진히 섬깁니다. 사실 그 시간은 유목민들에게는 가장 피곤한 시간입니다. 잠을 자며 쉬어야 할 시간입니다. 그럼에도 불구하고 그들을 섬겼습니다. 그런데 그 중에 한 분은 하나님이셨고 둘은 천사였습니다. 이들을 섬김으로 그토록 기다리던 약속의 자녀가 내년 이맘 때 태어난다는 응답을 들었습니다. 또한 소돔과 고모라가 멸망당하게 될 것이라는 소식을 듣고 롯을 위하여 기도를 하게 됩니다. 롯도 소돔을 멸망시키러 온 두 천사를 대접합니다. 어린 시절부터 아브라함을 통해 보고 배운 게 있기 때문입니다. 그로 인해 소돔성에서 구원을 받습니다.

우리는 믿음의 형제자매를 볼 때 하나님께서 내게 복주시기 위해 보낸 '천사'라고 생각해야 합니다. 지금 여러분 주변에 천사들이 앉아 있습니다. 그들을 예수님의 이름으로 사랑하고 섬기면 하나님 주시는 응답과 축복이 있으리라 믿습니다. 교회 공동체 안에 형제 사랑하기를 계속 하는 성숙한 신앙인들이 많아질수록 하나님이 기뻐하는 교회가 되는 것이고 세상에서도 칭송받으며 예수님을 드러내는 복된 공동체가 되는 것입니다. 교회 안에서 우리가 마땅히 사랑해야 할 믿음의 형제 사랑하기를 계속하여 한 지체로 주님의 몸 된 교회 공동체를 만들며 하나님을 기쁘게 하기를 바랍니다.

둘째, 사랑하지 말아야 할 대상을 사랑하지 말아야 합니다.

(4) 모든 사람은 **결혼을 귀히 여기고 침소를 더럽히지 않게 하라** 음행하는 자들과 간음하는 자들을 하나님이 심판하시리라 (5) **돈을 사랑하지 말고 있는 바를 족한 줄로 알라** 그가 친히 말씀하시기를 내가 결코 너희를 버리지 아니하고 너희를 떠나지 아니하리라 하셨느니라

믿음의 형제들이 마땅히 사랑해야 할 대상이라면, 사랑하지 말아야 할 대상도 있습니다. 4절 '결혼을 귀히 여겨 음행하지 말라', 5절 '돈을 사랑하지 말라' 두 가지를 말씀하고 있습니다. 우리가 마땅히 사랑해야 할 대상을 사랑하지 못하면 사랑하지 말아야 할 대상을 사랑하게 됩니다. '사랑에 빠진 게 죄는 아니잖아', '부부의 세계'라는 드라마에서 불륜을 저지른 남편이 했던 유명한 대사입니다. 인터넷에서 올라와 있는 영상을 처음 봤을 때 드는 생각이 '저게 미쳤나'였습니다. 이 사람이 왜 잘못된 사랑에 빠졌습니까? 마땅히 사랑해야 할 자기 아내를 사랑하지 못하니 사랑하지 말아야 할 엉뚱한 대상을 사랑하고 있는 것입니다. 결혼을 귀히 여기고 음행하거나 간음하지 말라는 말씀은 단순히 남녀관계에서 끝나지 않습니다.

(엡 5:31-32) (31) 그러므로 사람이 부모를 떠나 그의 아내와 합하여 그 둘이 한 육체가 될지니 (32) 이 비밀이 크도다 **나는 그리스도와 교회에 대하여 말하노라** (33) 그러나 너희도 각각 자기의 아내 사랑하기

를 자신 같이 하고 아내도 자기 남편을 존경하라

남편과 아내가 서로를 사랑하고 존경해야 된다고 말씀을 합니다. 그런데, 그 중간에 무엇이라고 말씀합니까? '이 비밀이 크도다. 나는 그리스도와 교회에 대하여 말하노라' 구약성경은 이스라엘 백성들이 하나님 대신 우상을 사랑할 때 '음행하였다'고 표현합니다. 우리는 모두 그리스도의 신부입니다. 그렇다면 마땅히 예수님을 사랑해야 합니다. 우리가 마땅히 사랑해야 할 예수님을 사랑하지 못하면 엉뚱한 것을 사랑하게 됩니다. '세상의 소유' 입니다. 그래서 5절에서 돈을 사랑하지 말라고 말씀하는 것입니다. 이와 비슷한 말씀이 디모데전서 6장에 나옵니다.

(딤전 6:10) **돈을 사랑함이 일만 악의 뿌리가 되나니** 이것을 탐내는 자들은 미혹을 받아 믿음에서 떠나 많은 근심으로써 자기를 찔렀도다

'돈을 사랑함이 일만 악의 뿌리가 된다' 말씀하고 있습니다. 돈이 악은 아닙니다. 우리가 다른 사람을 사랑하고 섬기기 위하여 돈이 있으면 좋습니다. 그런데 돈을 사랑하면 안 됩니다. '돈을 사랑함'이 죄의 원인이 되기 때문입니다. 돈 때문에 미혹을 받거나 실족하여 믿음에서 떠난 사람들이 얼마나 많습니까. 그런데 우리 자신을 돌아보면 어떻습니까? 여러분은 돈을 사랑합니까, 싫어합니까? 다들 좋아합니다. '세상에서 제일 못 믿을 사람이 돈 싫어한다는 사람' 이라는 말이 있습니다. 그래서 우리에게 필요한 것이 무엇입니까? 바로 이어지는 말씀을 보십시오.

(딤전 6:11-12) (11) 오직 너 하나님의 사람아 **이것들을 피하고** 의와 경건과 믿음과 사랑과 인내와 온유를 따르며 (12) **믿음의 선한 싸움을 싸우라** 영생을 취하라 이를 위하여 네가 부르심을 받았고 많은 증인 앞에서 선한 증언을 하였도다

하나님의 사람이라면 '이것들을 피하고' 즉, 돈을 사랑하는 것을 피해야 합니다. 어떻게 피합니까? 의와 경건과 믿음과 사랑과 인내와 온유를 따르며 믿음의 선한 싸움을 싸워야 합니다. 우리의 탐욕의 마음과 싸워야 합니다. 그렇게 할 때 돈을 취하는 것이 아니라 영생을 취하는 사람이 될 수가 있습니다.

우리가 사랑하지 말아야 할 것을 사랑하지 않고 멀리하면 어떤 결과가 있는지 보십시오.

(6) 그러므로 우리가 담대히 말하되 **주는 나를 돕는 이시니** 내가 무서워하지 아니하겠노라 **사람이 내게 어찌하리요** 하노라

'그러므로', 즉, 음행하지 않고 돈을 사랑하지 않으면 '주는 나를 돕는 이시니 내가 무서워하지 아니하겠노라 사람이 내게 어찌하리요' 세상이 감당치 못할 담대한 믿음의 소유자가 되는 것입니다. 이 세상에는 우리가 신앙인으로서 마땅히 피해야 할 것이 있습니다. 사랑하지 말아야할 대상을 사랑하지 말고 예수님만 사랑하여 나를 도우시고 이끄시는 하나님을 날마다 목도하며 담대한 신앙으로 성장하기를 바랍니다.

셋째, 본받아야 할 대상을 본받아야 합니다.

(7) 하나님의 말씀을 너희에게 일러 주고 너희를 인도하던 자들을 생각하며 **그들의 행실의 결말을 주의하여 보고 그들의 믿음을 본받으라**

하나님의 말씀을 너희에게 일러 주고 인도하던 자들을 생각하며 그들의 믿음을 본받으라고 말씀합니다. 그런데, 무조건 본받으라는 것이 아닙니다. '그들의 행실의 결말을 주의하여 보고 본받으라' 말씀합니다. 말씀을 일러주고 인도해야 하는 목사의 입장에서는 상당히 부담이 되는 말씀입니다. 여러분들이 불꽃같은 눈으로 저를 지켜보고 제 삶을 털면 먼지가 얼마나 많이 나오겠습니까? 그런데 이 말씀은 교회의 리더들을 감시해서 흡족하면 본받으라는 말씀이 아닙니다. 믿음을 본받으라는 말씀이 빌립보서 3장 17절에도 나옵니다.

(빌 3:17) 형제들아 **너희는 함께 나를 본받으라** 그리고 너희가 우리를 본받은 것처럼 **그와 같이 행하는 자들을 눈여겨 보라**

사도바울이 '너희는 함께 나를 본받으라' 권면하고 있습니다. 만약에 제가 여러분들에게 '나를 본받으십시오' 말하면 '그 정도야 뭐 충분히 가능합니다' 또는 '지금도 내가 더 낫습니다' 생각할 수 있습니다. 그런데 바울의 인생, 우리가 잘 알지 않습니까? 특히 고린도후서 11장에서 소개한 그 긴 고난의 세월들을 우리가 어떻게 본받으며 살 수 있겠습니까? 아무나 그렇게 살 수 없습니다. 그런데 바울은 여러 번 자신을 본받으라고 말씀했습니다.

(고전 4:16) 그러므로 내가 너희에게 권하노니 너희는 **나를 본받는 자가 되라**
(고전 11:1) 내가 그리스도를 본받는 자가 된 것 같이 **너희는 나를 본받는 자가 되라**
(살후 3:9) 우리에게 권리가 없는 것이 아니요 오직 스스로 너희에게 본을 보여 **우리를 본받게 하려 함이니라**

'너희는 나를 본받으라' 지금 이 말씀은 교만해서 하는 말씀이 아닙니다. 자신을 본받으라고 하는 분명한 이유가 있습니다. 고린도전서 11장에 나옵니다. '내가 그리스도를 본받는 자가 된 것 같이' 그러니까 바울 자신이 그리스도를 본받으며 살려고 애쓰고 있으니 그 모습대로 당신들도 그리스도를 본받으며 살라는 말씀입니다. 겉으로 드러나는 신앙의 행위를 말하는 것이 아니고 삶의 방향점을 말하는 것입니다. '당신들도 나처럼 예수님을 향하여 살아가십시오' 이런 말씀입니다.

> (7) 하나님의 말씀을 너희에게 일러 주고 너희를 인도하던 자들을 생각하며 그들의 행실의 결말을 주의하여 보고 **그들의 믿음을 본받으라**
> **(8) 예수 그리스도는 어제나 오늘이나 영원토록 동일**하시니라

'그들의 믿음을 본받으라' 하고는 갑자기 '예수 그리스도는 어제나 오늘이나 영원토록 동일하시다' 고 말씀합니다. 영원토록 동일한 목표, 예수님을 향하여 나아가라는 것입니다.

> (9) **여러 가지 다른 교훈에 끌리지 말라** 마음은 은혜로써 굳게 함이 아름답고 음식으로써 할 것이 아니니 음식으로 말미암아 행한 자는 유익을 얻지 못하였느니라

여러 가지 다른 교훈에 끌리지 말라고 경고합니다. 초대교회 때는 '할례를 받아야 한다, 구약의 율법을 지켜야 한다' 여러 가지 다른 교훈들이 있었습니다. 지금도 이와 비슷합니다. 오랜 신앙생활을 한 사람에게는 율법적인 교훈들이 자꾸 끼어들어서 예수님의 십자가의 은혜를 약화시킵니다. 초신자에게는 세상의 복만 추구하는 왜곡된 기복신앙이 자꾸 말씀을 왜곡시킵니다. 그런 교훈들이 우리의 귀를 긁어 줍니다. 교회를 이끌고 조직화해야 할 리더의 입장에서는 다른 교훈을 전하는 게 훨씬 매력적입니다. 율법적으로 교인들 교육하고 기복신앙으로 축복하면 봉사도 잘하고 목사 말도 잘 듣습니다. 하지만 그렇게 해서는 하나님의 자녀가 아니라 신앙의 탈을 쓴 탐욕의 노예들이 만들어지게 될 확률이 아주 높아집니다. 우리 성도님들은 사울처럼 유치한 종교인들이 되어서 율법으로 겁을 주고 기복신앙으로 달콤하게 말해야 순종하고 따라오는 사람이 되지 말기 바랍니다. 저는 스스로 생각하기에 성자처럼 살고 있지는 못합니다. 하지만 분명히 삶의 지향점이 예수님을 향하여 있습니다. 그것은 자신할 수 있습니다. 그래서 저도 여러분들에게 '나를 본받으라' 말할 수가 있습니다. 이제, 여러분들은 밀알교회 강대상에서 선포되는 말씀들의 목표점이 분명히 예수님을 향하고 있는지 아니면 세상의 것들을 향하고 있는지를 지켜보셔야 합니다. 그리고 그 말씀이 예수님을 향하고 있다면, 하나님의 말씀이 분명하다면, '아멘'하고 순종하며 따라 오시기를 바랍니다. 사랑하는 성도 여러분, 믿음의 형제자매로 만나게 한 교회 공동체를 귀하게 여기시기 바랍니다. 하나님의 계획에는 결코 '우연'이 없습니다. 하나님께서 보내심을 믿고 서로 사랑할 때 하나님께서 주시는 은혜와 축복이 넘쳐나게 될 것입니다. 세상에 나가 살 때에는 사랑하지 말아야 할 대상들을 사랑하지 마십시오. 죄의 자리를 피하시기 바랍니다. 날마다 예수의 푯대를 향하여 나아가서 '주는 나를 돕는 이시니 세상이 내게 어찌하리요' 고백하는 담대한 신앙인들이 되기를 예수님의 이름으로 축원합니다.

결단과 소망의 기도

믿음의 공동체를 사랑하며 정욕과 탐욕을 버리겠습니다.
예수님을 향하여 달려가오니 우리를 도우시고 복되게 하시며
주 안에서 형통케 하옵소서.

하나님이 기뻐하시는 예배
(히브리서 13:15-17)

(15) 그러므로 우리는 예수로 말미암아 항상 찬송의 제사를 하나님께 드리자 이는 그 이름을 증언하는 입술의 열매니라 (16) 오직 선을 행함과 서로 나누어 주기를 잊지 말라 하나님은 이같은 제사를 기뻐하시느니라 (17) 너희를 인도하는 자들에게 순종하고 복종하라 그들은 너희 영혼을 위하여 경성하기를 자신들이 청산할 자인 것 같이 하느니라 그들로 하여금 즐거움으로 이것을 하게 하고 근심으로 하게 하지 말라 그렇지 않으면 너희에게 유익이 없느니라

우리나라 최초의 고유모델 자동차는 1975년에 생산된 '포니' 입니다. 대한민국 자동차 산업의 자립을 선언한 중요한 모델입니다. 2023년 여름에 현대자동차에서 신형자동차를 선물로 걸고 '포니와 함께 한 시간' 이라는 공모전을 진행했습니다. 기사를 보니 총 3,600건의 응모작과 사연이 접수되었다고 합니다. 대부분 가족들과의 소중한 추억들이 남아있는 사진들입니다. 그 중에 2002년 아시안게임 복싱 은메달 리스트인 최기수씨가 고등학교 시절에 전국체육대회에서 금메달 획득하고 학교에서 포니에 태워 카퍼레이드를 했던 사진을 제출했습니다. 굉장히 의미가 있습니다. 그런데 의외로 아주 평범한 사진이 대상을 탔습니다. 포니 택시 옆에서 사진을 찍은 서너 살 먹은 아이의 사진이었습니다. 더군다나, 이 차가 아빠 차도 아닙니다. 그냥 여행 중에 탔던 택시가 '포니'였을 뿐입니다. 그런데 이 사람이 대상을 받은 것을 모두 인정하는 분위기였습니다. 이유가 무엇인지 압니까? 이 사진을 제출한 사람 이름이 '포니'입니다. 아빠가 '포니'를 너무 좋아해서 딸 이름을 '포니'라고 지은 것입니다. 이름이 '포니'이니, 이 사람은 그야 말로 평생을 '포니와 함께' 한 사람입니다. 당시 기사 타이틀이 '포니 좋아한 아버지가 지어준 이름… 평생을 함께한 심포니씨 대상' 이었습니다. 그 기사 댓글을 보니, '포니 사진전에 이름이 포니인 사람이 사진 내는데 이걸 어케 이김' 이렇게 써있었습니다. 그렇습니다. 인정이 됩니다. 그렇다면, 하나님 창조하신 세상에서 하나님께서 지어주신 '성도'라는 이름을 가진 자를 누가 이길까요? 아무도 못 이깁니다. 성도가 성도답게 살아가면 세상이 이길 수가 없습니다.

오늘은 히브리서 마지막 시간입니다. 13장 후반부도 전반부와 마찬가지로 참된 믿음을 가진 사람이라면 어떻게 살아야 할지를 말씀해 주고 있습니다. 이렇게 사는 것이 하나님의 백성 '성도'답게 사는 것이기 때문입니다. 오늘 말씀을 함께 상고하며 '성도' 답게 살 수 있는 지혜를 얻고 성도의 이름을 가진 자가 얻는 하나님의 은혜와 축복을 받아 누리기를 바랍니다.

첫째, 올바른 예배를 드려야 합니다.

성도가 '성도'답게 살기 위해 가장 중요한 것은 하나님께서 기뻐하시는 '올바른 예배'를 드리는 것입니다. 가장 기본입니다. 아담과 하와가 에덴동산에서 쫓겨나고 처음 벌어진 일이, 가인이 아벨을 죽였던 사건인데 그 사건의 원인이 '제사'였습니다. 가인이 잘못된 제사를 드려 하나님께서 가인과 그의 제물을 받아주지 않자 아벨을 죽였습니다. 예배가 잘못되면 이런 일이 일어나는 것입니다. 그러면 올바른 예배는 어떻게 드립니까?

(10) 우리에게 제단이 있는데 장막에서 섬기는 자들은 그 제단에서 먹을 권한이 없나니 (11) 이는 죄를 위한 짐승의 피는 대제사장이 가지고 성소에 들어가고 **그 육체는 영문 밖에서 불사름이라**

속죄제에 대한 말씀입니다. 구약 시대, 속죄의 제사를 드릴 때 그 피는 제단에 뿌리고 그 몸은 영문 밖에서 태웠습니다. 다른 제사들은 제물의 고기를 먹는데 속죄제는 다 태워버립니다. 제물에게 죄를 전가했기 때문에 완전히 태워서 그 죄를 소멸시키는 것을 상징합니다. 히브리서는 이 속죄의 제사를 예수님의 십자가와 연결해서 말씀합니다.

제물로 쓰인 짐승에게 죄를 다 전가하고 영문 밖에 나가서 불살랐던 것처럼 우리 예수님께서 우리의 죄를 다 짊어지고 성문 밖에 나가서 고난을 받으셨다는 것입니다. 구약의 시대에는 속죄의 제사 현장에 참여함으로 속죄함을 받았습니다. 그러므로 지금 우리도 예수님께서 십자가를 통해 드린 속죄의 제사에 참여해야 합니다. 그 참여의 방법이 13절에 나옵니다.

(12) 그러므로 예수도 자기 피로써 백성을 거룩하게 하려고 성문 밖에서 고난을 받으셨느니라 (13) 그런즉 **우리도 그의 치욕을 짊어지고 영문 밖으로 그에게 나아가자**

우리도 예수님의 치욕을 함께 짊어지고 영문 밖에 있는 예수님께 나아가는 것이다. '영문 밖에 있는 예수님께 나간다'는 의미가 중요합니다. 창세기에서 가인이 아벨을 죽이고 하나님 앞을 떠나 세상으로 나간 뒤 제일 먼저 한 일이 무엇이었습니까?

(창 4:16-17) (16) 가인이 여호와 앞을 떠나서 에덴 동쪽 놋 땅에 거주하더니 (17) 아내와 동침하매 그가 임신하여 에녹을 낳은지라 **가인이 성을 쌓고** 그의 아들의 이름으로 성을 이름하여 에녹이라 하니라

가인이 여호와 앞을 떠나서 제일 먼저 한 일은 성을 쌓은 일입니다. 죄에서 출발한 것이 이 땅의 도성입니다. 요한계시록을 보면 심판 당할 세상을 '큰 성 바벨론' 이라고 부릅니다. 그러므로 성도는 이 세상의 성을 떠나 성문 밖에 있는 예수님을 향하여 나아가는 사람들입니다. 세상을 추구하는 것이 아니라 예수님을 추구하는 것이 참된 믿음

이라고 했습니다. 그와 마찬가지로 세상이 아니라 예수님을 향하여 나아가는 것이 참된 예배가 됩니다. 어떻게 예수님을 향하여 나아가는 예배를 드릴 수 있습니까? 본문의 흐름을 다시 한 번 보십시오.

> (13) 그런즉 우리도 그의 치욕을 짊어지고 **영문 밖으로 그에게 나아가자** (14) 우리가 여기에는 **영구한 도성이 없으므로** 장차 올 것을 찾나니 (15) 그러므로 우리는 **예수로 말미암아 항상 찬송의 제사를 하나님께 드리자** 이는 그 이름을 증언하는 입술의 열매니라

'우리도 영문 밖으로 그에게 나아가자' 말씀합니다. 왜요? 우리가 살고 있는 세상에는 '영구한 도성'이 없기 때문입니다. '그러므로 우리는 예수로 말미암아 항상 찬송의 제사를 하나님께 드리자' 말씀합니다. 중요한 것은 '예수로 말미암아' 입니다. 나를 구원하신 예수로 말미암아 찬송하고 예수로 말미암아 감사하는 것이 예수님을 향하는 참된 예배가 됩니다. 그런데 우리는 무엇으로 감사합니까? 구원받은 은혜에 대한 감사는 사실 지극히 적습니다. 우리 내면을 깊숙이 들여다 보면 '내가 예수 믿어주었으니 하나님이 날 구원해야 하는 것은 당연한 것이고 그 외에 기타 등등, 내가 원하는 것들 이루어 주면 그 때는 조금 감사할 수 있겠다.' 이런 마음이 있습니다. 이런 마음으로 드리는 예배는 참된 예배가 아닙니다. 하나님께서 가인의 예배를 받지 않으셨다고 했습니다. 그 이유가 무엇인지 보십시오.

> (창 4:2,5) (2) 그가 또 가인의 아우 아벨을 낳았는데 아벨은 양 치는 자였고 **가인은 농사하는 자였더라** (5) 가인과 그의 제물은 받지 아니하신지라 가인이 몹시 분하여 안색이 변하니

가인은 '농사하는 자' 라고 말씀합니다. 그대로 직역하면 '땅을 섬기는 자'입니다. 지금 하나님을 섬기는 제사를 드리고 있는데 실상은 땅을 섬기고 있다는 것입니다. 좀 더 쉽게 표현하면 농사가 더 잘되라고 제사 드리고 있다는 것입니다. 이러한 예배는 올바른 예배가 아니기에 하나님께서 받지 않으십니다.

(빌 3:18-19) (18) 내가 여러 번 너희에게 말하였거니와 이제도 눈물을 흘리며 말하노니 **여러 사람들이 그리스도의 십자가의 원수로 행하느니라** (19) 그들의 마침은 멸망이요 **그들의 신은 배요** 그 영광은 그들의 부끄러움에 있고 땅의 일을 생각하는 자라

사도바울이 이미 여러 번 말했다고 하며 눈물을 흘리며 다시 말한다고 굉장히 강조하면서 말씀합니다. '여러 사람들이 그리스도의 십자가의 원수로 행한다'는 것입니다. 십자가의 원수들의 특징이 무엇입니까? '그들의 마침은 멸망이고, 그들의 신은 배이고, 땅의 일을 생각하는 자' 입니다. 주와 함께 영문 밖으로 나가는 인생이 아니라 영문 안에 있는 세상의 것들을 추구하는 인생입니다. 롯의 아내처럼 멸망하고 있는 소돔성을 돌아보는 인생인 것입니다. 우리의 시선을 예수님께 향하는 올바른 예배를 통하여 주와 함께 영문 밖으로 나가는 복된 인생이 되기를 바랍니다.

둘째, 선을 행하고 나누며 살아야 합니다.

(16) 오직 **선을 행함과 서로 나누어 주기를 잊지 말라** 하나님은 **이같은 제사를 기뻐하시느니라**

'선을 행함과 서로 나누어 주기를 잊지 말라' 말씀하고는 '하나님은 이같은 제사를 기뻐하시느니라' 말씀합니다. 우리가 선을 행하고 서로 나누어 주는 그 자체가 '하나님께서 기뻐하시는 예배' 라는 것입니다. 이사야 선지자가 활동을 시작한 시기는 북이스라엘은 앗수르에 의해 멸망하기 직전이었고 남유다도 위태하게 흔들리던 시기였습니다. 그 때에 하나님께서 주신 말씀을 보십시오.

(사 1:11-12) (11) 여호와께서 말씀하시되 **너희의 무수한 제물이 내게 무엇이 유익하뇨** 나는 숫양의 번제와 살진 짐승의 기름에 배불렀고 나는 수송아지나 어린 양이나 숫염소의 피를 기뻐하지 아니하노라 (12) 너희가 내 앞에 보이러 오니 이것을 누가 너희에게 요구하였느냐 **내 마당만 밟을 뿐이니라**

이스라엘 백성들이 무수한 제물을 하나님께 가져왔습니다. 얼마나 많이 가져왔는지 숫양의 번제와 살진 짐승의 기름에 배불렀다고 말씀합니다. 이어지는 말씀들을 보면 월삭, 안식일, 온갖 성회, 정한 절기까지 모두 잘 지켰습니다. 그런데 하나님께서 그것을 기뻐하지 않으셨다고 말씀합니다. 그들의 제사가 올바른 예배가 아니었기 때문입니다. 12절을 보면 '내 마당만 밟았다' 말씀합니다. 이어지는 말씀을 보십시오.

(사 1:15-17) (15) 너희가 손을 펼 때에 내가 내 눈을 너희에게서 가리고 **너희가 많이 기도할지라도 내가 듣지 아니하리니** 이는 너희의 손에 피가 가득함이라 (16) 너희는 스스로 씻으며 스스로 깨끗하게 하여 내 목전에서 너희 악한 행실을 버리며 행악을 그치고 (17) 선행을 배우며 정의를 구하며 학대 받는 자를 도와 주며 고아를 위하여 신원하며 과

부를 위하여 변호하라 하셨느니라

'내가 내 눈을 너희에게서 가리고 너희가 많이 기도할지라도 내가 듣지 아니하리니' 말씀합니다. 왜요? '너희의 손에 피가 가득'하기 때문이라는 것입니다. 그러면서 하나님께서 기뻐하시는 예배를 드리는 방법을 말씀합니다. '너희 악한 행실을 버리며 행악을 그치고 선행을 배우며 정의를 구하며 학대 받는 자를 도와주며 고아를 위하여 신원하며 과부를 위하여 변호하라' 삶의 자리에서 '선행과 나눔'이 있어야 하나님께서 받으시는 예배를 드릴 수 있다는 것입니다.

누가복음 10장을 보면, 어떤 율법사가 예수님을 시험하여 무엇을 해야 영생을 얻을 수 있느냐고 물어보았습니다. 예수님께서 그의 속마음을 다 아시고 역으로 다시 그에게 질문합니다. "네가 그토록 잘 알고 있는 율법에서는 무엇이라 기록되었고, 너는 그 말씀을 어떻게 읽고 있느냐?" 율법학자의 대답을 보십시오.

> (눅 10:27) 대답하여 이르되 네 마음을 다하며 목숨을 다하며 힘을 다하며 뜻을 다하여 **주 너의 하나님을 사랑하고 또한 네 이웃을 네 자신 같이 사랑하라** 하였나이다

"주 너의 하나님을 사랑하고, 또한 네 이웃을 네 자신 같이 사랑하라 하였습니다" 하나님을 사랑하고 이웃을 사랑하면 영생을 얻는다는 것이 모든 율법의 요약입니다. 율법학자는 하나님의 말씀을 아주 정확하게 잘 알고 있었습니다. 이 대답을 듣고 예수님께서 무엇이라 말씀하셨습니까?

(눅 10:28) 예수께서 이르시되 **네 대답이 옳도다 이를 행하라** 그러면 살리라

무슨 말씀입니까? "너 잘 알고 있구나, 그런데, 알고만 있어서 영생을 얻는 것이 아니다. 그 말씀대로 행해라, 그리할 때 네가 영생, 구원을 누릴 것이다" 하나님의 사랑을 아는 사람은 이웃을 사랑해야 합니다. 그것이 '선행'으로 나타나는 것입니다. '하나님 사랑 이웃 사랑' 이것이 하나님께서 우리에게 요구하시는 것임을 우리도 율법학자처럼 다 알고 있습니다. 그런데 삶의 자리에서는 적용이 잘 안 됩니다.

CS 루이스의 '스크루테이프의 편지'라는 책이 있습니다. 악마가 자기 조카인 신참 악마에게 어떻게 인간을 미혹할지 가르쳐주는 서른 한 개의 편지입니다. 그 가운데 이런 내용이 있습니다.

> 네가 아무리 애를 써도 환자의 영혼에는 어느 정도의 악의와 함께 어느 정도의 선의가 있게 마련이다. 제일 좋은 방법은 매일 만나는 이웃들에게는 악의를 품게 하면서, 멀리 떨어져 있는 미지의 사람들에게는 선의를 갖게 하는 것이지. 그러면 악의는 완전히 실제적인 게 되고, 선의는 주로 상상의 차원에 머무르게 되거든 - **스크루테이프의 편지, C.S 루이스**

사탄의 전략이 기가 막히지 않습니까? 멀리 떨어져 있는 모르는 사람들은 사랑하고 긍휼의 마음을 갖게 하는데 가까이 있는 사람들은 미워하고 분노하게 한다는 것입니다. 멀리 떨어져 있는, 예를 들어 TV에 나오는 불쌍한 아이들이나, 갑질을 당하는 사람들을 긍휼히 여기고 돕고 싶어 하면서 함께 사는 가족, 함께 일하는 동료들에게는 그 마음을 품지 못합니다. 하나님께서 우리를 구원하신 이유가 무엇입니까?

(엡 2:8-10) (8) 너희는 **그 은혜에 의하여 믿음으로 말미암아 구원을 받았으니** 이것은 너희에게서 난 것이 아니요 하나님의 선물이라 (9) 행위에서 난 것이 아니니 이는 누구든지 자랑하지 못하게 함이라 (10) 우리는 그가 만드신 바라 **그리스도 예수 안에서 선한 일을 위하여** 지으심을 받은 자니 이 일은 하나님이 전에 예비하사 **우리로 그 가운데서 행하게 하려 하심**이니라

우리는 은혜에 의하여 믿음으로 말미암아 구원을 받았습니다. 구원은 하나님의 선물이지 우리의 행위로 얻는 것이 아닙니다. 그런데 우리를 구원하신 이유가 무엇이라고 말씀하고 있습니까? '그리스도 예수 안에서 선한 일을 위하여' 입니다. 예수 안에서 선한 일을 행하게 하려고 구원하셨다는 것입니다. 그러니 성도는 항상 '선을 행하고 나누며' 살아야 합니다.

(갈 6:9-10) (9) 우리가 선**을 행하되 낙심하지 말지니** 포기하지 아니하면 **때가 이르매 거두리라** (10) 그러므로 우리는 기회 있는 대로 모든 이에게 착한 일을 하되 더욱 믿음의 가정들에게 할지니라

'선을 행하되 낙심하지 말라' 말씀하고 있습니다. 때가 이르면 거두기 때문입니다. 그러므로 우리는 10절 말씀처럼 기회 있는 대로 모든 이에게 착한 일을 하되 더욱 믿음의 가정들에게 해야 합니다. 지난 시간, 옆에 있는 사람이 어떤 사람이라고 했습니까? 하나님께서 내게 복 주시려고 보낸 천사라고 했습니다. 먼저 가까이 있는 믿음의 형제 자매들에게 선을 행하며 섬기시기를 바랍니다. 그리고 세상의 모든 이웃들에게도 선을 행하며 섬기시기를 바랍니다. 그리하여 때가 이를 때 하나님께서 주시는 은혜와 축복을 거두기를 축원합니다.

셋째, 순종해야 합니다.

(17) 너희를 인도하는 자들에게 순종하고 복종하라 그들은 너희 영혼을 위하여 경성하기를 자신들이 청산할 자인 것 같이 하느니라 그들로 하여금 즐거움으로 이것을 하게 하고 근심으로 하게 하지 말라 그렇지 않으면 너희에게 유익이 없느니라

'너희를 인도하는 자들'에게 순종하고 복종하라고 말씀합니다. 왜 그렇게 하라고 말씀하십니까? '그들은 너희 영혼을 위하여 경성하기를 자신들이 청산할 자인 것 같이' 하기 때문이라는 것입니다. 이게 어떤 마음인지 아시겠습니까? 하나님께서 목회자에게 주는 마음이 있는 것 같습니다. 저는 MBTI로 말하면 대문자 'T'입니다. 감정보다는 논리가 앞섭니다. 보통 신학교 2학년, 3학년이면 사역을 시작하는데 저는 4학년 때 시작했습니다. 그 이유 중의 하나는 찬양을 못해서인데 그보다 더 큰 이유는 맡겨진 아이들을 사랑하지 못할까 걱정되어서였습니다. 그런데 사역을 시작하고 놀라운 경험을 하였습니다. 맡겨진 아이들이 너무 사랑스러웠습니다. 스스로 이해가 안 될 정도로 아이들이 사랑스러웠습니다. 아이들을 보기만 해도 힘이 났습니다. 예전 CF에 '아빠 힘내세요~ 우리가 있잖아요'라는 노래가 있었습니다. 어떤 사람이 그 CF 화면 아래에 '니들 때문에 아빠가 힘든 거야' 이렇게 써놓은 것을 보았습니다. 그렇습니다. 애들 때문에 아빠가 참고 일하느라 힘듭니다. 그런데 그 애들이 아빠에게 힘이 됩니다. 사랑하기 때문입니다. 제 스스로의 성품을 아니까 이 아이들을 사랑하는 것이 내 마음으로 하는 것이 아님을 알았습니다. 하나님께서 주시는 마음입니다. 지금도 마찬가지입니다. 하나님께서 맡

겨주신 성도들을 대할 때는 하나님께서 주신 사랑의 마음으로 대하게 됩니다. 내 기본적인 성향이나 성품과는 전혀 관계없습니다. 제가 표현은 잘 안하지만, '성도들의 영혼을 위하여 경성하기를 내가 청산할 자인 것' 같은 마음이 항상 있습니다. 그래서 성도들이 시험에 들거나 실족하면 안타까운 마음으로 근심하게 됩니다. 오늘 말씀을 잘 보십시오. 교회 지도자로 하여금 즐거움으로 사역을 하게 해야지 근심하게 하면 유익이 없다고 말씀합니다. 저를 즐겁게 사역하게 해주는 게 여러분들에게 유익입니다. 어떻게 하면 제가 즐거울까요? 여러분들이 하나님의 말씀에 순종하고 복종하여 서로 사랑하고, 섬기며 참된 예배자로 살면 즐겁습니다. 그리고 목회자를 위해서 해야 할 일이 하나 더 있습니다.

(18) **우리를 위하여 기도하라** 우리가 모든 일에 선하게 행하려 하므로 우리에게 선한 양심이 있는 줄을 확신하노니

'우리를 위하여 기도하라' 말씀합니다. 여러분이 목회자를 위해서 꼭 기도해주라는 것입니다. 어떤 기도를 해야 합니까? 가장 중요한 기도제목이 에베소서 6장에 나옵니다.

(엡 6:19) 또 나를 위하여 구할 것은 **내게 말씀을 주사 나로 입을 열어 복음의 비밀을 담대히 알리게 하옵소서** 할 것이니

'내게 말씀을 주사 나로 입을 열어 복음의 비밀을 담대히 알리게 하옵소서' 입니다. 밀알교회의 이 강단이 사람의 귀를 만족시키는 말씀이 아니고, 하나님이 주신 말씀으로 복음의 비밀을 담대히 알리는 강

단이 되도록 기도해 주셔야 합니다. 그리고 그 기도대로 하나님의 말씀이 선포되면 그 말씀에 순종해야 합니다.

구약시대, 이스라엘 백성들은 참된 선지자의 말에 귀를 기울인 것이 아니라 거짓 선지자의 말에 귀를 기울였습니다. 지금 이 시대도 마찬가지입니다. 성도를 도구화 하는 이단들의 말이나 세상의 복을 강조하는 말에는 순종하고 복종하는데 하나님의 마음으로 사랑하며 말씀 전하는 목회자들의 말은 잘 안 듣습니다. 늘 강조하지만 선포되는 말씀이 성경 말씀이 분명하고 예수님을 향하여 있다면 무조건 순종해야 합니다. 그것이 성도의 유익임을 꼭 기억하시기를 바랍니다.

지금까지 25주에 걸쳐서 히브리서를 함께 살펴보았습니다. 히브리서는 믿음이 무엇인지 우리에게 가르쳐 주었고 믿음의 사람들이 어떻게 살았는지 우리에게 보여주었습니다. 이제 우리는 어떻게 하면 되겠습니까? 히브리서에 기록된 믿음이 나의 믿음이 되길 기도해야 합니다. 히브리서에 기록된 믿음의 사람들의 행함이 나의 행함이 되어야 합니다. 사랑하는 성도 여러분, 참된 믿음을 소유하고 말씀에 순종하여 하나님께서 기쁨으로 받으시는 참된 예배를 드리는 복된 인생이 되기를 예수님의 이름으로 축원합니다.

결단과 소망의 기도

세상을 향하는 인생이 아니라 예수님을 향한 인생 되게 하옵소서.
하나님의 사랑으로 선행과 나눔이 있게 하시며
말씀에 순종하여 성도답게 살아가게 하옵소서.